가상 면접 사례로 배우는
머신러닝 시스템 설계 기초
Machine Learning System Design
Interview

Machine Learning System Design Interview

가상 면접 사례로 배우는 머신러닝 시스템 설계 기초

초판 1쇄 발행 2024년 2월 23일 **지은이** 알렉스 쉬, 알리 아미니안 **옮긴이** 최종일 **펴낸이** 한기성 **펴낸곳** (주)도서출판인사이트 **편집** 백혜영 **영업마케팅** 김진불 **제작·관리** 이유현 **용지** 월드페이퍼 **출력·인쇄** 예림인쇄 **제본** 예림바인딩 **등록번호** 제2002-000049호 **등록일자** 2002년 2월 19일 **주소** 서울특별시 마포구 연남로5길 19-5 **전화** 02-322-5143 **팩스** 02-3143-5579 **이메일** insight@insightbook.co.kr **ISBN** 978-89-6626-435-3 책값은 뒤표지에 있습니다. 잘못 만들어진 책은 바꾸어 드립니다. 이 책의 정오표는 https://blog.insightbook.co.kr에서 확인하실 수 있습니다.

프로그래밍 인사이트

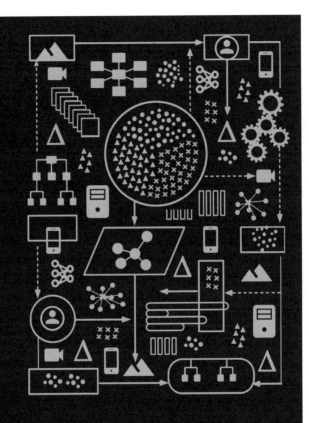

가상 면접 사례로 배우는

머신러닝 시스템 설계 기초

알렉스 쉬 · 알리 아미니안 지음 | 최종일 옮김

인사이트

차례

옮긴이의 글

사람들은 책을 통해 정보를 습득하고, 현실에 적용하고, 자신의 역량이 발전하길 바란다. 좋은 책은 실용적이고 통찰력 있는 최신 정보를 제공하고 독자들의 성장을 돕는다. 번역하면서 이 책의 세 가지 장점을 느꼈다.

첫 번째로 이 책은 '최신 기술을 잘 설명'한다. 실제 서비스되고 있는 머신러닝 사례, 사례별 개발 사이클의 설명, 저자의 노하우가 담긴 상세한 팁이라는 세 가지 축으로 이야기를 풀어 간다. 실제 사례는 언제나 관심을 끈다. 머신러닝을 공부하는 독자라면 누구나 흥미를 느낄 유튜브 동영상 추천, 구글 스트리트 뷰, 에어비앤비 예약, 페이스북 친구 추천의 핵심 기능을 압축하여 보여 준다. 각 서비스의 개발 과정을 요구사항 명확화, 머신러닝 작업으로 문제를 구조화, 데이터 준비, 모델 개발, 평가, 서빙의 순서로 진행하며 하나의 서비스가 완성되어 가는 모습을 체험하게 한다. 각 축에서는 다양한 분석 기법, 모델을 설명하며 최신 정보를 전달한다. 그리고 머신러닝 유형, 모델, 평가 지표를 선택하는 설명에는 저자의 노하우가 알차게 담겨 있다. 세 가지 정보를 촘촘하게 엮는 방식으로 이 책은 지루하지 않고 입체감 있게 지식을 전달한다. 번역을 하면서 기술 서적이 이렇게 쉽게 읽힌다는 점에 놀랐던 기억이 난다.

두 번째는 '실용성'이다. 책의 내용은 가상 면접 형태로 시작한다. 면접관과 지원자가 등장하는 면접 시나리오는 실제 머신러닝 면접에서 나오는 질문으로 구성되어 있다. 저자의 말대로 머신러닝 면접에서는 데이터 파이프라인, 피처 엔지니어링, 시스템 설계 등의 전체적(엔드투엔드)인 지식을 묻는다. 면접을 준비 중인 개발자들은 반드시 이해해야 할 지식이다. 면접 시나리오로 잘 정리한 질문은 이어지는 본문에서 차근차근 설명된다. 그리고 개발 주기 전체를 다루며 머신러닝 시스템 전체 범위의 지식을 제공하는 점도 이 책의 장점이다.

실제 프로젝트에서 경험하게 되는 선택과 그 선택의 기준을 합리적으로 설명한다.

마지막으로 '통찰력'이다. 최신 기술을 다루는 일반적인 책들이 갖지 못한 이 책만의 강점이라고 생각한다. 안면 인식 소프트웨어는 흑인 여성보다 백인 남성을 더 잘 인식한다. 간혹 우리는 프로젝트 자원의 제약을 핑계로 문제를 못 본 척 넘기기도 한다. 그래서 저자는 각 장에서 독자에게 계속 질문한다. 학습 데이터 자체에 편향이 있다면 어떻게 처리할 건가? 당신은 편견에서 자유로울 수 있나? 검색과 활용의 트레이드 오프에 당신의 기준은 무엇인가? 윤리 준수에 대한 당신의 생각은 무엇인가? 머신러닝이라는 최신 기술 영역에서 아직 명확한 기준이 없는 생각거리를 상기시킨다. 이런 질문들이 머신러닝 커리어의 다면적인 역량 개발에 도움이 되리라 믿는다.

이 책은 머신러닝을 공부하는 모든 이에게 큰 도움이 되는 책이라고 확신한다. 그리고 그런 책을 번역한 것에 살짝 자부심을 가져 본다.

지은이의 글

머신러닝(machine learning) 시스템 설계 면접을 더 잘 준비하기 위한 길에 동행하게 되어 기쁘다. 머신러닝 시스템 설계는 모든 머신러닝 면접에서 가장 까다로운 주제 중 하나이며, 면접을 통과하려면 반드시 준비해야 한다.

머신러닝 시스템 설계 면접이란 무엇인가?

일반적으로 머신러닝 시스템 설계 면접은 머신러닝 시스템 설계 및 구현과 관련된 업무 지원자가 보게 된다. 데이터 엔지니어, 데이터 과학자, 머신러닝 엔지니어 등이 관련 직군에 포함된다.

머신러닝 시스템 설계 면접에서는 지원자가 시각 검색, 동영상 추천, 광고 클릭 예측 등과 같은 머신러닝 시스템을 끝에서 끝까지(end-to-end) 설계할 수 있는지 평가한다. 설계 면접 질문은 명확한 구조가 없기 때문에 까다로울 수 있다. 질문과 주제가 광범위해서 다양한 해석과 접근이 가능하기 때문에 정답이 정해져 있지 않은 경우가 많다.

머신러닝 시스템 설계 면접을 잘 보려면 머신러닝의 기본 개념과 기술을 깊이 이해하고 있어야 할 뿐만 아니라 이를 실제 문제 해결에 적용할 수 있어야 한다. 이를 위해 일반적으로 데이터 파이프라인, 피처 엔지니어링, 효과적인 머신러닝 시스템 설계에 대한 지식을 입증해야 한다. 또한 주어진 문제에 적합한 모델을 선택하고, 매개변수를 조정하고, 성능을 평가할 수 있는 능력을 추가로 보여 줘야 한다. 면접의 목표는 지원자가 머신러닝에 대한 이론을 적용하여 효과적인 시스템을 설계하고 구현하는 능력이 있는지 전반적으로 평가하는 것이다.

머신러닝 시스템 설계 면접이 왜 중요한가?

대부분의 면접 지원자는 머신러닝의 기본 개념은 이해하지만 공통된 가이드라인이 없어 머신러닝 시스템 설계 면접에서 어려움을 겪는 경우가 많다. 그러나 머신러닝 시스템을 설계하는 능력은 엔지니어에게 필수적인 기술이며, 특히 경력이 쌓일수록 더욱 중요해진다. 머신러닝 시스템에 잘못된 아키텍처를 선택하면 많은 시간과 리소스가 낭비될 수 있다.

머신러닝 시스템 설계 면접은 채용 과정에서 정말 중요한 부분이다. 면접에서 뛰어난 성과를 내면 더 나은 커리어 기회를 얻고 더 높은 연봉을 받을 수 있다.

이 책은 누가 읽어야 하나?

초보자든 숙련된 엔지니어든 머신러닝 시스템 설계에 관심이 있는 모든 사람에게 이 책은 필수 도서이다. 특히 머신러닝 면접을 준비해야 하는 사람들을 위해 집필했다.

이 책에서 다루지 않는 내용

이 책은 머신러닝의 기초를 다루지 않는다. 머신러닝 시스템 설계 면접에 대비하기 위해 추가 자료를 찾는 데이터 과학자, 데이터 엔지니어, 머신러닝 엔지니어를 위해 이 책을 썼다. 주로 기업의 머신러닝 엔지니어를 대상 독자로 하며, 학계나 산업 연구소의 머신러닝 과학자를 대상으로 하지는 않는다.

추가 자료

각 장(chapter) 말미에는 참고 자료가 많이 담겨 있다. 모든 링크는 다음 깃허브(GitHub) 저장소에 있다. *https://bit. ly/ml-bytebytego*

전자책 원서는 *bytebytego.com*에서 이용할 수 있다.

감사의 말

이 책의 모든 설계가 독창적인 내용이라고 할 수 있다면 좋겠다. 하지만 사실 이 책에서 언급된 대부분의 아이디어는 엔지니어링 블로그, 연구 논문, 코드,

유튜브 프레젠테이션 등 다른 곳에서도 찾아볼 수 있다. 우리는 이런 뛰어난 아이디어를 수집하고 검토한 후 개인적인 인사이트와 경험을 더해 알기 쉬운 방식으로 제시하려고 노력했다. 이 책을 완성하기 위해 십여 명의 엔지니어와 관리자가 검토하고 의견을 주었다. 모든 분께 정말 감사드린다!

- B 스리데비(비슈누 공과대학교)
- 다 청(Tiktok)
- 듀왕 술타니아(Adobe)
- 다이알라 에제딘(Tao Media)
- 디미트리스 코사코스(Elastic)
- 젠창 왕(Snapchat)
- 자잉 스(Amazon)
- 저스틴 리(Discord)
- 칼리안 디팍(Flipkart)
- 카우스투브 파드니스(Walmart)
- 리 쉬(TikTok)
- 라비 만들리야(Discord)
- 라비 람찬드란(Walmart Labs)
- 로힛 제인(Twitter)
- 사랑 메트카르(Meta)
- 샤바즈 파텔(One Concern)
- 쉬 샹(Parafin)
- 수밤 쿠마르(Amazon)
- 토포조이 비스와스(Walmart)
- 비닛 알루왈리아(Stanford)
- 샤오 주(Databricks)
- 양원준(Twitter)
- 저후이 왕(Amazon)

마지막으로 엘비스 렌, 후아 리, 산 람의 소중한 기여에 특별한 감사를 표한다.

1장

Machine Learning System Design Interview

소개 및 개요

이 책의 목적은 머신러닝(machine learning, ML) 엔지니어와 데이터 과학자가 면접에서 머신러닝 시스템 설계를 잘 설명할 수 있게 돕는 것이다. 또한 이 책은 머신러닝이 실제 세계에 적용되는 방식에 대한 전반적인 정보도 제공한다.

많은 엔지니어가 로지스틱 회귀 또는 신경망과 같은 머신러닝 알고리즘을 머신러닝 시스템의 전부라고 생각한다. 그러나 운영 환경의 머신러닝 시스템에는 단순한 모델 개발보다 훨씬 더 많은 작업이 필요하다. 일반적으로 머신러닝 시스템은 데이터를 관리하기 위한 데이터 스택, 수백만 사용자가 사용할 수 있도록 하는 서비스 인프라, 시스템의 성능을 측정하기 위한 평가 파이프라인, 시간이 지나도 모델의 성능이 저하되지 않도록 하기 위한 모니터링 등 여러 구성요소로 복잡하게 구성된다.

머신러닝 시스템 설계 면접에서는 개방형 질문을 많이 한다. 예를 들어 영화 추천 시스템이나 동영상 검색 엔진을 설계하라는 요청을 한다. 정해진 정답은 없으며, 면접관은 지원자의 사고 과정, 다양한 머신러닝 주제에 대한 이해도, 시스템을 끝에서 끝까지(end-to-end) 설계하는 능력, 다양한 선택의 장단점을 반영한 설계 능력을 다각적으로 평가한다.

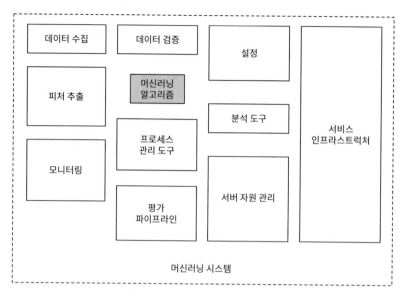

그림 1.1 운영 준비가 완료된 머신러닝 시스템

복잡한 머신러닝 시스템을 성공적으로 설계하려면 프레임워크를 따르는 것이 매우 중요하다. 틀을 갖추지 않은 답변으로는 논리적인 흐름을 만들기 어렵다. 1장에서는 머신러닝 시스템 설계 관련 질문에 효과적으로 대응할 수 있는 프레임워크를 제안한다. 프레임워크는 다음과 같은 단계로 구성된다.

1. 요구사항 명확화
2. 머신러닝 작업으로 문제를 구조화
3. 데이터 준비
4. 모델 개발
5. 평가
6. 배포 및 서비스 제공
7. 모니터링 및 인프라

그림 1.2 머신러닝 시스템 설계 절차

개방형 질문이라는 말에서 알 수 있듯이 답변은 상황마다 다를 수 있다. 즉, 단 하나의 정답이 존재하지는 않는다. 이 프레임워크는 생각을 구조화하는 데 도움을 준다. 물론 융통성 있게 상황에 맞춰 적용하길 바란다. 면접관이 특히 모델 개발에 관심이 있다면 이 프레임워크가 효과가 있을 것이다.

프레임워크의 단계별 상세 내용은 다음과 같다.

요구사항 명확화

머신러닝 시스템 설계 관련 질문은 의도적으로 최소한의 정보만 제공하여 모호한 경우가 일반적이다. 예를 들어 면접 질문이 '이벤트 추천 시스템을 설계하시오'일 수 있다. 첫 번째 단계는 질문 내용을 정확하게 파악하는 것이다. 근데 어떻게 파악해야 할까? 요구사항을 명확하게 이해하려면, 다음과 같은 질문을 하는 게 면접을 시작하는 데 도움이 된다.

- 비즈니스 목표. 휴가철 숙소 추천 시스템을 만들라는 요청을 받은 경우, 가능한 두 가지 비즈니스 목표는 예약 수와 수익을 늘리는 것이다.

- 시스템이 제공해야 하는 피처[1]. 머신러닝 시스템 설계에 영향을 줄 수 있는 피처는 무엇인가? 예를 들어 동영상 추천 시스템을 설계하라는 요청을 받았다고 가정해 보자. 사용자가 추천 영상에 '좋아요' 또는 '싫어요'를 선택할 수 있는 기능이 있는지 확인하면 좋을 텐데, 이러한 상호작용은 훈련 데이터에 라벨을 지정하는 데 유용하게 사용할 수 있기 때문이다.

- 데이터. 데이터 소스는 무엇인가? 데이터세트는 얼마나 큰가? 데이터에 라벨이 지정되어 있나?

- 제약. 사용할 수 있는 컴퓨팅 자원은 얼마나 되나? 클라우드 기반 시스템인가, 아니면 단말에서 구동하는 시스템인가? 시간이 지남에 따라 모델이 자동으로 개선되길 바라나?

---

1 (옮긴이) 피처(feature)는 머신러닝과 패턴 인식 용어이다. 데이터의 특징이나 속성을 말한다.

- 시스템 규모. 사용자 수는 어느 정도인가? 동영상과 같은 콘텐츠가 얼마나 많이 제공되나? 사용자 수, 콘텐츠 수 등의 증가율은 어느 정도인가?

- 성능. 기대 성능은? 실시간 솔루션이 필요한가? 정확도와 대기 시간 중 무엇이 더 중요한가?

이 목록이 전부는 아니지만, 시작점이 될 수 있다. 개인정보 및 윤리와 같은 주제들도 마찬가지로 중요할 수 있다. 이 단계가 끝나면, 시스템의 구축 범위와 요구사항에 대해 면접관과 합의하게 된다. 합의된 요구사항 및 제약 조건을 잘 적어 두는 것이 좋다. 이렇게 하면 모두가 같은 내용에 동의했다고 생각할 수 있다.

머신러닝 작업으로 문제를 구조화

머신러닝 문제를 해결하기 위해서는 문제의 구조를 잘 정의하는 것이 매우 중요하다. 면접관이 동영상 스트리밍 플랫폼에 대한 사용자 참여도를 높여 달라는 요청을 한다고 해보자. 사용자 참여를 늘리는 것은 비즈니스 관점의 문제이고 아직 머신러닝이 작업할 수 있는 영역이 아니다. 따라서 이를 해결하기 위해 이 문제를 머신러닝 작업으로 구조화하자.

현실 작업에서는 주어진 문제를 해결하기 위해 머신러닝이 필요한지부터 먼저 판단해야 한다. 면접에서는 머신러닝이 도움이 된다고 당연하게 가정할 수 있으므로, 문제 해결을 위해 다음과 같이 머신러닝 작업의 틀을 잡는다.

- ▶ 머신러닝 목표 정의
- ▶ 시스템의 입력 및 출력 지정
- ▶ 적합한 머신러닝 유형 선택

머신러닝 목표 정의

비즈니스 목표는 매출을 20% 늘리거나 사용자 유지율을 높이는 것으로 잡았다. 그러나 목표를 단순히 '매출 20% 증가'라고 설정해서는 모델을 훈련할 수 없다. 머신러닝 시스템이 작업을 수행하려면 비즈니스 목표를 잘 정의된 머신러닝 목표로 변환해야 한다. 가장 좋은 방법은 머신러닝 모델이 해결할 수 있는 목표를 잡는 것이다. 표 1.1에 나와 있는 몇 가지 예를 살펴보자. 이후 장에서 더 많은 예시를 볼 것이다.

애플리케이션	비즈니스 목표	머신러닝 목표
이벤트 티켓 판매 앱	티켓 판매량 증가	이벤트 등록 수를 극대화
비디오 스트리밍 앱	사용자 참여 증가	사용자 시청 시간 극대화
광고 클릭 예측 시스템	사용자 클릭 수 증가	클릭률(click-through rate) 극대화
소셜 미디어의 유해 콘텐츠 감지	플랫폼 안정성 증대	해당 콘텐츠의 유해성 정확히 예측
친구 추천 시스템	사용자 네트워크 확장	형성된 연결 수 극대화

표 1.1 비즈니스 목표를 머신러닝 목표로 변환

시스템의 입력 및 출력 지정

머신러닝 목표를 결정한 후에는 시스템의 입력과 출력을 정의해야 한다. 예를 들어 소셜 미디어 플랫폼의 유해 콘텐츠 감지 시스템의 경우 입력은 게시물이고 출력은 이 게시물의 유해성 여부이다.

그림 1.3 유해성 감지 시스템의 입력-출력

때에 따라 시스템을 둘 이상의 머신러닝 모델로 구성할 수 있다. 이 경우 머신 러닝 모델의 입력과 출력을 각각 지정해야 한다. 예를 들어, 유해한 콘텐츠 감지를 위해 폭력을 예측하는 하나의 모델과 과도한 노출을 예측하는 또 다른 모델을 적용할 수 있다. 시스템은 게시물이 유해한지 여부를 판단하기 위해 이 두 가지 모델을 사용한다.

각 모델의 입력-출력을 지정하는 다양한 방법이 있을 수 있다는 것도 또 다른 중요한 고려 사항이다. 그림 1.4를 참고하자.

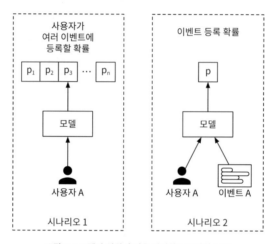

그림 1.4 모델의 입력-출력을 지정하는 다양한 방법

적합한 머신러닝 유형 선택

문제를 머신러닝 작업으로 구성하는 방법은 여러 가지이다. 대부분의 문제는 그림 1.5에 표시된 머신러닝 유형(리프 노드) 중 하나로 구성될 수 있다. 대부분의 독자가 이미 익숙할 테니 여기서는 개요만 설명한다.

- **지도 학습.** 지도 학습(supervised learning) 모델은 훈련 데이터세트를 사용하여 작업을 학습한다. 실제로 많은 문제가 이 유형에 속한다. 일반적으로 라벨이 지정된 데이터세트에서 학습하면 더 나은 결과를 얻을 수 있다.

- **비지도 학습.** 비지도 학습(unsupervised learning) 모델은 정답이 없는 데이터를 처리하여 예측한다. 비지도 학습 모델의 목표는 데이터 사이에서 의미

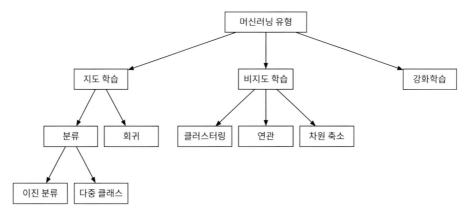

그림 1.5 일반적인 머신러닝 유형

있는 패턴을 식별하는 것이다. 일반적으로 사용되는 비지도 학습 알고리즘은 클러스터링, 연관 그리고 차원 축소이다.

- **강화학습.** 강화학습에서 에이전트(agent)[2]는 환경과의 상호작용에서 시행착오를 반복하여 수행하는 방법을 찾아낸다. 예를 들어 로봇이 방을 돌아다니고, 알파고가 바둑을 둘 수 있는 것이 이 강화학습을 통해 가능해진다.

지도 학습에 비해 비지도 학습과 강화학습은 많이 사용되지 않는데, 이는 머신러닝 모델이 일반적으로 학습 데이터를 사용할 때 특정 작업을 더 잘 학습하기 때문이다. 결과적으로 이 책에서 다루는 대부분의 문제는 지도 학습을 사용한다. 지도 학습의 다양한 유형에 대해 자세히 살펴보자.

- **회귀 모델.** 회귀는 연속적인 숫자 값을 예측하는 작업이다. 예를 들어, 집의 기대 가치를 예측하는 모델은 회귀 모델이다.
- **분류 모델.** 분류는 불연속 클래스 라벨을 예측하는 작업이다. 예를 들어 입력 이미지를 '개', '고양이' 또는 '토끼' 중 어느 쪽으로 분류할지 판단하는 것이다. 분류 모델은 두 그룹으로 나눌 수 있다.
  - **이진 분류 모델**은 이진 결과를 예측한다. 예를 들어 이미지에 개가 포함되어 있는지 예측한다.

---

2 (옮긴이) 강화학습의 대상이 되는 프로그램을 의미한다.

◦ 다중 클래스 분류 모델은 입력을 둘 이상의 클래스로 분류한다. 예를 들어 이미지를 개, 고양이 또는 토끼로 분류할 수 있다.

이 단계에서는 적합한 머신러닝 유형을 선택해야 한다. 이후 장에서는 면접 중에 올바른 유형을 선택하는 방법에 대한 예를 제공하겠다.

논의 주제

다음은 면접에서 언급하기 좋은 주제들이다.

- 좋은 머신러닝 목표는 무엇인가? 다른 머신러닝 목표와는 어떻게 비교하나? 장단점은 무엇인가?
- 주어진 머신러닝 목표에서 시스템의 입력 및 출력은 무엇인가?
- 머신러닝 시스템에 둘 이상의 모델이 적용된 경우 모델별 입력 및 출력은 무엇인가?
- 지도 또는 비지도 학습 중 어느 것을 사용해야 하나?
- 회귀 또는 분류 모델 중 어느 것을 사용하는 것이 좋을까? 분류의 경우 이진 분류 모델인가 다중 클래스 분류 모델인가? 회귀 모델이라면 출력 범위는?

데이터 준비

머신러닝 모델은 데이터를 통해 직접 학습한다. 그렇기 때문에 예측력 있는 데이터는 머신러닝 모델 훈련에 필수적이다. 이 절에서는 데이터 엔지니어링과 피처 엔지니어링이라는 두 가지 필수 프로세스를 사용하여 어떻게 고품질의 데이터를 모델에 입력할 것인지 살펴볼 예정이다. 각 프로세스의 중요한 측면을 다룰 것이다.

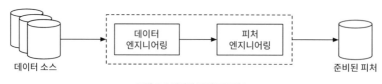

그림 1.6 데이터 준비 프로세스

데이터 엔지니어링

데이터 엔지니어링은 데이터의 수집, 저장, 검색 및 처리를 위한 파이프라인을 설계하고 구축하는 작업이다. 핵심 구성요소를 이해하기 위해 데이터 엔지니어링 기본 사항을 간략하게 살펴보자.

데이터 소스

머신러닝 시스템은 다양한 소스의 데이터를 사용한다. 다음과 같은 질문을 통해 데이터 소스를 잘 이해할 수 있다. 데이터 수집은 누가 하나? 데이터가 얼마나 깨끗한가? 데이터 소스를 신뢰할 수 있나? 사용자가 생성한 데이터인가 아니면 시스템이 생성한 것인가?

데이터 저장소

데이터를 상시로 저장하고 관리하기 위한 데이터베이스이다. 사용 사례별로 서로 다른 데이터베이스가 구축되므로 각 데이터베이스가 작동하는 방식을 높은 수준에서 이해하는 것이 중요하다. 일반적으로 머신러닝 시스템 설계 면접 중에 데이터베이스 내부에 대한 상세 질문은 잘 나오지 않는다.

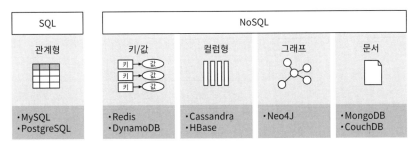

그림 1.7 다양한 종류의 데이터베이스

ETL(추출, 변환 및 적재)

ETL(extract, transform, load)은 세 단계로 구성된다.

- **추출.** 다양한 데이터 소스에서 데이터를 추출한다.

- **변환.** 이 단계에서 요구사항에 맞게 데이터 정제, 매핑 및 특정 형식으로 변환한다.

- 적재. 변환된 데이터를 파일, 데이터베이스 또는 데이터 웨어하우스[1]에 적재한다.

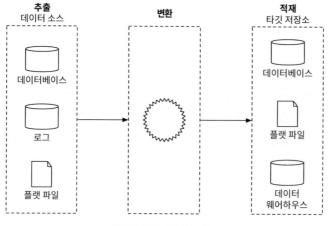

그림 1.8 ETL 프로세스 개요

데이터 유형

머신러닝의 데이터 유형은 프로그래밍 언어의 데이터 유형(int, float, string 등)과는 다르다. 크게 정형 데이터와 비정형 데이터 두 가지로 나뉜다(그림 1.9 참고).

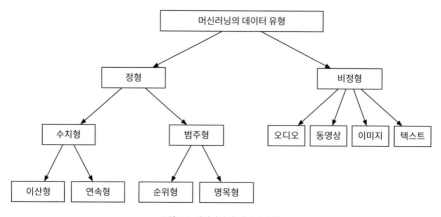

그림 1.9 머신러닝의 데이터 유형

정형 데이터는 미리 정의된 데이터 스키마를 따르지만 비정형 데이터는 그렇지 않다. 예를 들어 날짜, 이름, 주소, 신용 카드 번호 및 행과 열이 있는 표 형식으로 표시할 수 있는 모든 항목은 정형 데이터이다. 비정형 데이터는 이미지, 오디오 파일, 동영상 및 텍스트와 같은 기본 데이터 스키마가 없는 데이터이다. 표 1.2에서 정형 데이터와 비정형 데이터의 주요 차이점을 확인하자.

	정형 데이터	비정형 데이터
특성	· 사전 정의된 스키마 · 검색이 쉬움	· 스키마 없음 · 검색이 어려움
지원	· 관계형 데이터베이스 · 많은 NoSQL 데이터베이스는 정형 데이터 저장 지원 · 데이터 웨어하우스	· NoSQL 데이터베이스 · 데이터 레이크
예	· 날짜 · 전화번호 · 신용 카드 번호 · 주소 · 이름	· 텍스트 파일 · 오디오 파일 · 이미지 · 동영상

표 1.2 정형 데이터와 비정형 데이터 요약

그림 1.10에서 볼 수 있듯이 머신러닝 모델은 데이터 유형에 따라 다른 방식으로 실행된다. 데이터가 정형인지 비정형인지 이해하면 모델 개발 단계에서 적절한 머신러닝 모델을 선택하는 데 도움이 된다.

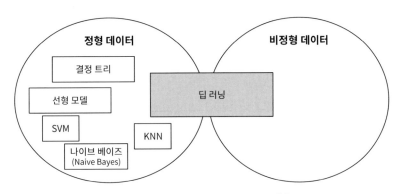

그림 1.10 정형 데이터와 비정형 데이터 모델[2]

수치형 데이터

수치형 데이터는 숫자로 표시되는 모든 데이터이다. 그림 1.9와 같이 수치형 데이터는 연속형 수치 데이터와 이산형 수치 데이터로 구분한다. 예를 들어 주택 가격은 범위 내의 모든 값을 가질 수 있으므로 연속적인 숫자 값으로 간주할 수 있다. 반대로 지난 1년 동안 판매된 주택의 수는 고유한 값만 취하기 때문에 이산형 수치 데이터이다.

범주형 데이터

범주형 데이터는 할당된 이름이나 라벨을 기반으로 저장 및 식별할 수 있는 데이터를 의미한다. 예를 들어, 성별은 값이 제한된 범위에 속하므로 범주형 데이터이다. 범주형 데이터는 명목형과 순위형의 두 그룹으로 나눌 수 있다.

명목형 데이터는 범주 간에 순서의 의미가 없는 데이터를 말한다. 예를 들어 성별은 '남성'과 '여성' 사이에 관계가 없기 때문에 명목형 데이터이다. 순위형 데이터는 미리 결정되거나 순차적인 순서를 갖는 데이터를 의미한다. '싫다', '보통', '좋다' 세 가지 고유한 값을 갖는 평가 데이터는 순위형 데이터의 좋은 예이다.

피처 엔지니어링(feature engineering)

피처 엔지니어링에는 두 가지 프로세스가 있다.

- 도메인 지식을 사용하여 원시 데이터(raw data)에서 예상 피처를 선택하고 추출
- 예측한 피처를 모델에서 사용할 수 있는 형식으로 변환

머신러닝 모델을 개발하거나 학습시킬 때 중요한 결정 중 하나는 적절한 피처를 선택하는 것이다. 가장 가치 있는 피처를 선택하는 것이 필수적이다. 이 피처 엔지니어링 프로세스에는 주제별 전문 지식이 필요하고 진행 중인 작업에 따라 결과가 많이 달라질 수 있다. 프로세스에 숙달될 수 있도록 책에서는 다양한 예제를 제공한다.

피처를 예측하여 선택한 후에는 다음에 살펴볼 피처 엔지니어링 작업을 통해 적절한 형식으로 변환해야 한다.

피처 엔지니어링 작업

피처 중 일부가 모델에서 사용할 수 없는 형식인 경우가 많다. 피처 엔지니어링 작업은 선택한 피처를 모델에서 사용할 수 있는 형식으로 변환한다. 누락 데이터 처리, 왜곡된 분포가 있는 값 조정, 범주형 피처 인코딩을 포함한다. 다음은 정형 데이터를 처리하는 가장 일반적인 작업을 설명한다.

누락 데이터 처리

운영 환경의 데이터에는 값이 누락되는 경우가 많으며 일반적으로 삭제 또는 대체라는 두 가지 방법으로 해결한다.

- 삭제. 이 메서드는 모든 피처에서 누락된 값이 있는 레코드를 제거한다. 삭제는 행 삭제와 열 삭제로 나눌 수 있다. 열 삭제에서 피처에 누락된 값이 너무 많은 경우 피처를 나타내는 전체 열을 제거하는 것을 말한다. 행 삭제는 데이터 요소에 누락된 값이 많은 경우 데이터 요소를 나타내는 행을 제거한다.

데이터				
ID	피처 1	피처 2	피처 3	피처 4
1	2	N/A	6	6
2	9	N/A	8	7
3	18	N/A	11	21
4	2	11	5	6

데이터			
ID	피처 1	피처 3	피처 4
1	2	6	6
2	9	8	7
3	18	11	21
4	2	5	6

그림 1.11 열 삭제

삭제의 단점은 모델이 학습에 잠재적으로 사용할 수 있는 데이터의 양이 줄어든다는 점이다. 머신러닝 모델은 데이터가 많을수록 더 잘 작동하는 경향이 있으므로 삭제는 이상적인 방법은 아니다.

- 대체. 삭제하는 방법 대신 누락된 값을 특정 값으로 채워서 추론할 수도 있다. 일반적으로 다음과 같은 방법을 사용한다.

- 누락된 값을 기본값(default)으로 채우기
- 누락된 값을 평균, 중앙값 또는 최빈값(가장 일반적인 값)으로 채우기

대체는 데이터에 노이즈가 발생할 수 있다는 단점이 있다. 결측값을 처리하는 데 완벽한 기법은 없으며, 기법마다 장단점이 있다는 점에 유의하는 것이 중요하다.

피처 스케일링

피처 스케일링은 피처를 표준 범위와 분포를 갖도록 스케일링하는 프로세스를 말한다. 먼저 피처 스케일링이 필요한 이유를 살펴보겠다.

데이터세트의 피처가 서로 다른 범위에 있는 경우 많은 머신러닝 모델이 작업을 학습하는 데 어려움을 겪는다. 예를 들어, 나이와 소득은 피처의 값 범위가 다를 수 있다. 또한 일부 모델은 피처의 분포가 왜곡되어 작업을 학습하는 데 어려움을 겪을 수 있다. 피처 스케일링 기법에는 어떤 것이 있을지 살펴보자.

- 정규화(최대-최소 스케일링). 이 접근 방식에서는 다음 공식을 사용하여 모든 값이 [0, 1] 범위 내에 있도록 피처의 스케일을 조정한다.

$$Z = \frac{x - x_{min}}{x_{max} - x_{min}}$$

정규화는 피처의 분포를 변경하지 않는다는 점에 유의하자. 피처의 분포를 표준 분포를 따르도록 변경하기 위해서는 표준화가 사용된다.

- 표준화(Z-점수 정규화). 표준화는 피처의 분포가 평균 0, 표준 편차 1이 되도록 변경하는 프로세스이다. 다음 공식은 피처를 표준화하는 데 사용된다.

$$Z = \frac{x - \mu}{\sigma}$$

여기서 μ는 피처의 평균이고 σ는 표준 편차이다.

- 로그 스케일링. 피처의 왜곡을 완화하기 위해 다음 공식으로 로그 스케일링이라는 기술을 사용한다.

$$z = \log(x)$$

로그 변환을 통해 데이터 분포의 왜곡을 줄이고 최적화 알고리즘으로 더 빠르게 수렴할 수 있다.

이산화(버키팅)

이산화는 연속형 피처를 범주형 피처로 변환하는 프로세스이다. 예를 들어 키를 연속형 피처로 표현하는 대신 불연속형 버킷(bucket)으로 나누고 각 키를 해당 버킷으로 표현할 수 있다. 이렇게 하면 모델이 무한한 수의 가능성을 학습하는 대신 몇 가지 범주만 학습하는 데 집중할 수 있다.

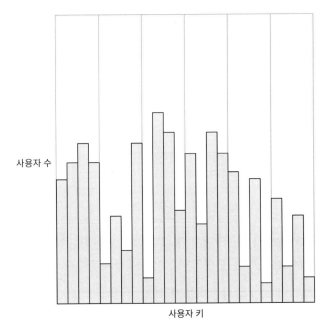

그림 1.12 사용자 키를 6개의 버킷으로 분리하기

이산화는 불연속형 피처에도 적용할 수 있다. 예를 들어, 사용자의 나이는 불연속형 피처이지만 표 1.3과 같이 이산화하면 범주의 수가 줄어든다.

버킷	나이 범위
1	0 - 9
2	10 - 19
3	20 - 39
4	40 - 59
5	60+

표 1.3 숫자 나이 속성 이산화하기

범주형 피처 인코딩

대부분의 머신러닝 모델에서 모든 입력과 출력은 숫자여야 한다. 즉, 피처가 범주형인 경우 모델에 보내기 전에 숫자로 인코딩해야 한다. 범주형 피처를 숫자 표현으로 변환하는 일반적인 방법에는 정수 인코딩, 원-핫 인코딩, 임베딩[3] 학습 세 가지가 있다.

* 정수 인코딩. 각각의 고유한 범주에 정수 값을 할당한다. 예를 들어 '우수'는 1, '양호'는 2, '불량'은 3이다. 이 방법은 정수 값이 서로 순차적인 관계를 갖는 경우에 유용하다.

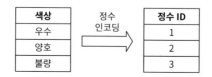

그림 1.13 정수 인코딩

그러나 범주형 피처 사이에 순서가 없는 경우 정수 인코딩은 좋은 선택이 아니다. 이어서 살펴볼 원-핫 인코딩은 이 문제를 해결한다.

* 원-핫 인코딩. 이 기술을 사용하면 각 고유 값에 대해 새로운 이진 피처가 생성된다. 그림 1.14에서와 같이 원래 피처(색상)을 세 가지 새로운 이진 피처

---

3 (옮긴이) 임베딩은 사람이 쓰는 자연어를 기계가 이해할 수 있도록 숫자 형태인 벡터로 바꾸는 과정 혹은 일련의 전체 과정을 의미한다.

(빨강, 녹색, 파랑)로 대체한다. 예를 들어, 데이터 포인트[4]의 색상이 '빨강'인 경우, 이를 '1, 0, 0'으로 대체한다.

그림 1.14 원-핫 인코딩

- **임베딩 학습.** 범주형 피처를 인코딩하는 또 다른 방법은 임베딩 학습을 사용하는 것이다. 임베딩은 범주형 피처를 N차원 벡터에 매핑한다. 임베딩 학습은 범주형 피처가 취할 수 있는 각 고유 값에 대해 N차원 벡터를 학습하는 프로세스이다. 이 접근 방식은 피처가 갖는 고유 값의 수가 너무 많을 때 유용하다. 이 경우 원-핫 인코딩은 벡터 크기가 너무 커지기 때문에 좋은 옵션이 아니다. 이후 장에서 더 많은 예제를 살펴보겠다.

논의 주제

다음은 면접 중에 논의할 수 있는 몇 가지 주제이다.

- **데이터 가용성 및 데이터 수집:** 데이터 소스는 무엇인가? 어떤 데이터를 사용할 수 있으며 어떻게 수집하나? 데이터 크기는 어느 정도인가? 새로운 데이터는 얼마나 자주 입력되는가?

- **데이터 저장소:** 현재 데이터는 어디에 저장되어 있나? 클라우드에 저장되어 있나, 아니면 사용자 단말에 저장되어 있나? 데이터를 저장하는 데 적합한 데이터 형식은 무엇인가? 이미지와 텍스트가 모두 포함될 수 있는 데이터 포인트와 같은 멀티모달(multimodal) 데이터는 어떻게 저장하나?

- **피처 엔지니어링:** 원시 데이터를 모델에 유용한 형태로 처리하려면 어떻게 해야 할까? 누락된 데이터는 어떻게 처리해야 할까? 이 작업에 피처 엔지니어링이 필요한가? 원시 데이터를 머신러닝 모델에서 사용할 수 있는 형식으로

---

4 (옮긴이) 다차원 공간에서 하나의 점을 표시하는 정보로 머신러닝에 사용하는 데이터세트의 개별적인 데이터를 의미한다.

변환하기 위해 어떤 작업을 사용해야 할까? 피처를 정규화해야 할까? 원시 데이터에서 어떤 피처를 구성해야 할까? 텍스트, 숫자, 이미지 등 서로 다른 유형의 데이터를 어떻게 합칠 계획인가?

- 개인 정보 보호: 사용할 수 있는 데이터의 민감도는 어느 정도인가? 사용자가 데이터의 프라이버시에 대해 우려하고 있나? 사용자 데이터의 익명화가 필요한가? 사용자 데이터를 서버에 저장할 수 있는가, 아니면 사용자의 기기에서만 데이터에 액세스할 수 있는가?

- 편향(bias): 데이터가 편향되어 있나? 그렇다면 어떤 종류의 편향이 존재하며 어떻게 수정할 수 있을까?

모델 개발

모델 개발은 적절한 머신러닝 모델을 선택하고 당면한 과제를 해결하도록 학습시키는 과정을 말한다.

모델 선택

모델 선택은 예측 모델링 문제에 가장 적합한 머신러닝 알고리즘과 아키텍처를 선택하는 프로세스이다. 실제로 모델을 선택하는 일반적인 프로세스는 다음과 같다.

- 간단한 기준선을 설정한다. 예를 들어 동영상 추천 시스템에서는 가장 인기 있는 동영상을 추천하여 기준선을 설정할 수 있다.

- 간단한 모델로 실험해 보라. 기준선을 정한 후에는 로지스틱 회귀와 같이 빠르게 학습할 수 있는 머신러닝 알고리즘을 적용해 보는 것이 좋다.

- 더 복잡한 모델로 전환한다. 간단한 모델로 만족스러운 결과를 얻을 수 없다면 심층 신경망과 같은 더 복잡한 모델을 고려할 수 있다.

- 더 정확한 예측을 원한다면 여러 모델을 조합하자. 하나의 모델 대신 여러 모델의 조합을 사용하면 예측 품질을 향상시킬 수 있다. 앙상블을 만드는 방법은

배깅[3], 부스팅[4], 스태킹[5]이라는 세 가지 방법으로 수행할 수 있으며, 배깅 과 부스팅은 7장에서 설명한다.

면접 시에는 다양한 모델 옵션을 탐색하고 장단점을 논의하는 것이 중요하다. 몇 가지 일반적인 모델 옵션은 다음과 같다.

- 로지스틱 회귀
- 선형 회귀
- 의사 결정 트리
- 그레디언트 부스트 결정 트리(gradient boosted decision trees) 및 랜덤 포레스트
- 서포트 벡터 머신(support vector machine)
- 나이브 베이즈(Naive Bayes)
- FM(Factorization Machines)
- 신경망

다양한 옵션을 검토할 때는 알고리즘을 간략하게 설명하고 장단점을 논의하는 것이 좋다. 예를 들어, 로지스틱 회귀는 선형 작업을 학습하는 데 좋은 옵션일 수 있지만 작업이 복잡하다면 다른 모델을 선택해야 할 수도 있다. 머신러닝 알고리즘을 선택할 때는 모델의 다양한 측면을 고려하는 것이 중요하다. 예를 들면 다음과 같다.

- 모델이 학습해야 하는 데이터의 양
- 훈련 속도
- 선택할 하이퍼파라미터와 하이퍼파라미터 튜닝 기법
- 학습 지속 가능성
- 컴퓨팅 요구사항. 더 복잡한 모델은 더 강력한 정확도를 제공할 수 있지만 CPU 대신 GPU와 같은 더 강력한 컴퓨팅 성능이 필요할 수 있다.
- 모델의 해석 가능성(interpretability)[6]. 더 복잡한 모델은 더 나은 성능을 제공할 수 있지만, 그 결과는 해석하기 어려울 수 있다.

모든 문제를 해결할 수 있는 만능의 알고리즘은 없다. 면접관은 다양한 머신러 닝 알고리즘과 그 장단점을 잘 이해하고 있는지, 요구사항과 제약 조건에 따라 모델을 선택할 수 있는 능력이 있는지 확인하려 한다. 이 책에는 모델 선택을 개선하는 데 도움이 되는 다양한 모델 선택 예제가 포함되어 있다. 이 책은 독 자가 일반적인 머신러닝 알고리즘에 익숙하다고 가정한다. 기억을 되살리려면 [7]을 읽어 보자.

모델 훈련

모델 선택을 하고 나면 모델을 훈련할 차례이다. 이 단계에서는 다음과 같이 다양한 주제를 놓고 면접관과 논의할 수 있다.

- ▶ 데이터세트 구성
- ▶ 손실 함수 선택
- ▶ 처음부터 훈련하기와 미세 조정하기
- ▶ 분산 훈련

하나씩 살펴보자.

데이터세트 구성

면접에서는 일반적으로 모델 훈련 및 평가를 위한 데이터세트 구성에 대해 이 야기하는 것이 좋다. 그림 1.15에서 볼 수 있듯이 데이터세트를 구성하는 데는 5단계가 있다.

그림 1.15 데이터세트 구성 단계

'피처 및 라벨 식별'을 제외한 모든 단계는 일반적인 작업으로, 모든 머신러닝 시스템 설계 작업에 적용할 수 있다. 이 장에서는 각 단계를 자세히 살펴보겠 지만, 이후 장에서는 주로 주제별 '피처 및 라벨 식별'에 초점을 맞출 것이다.

원시 데이터 수집

이 내용은 데이터 준비 단계에서 폭넓게 설명하므로 여기서는 반복하지 않는다.

피처 및 라벨 식별

피처 엔지니어링 단계에서 어떤 피처를 사용할지 이미 논의했다. 이제 데이터에 대한 라벨을 만드는 데 집중해 보겠다. 라벨을 만드는 방법은 수동 라벨링과 자동 라벨링 두 가지가 일반적이다.

- **수동 라벨링.** 개별 주석 작성자가 데이터에 수작업으로 라벨을 지정한다. 예를 들어, 개별 주석 작성자는 게시물에 잘못된 정보가 포함되어 있는지를 라벨링한다. 수동 라벨링은 사람이 직접 관여하기 때문에 정확한 라벨을 생성할 수 있다. 그러나 수동 라벨링은 비용이 많이 들고 느리며, 편견이 개입될 수 있고, 도메인 지식이 필요하며, 데이터 프라이버시를 위협할 수 있다는 단점이 있다.

- **자동 라벨링.** 자동 라벨링은 사람이 주석을 달지 않고도 ground truth[5] 라벨이 자동으로 추론된다. 자동 라벨을 더 잘 이해하기 위해 다음 예를 살펴보자.

  관련성에 따라 뉴스 피드의 순위를 매기는 머신러닝 시스템을 설계하고 싶다고 가정해 보자. 이 작업을 해결하는 가능한 방법 하나는 사용자와 게시물을 입력으로 받아 사용자가 이 게시물을 본 후 '좋아요' 버튼을 누를 확률을 출력하는 모델을 학습시키는 것이다. 이 경우 학습 데이터는 사용자, 게시물 및 해당 라벨의 쌍으로, 사용자가 해당 게시물에 '좋아요'를 누르면 1, 그렇지 않으면 0이 된다. 이렇게 하면 사람의 주석에 의존하지 않고도 학습 데이터에 자연스럽게 라벨을 지정할 수 있다.

  이 단계에서는 학습 라벨을 얻는 방법과 학습 데이터의 형태를 명확하게 이야기하는 것이 중요하다.

---

5 (옮긴이) 추론에 의해 제공되는 정보와 달리 직접 관찰 및 측정에 의해 제공되는 실제 또는 사실로 알려진 정보를 의미한다.

샘플링 전략 선택

모든 데이터를 수집하기는 어려운 일이기에 샘플링은 시스템의 데이터 양을 줄이는 효율적인 방법이다. 일반적인 샘플링 전략에는 편의(convenience) 샘플링, 눈덩이(snowball) 샘플링, 계층적(stratified) 샘플링, 저장소(reservoir) 샘플링, 중요도(importance) 샘플링 등이 있다. 샘플링 방법에 대한 자세한 내용은 [8]을 참고하라.

데이터 분할

데이터 분할은 데이터세트를 학습, 평가(검증), 테스트로 나누는 과정을 말한다. 데이터 분할 기법에 대한 자세한 내용은 [9]를 참고하라.

클래스 불균형 해결

클래스 라벨이 왜곡된 데이터세트를 불균형 데이터세트라고 한다. 데이터세트에서 더 많은 비율을 차지하는 클래스를 다수 클래스라고 하고, 더 적은 비율을 차지하는 클래스를 소수 클래스라고 한다.

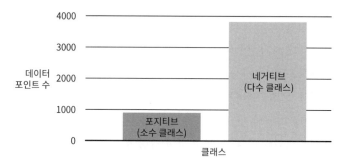

그림 1.16 두 클래스가 있는 불균형 데이터세트

불균형한 데이터세트는 모델 학습에서 심각한 문제인데, 이는 모델에 소수 클래스를 학습하기에 충분한 데이터가 없을 수 있음을 의미한다. 이 문제를 완화하기 위한 다양한 기법이 있다. 일반적으로 사용되는 두 가지 접근 방식인 훈련 데이터 리샘플링(resampling)과 손실 함수(loss function) 적용에 대해 살펴보자.

- 훈련 데이터 리샘플링

리샘플링은 서로 다른 클래스 간의 비율을 조정하여 데이터의 균형을 맞추는 과정을 말한다. 예를 들어, 소수 클래스를 오버샘플링(oversampling)하거나(그림 1.17) 다수 클래스를 언더샘플링(undersampling)[6]하는 것이다(그림 1.18).

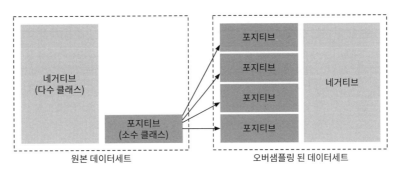

그림 1.17 소수 클래스 오버샘플링

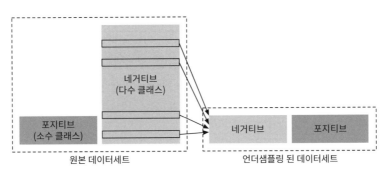

그림 1.18 다수 클래스 언더샘플링

- 손실 함수 적용

손실 함수를 적용하는 기법으로 클래스 불균형에 견고하게 대응할 수 있다. 소수 클래스의 데이터 포인트에 더 많은 가중치를 주는 게 개략적인 아이디어이다. 모델에 손실 함수의 가중치가 높을수록 소수 클래스에 대해 잘못된 예측을 하면 더 많은 불이익을 준다. 이렇게 하면 모델이 소수 클래스를 더

---

6 (옮긴이) 오버샘플링은 불균형한 클래스 분포를 가진 데이터세트에서 소수 클래스의 샘플을 증가시키는 기술이다. 반면 언더샘플링은 불균형한 클래스 분포를 가진 데이터세트에서 다수 클래스의 샘플을 감소시키는 기술을 말한다.

효과적으로 학습하게 된다. 클래스 불균형을 완화하기 위해 일반적으로 사용되는 두 가지 손실 함수는 클래스 균형 손실(class-balanced loss)[10]과 초점 손실(focal loss)[11][12]이다.

손실 함수 선택

데이터세트가 구성되면 모델을 학습시키기 위해 적절한 손실 함수를 선택해야 한다. 손실 함수는 모델이 예상 결과를 얼마나 정확하게 예측하는지를 측정하는 지표이다. 손실 함수를 사용하면 학습 과정에서 최적화 알고리즘이 모델의 매개변수를 업데이트하여 손실을 최소화할 수 있다.

새로운 손실 함수를 설계하기는 쉽지 않다. 머신러닝 면접에서는 일반적으로 문제를 구성한 방식에 따라 기존 손실 함수 목록에서 적합한 손실 함수를 선택하면 된다. 때로는 손실 함수를 문제에 맞게 약간 변경해야 할 수도 있다. 이후 장에서 더 많은 예제를 제공하겠다.

처음부터 훈련하기와 미세 조정하기

처음부터 훈련하기와 미세 조정(fine-tuning)을 비교하는 것은 간략하게 논의해도 되는 주제이다. 미세 조정이란 학습된 파라미터를 조금씩 변경하며, 새로운 데이터로 모델을 계속 학습시키는 방법을 의미한다. 이는 면접관과 논의할 수 있는 설계 결정 사항이다.

분산 학습

시간이 지남에 따라 모델이 점점 더 커지고 데이터세트의 크기도 급격히 증가하기 때문에 대규모 학습이 점점 더 중요해지고 있다. 분산 학습(distributed training)은 일반적으로 여러 작업자 노드에 작업을 분할하여 모델을 훈련하는 데 사용된다. 이러한 작업자 노드는 모델 학습 속도를 높이기 위해 병렬로 작동한다. 분산 학습에는 데이터 병렬 처리[13]와 모델 병렬 처리[14]의 두 가지 주요 유형이 있다.

해결해야 하는 과제에 따라 분산 학습을 해야 할 수도 있는데, 이럴 때 면접관과 이 주제에 대해 논의하는 것이 중요하다. 분산 학습은 특정 과제와 관계

없이 이야기할 수 있는 일반적인 주제라는 점을 기억하자.

논의 주제

몇 가지 핵심 사항은 다음과 같다.

- **모델 선택:** 작업에 적합한 머신러닝 모델은 무엇이며, 각 모델의 장단점은 무엇인가? 다음은 모델 선택 시 고려해야 할 주제들이다.
  - 훈련에 걸리는 시간
  - 모델이 예상하는 학습 데이터의 양
  - 모델에 필요할 수 있는 컴퓨팅 자원
  - 추론 시 모델의 처리 시간
  - 모델을 사용자 단말에 배포할 수 있나?
  - 모델의 해석 가능성(interpretability). 모델을 더 복잡하게 만들면 성능이 향상될 수 있지만 결과를 해석하기가 더 어려워질 수 있다.
  - 연속학습(continual training)을 활용할 수 있을까, 아니면 처음부터 다시 훈련해야 할까?
  - 모델에 몇 개의 파라미터가 있나? 얼마나 많은 메모리가 필요한가?
  - 신경망의 경우 ResNet 또는 Transformer 기반 아키텍처와 같은 일반적인 아키텍처/블록에 대해 논의할 수 있다. 은닉 계층의 수, 뉴런의 수, 활성화 함수 등과 같은 하이퍼파라미터의 선택에 대해서도 논의할 수 있다.

- **데이터세트 라벨:** 라벨은 어떻게 얻어야 하나? 데이터에 주석을 달았다면 주석의 수준은 어느 정도인가? 자동 라벨을 사용할 수 있다면 어떻게 해야 하나? 시스템에 대한 사용자 피드백은 어떻게 받나? 자동 라벨을 얻는 데 얼마나 걸리나?

- **모델 훈련**
  - 어떤 손실 함수를 선택해야 할까? (예: 크로스 엔트로피(cross-entropy)[15], 평균 제곱 오차(MSE)[16], 평균 절대 오차(MAE)[17], Huber loss[18] 등)
  - 어떤 정규화를 사용해야 하나? (예: L1[19], L2[19], Entropy Regularization[20], K-fold CV[21], 또는 dropout[22])

- 역전파(backpropagation)는 무엇인가?
- SGD[24], AdaGrad[25], Momentum[26], RMSProp[27]과 같은 일반적인 최적화 방안[23]을 설명해야 할 수도 있다.
- 어떤 활성화 함수(activation functions)를 사용하고자 하며 그 이유는 무엇인가? (예: ELU[28], ReLU[29], Tanh[30], Sigmoid[31])
- 불균형한 데이터세트를 처리하는 방법은?
- 편향-분산 트레이드오프(bias-variance tradeoff)는 무엇인가?
- 과대적합(overfitting)과 과소적합(underfitting)의 원인은 무엇인가? 어떻게 해결해야 할까?

- **연속학습**: 새로운 데이터 포인트가 나올 때마다 온라인으로 모델을 훈련시키고 싶나? 모델을 각 사용자에게 맞게 개인화해야 하는가? 모델을 얼마나 자주 훈련시켜야 하나? 어떤 모델은 매일 또는 매주 훈련시켜야 하고, 어떤 모델은 매월 또는 매년 훈련시켜야 한다.

평가

모델 개발 후 다음은 평가 단계로, 다양한 지표를 사용하여 머신러닝 모델의 성능을 파악하는 프로세스이다. 이 절에서는 오프라인과 온라인의 두 가지 평가 방법을 살펴본다.

오프라인 평가

오프라인 평가는 모델 개발 단계에서 머신러닝 모델의 성능을 평가하는 것을 말한다. 모델을 평가하려면 일반적으로 먼저 평가 데이터세트를 사용하여 예측한다. 그런 다음 다양한 오프라인 지표를 사용하여 예측이 ground truth에 얼마나 가까운지 측정한다. 표 1.4는 다양한 작업에서 일반적으로 사용되는 몇 가지 지표를 보여 준다.

면접 중에는 오프라인 평가에 적합한 지표를 파악하는 것이 중요하다. 이는 당면한 과제와 프레임을 어떻게 구성했는지에 따라 달라진다. 예를 들어, 순위 문제를 해결하려는 경우 순위 지표와 그 장단점에 대해 논의해야 할 수 있다.

작업	오프라인 지표
분류	precision(정밀도), recall(재현율), F1 score, accuracy, ROC-AUC, PR-AUC, confusion matrix
회귀	MSE, MAE, RMSE
순위	precision@k, recall@k, MRR, mAP, nDCG
이미지 생성	FID[32], inception score[33]
자연어 처리	BLEU[34], METEOR[35], ROUGE[36], CIDEr[37], SPICE[38]

표 1.4 오프라인 평가에서 자주 사용되는 지표

온라인 평가

온라인 평가는 배포 후 모델이 운영 환경에서 어떻게 수행되는지 평가하는 프로세스를 말한다. 모델의 영향을 측정하려면 다양한 지표를 정의해야 한다. 온라인 지표는 온라인 평가 중에 사용하는 지표를 말하며 일반적으로 비즈니스 목표와 관련이 있다. 표 1.5는 여러 문제에 대한 다양한 지표를 보여 준다.

문제	온라인 지표
광고 클릭 예측	클릭률, 수익 증가 등
유해 콘텐츠 탐지	전파율, 유효한 이의 제기 등
영상 추천	클릭률, 총시청 시간, 시청 완료된 영상 수 등
친구 추천	하루에 전송되는 요청 수, 일일 요청 수락 건수 등

표 1.5 온라인 평가에서 사용할 수 있는 지표

일반적으로 기업에서는 많은 온라인 지표를 추적한다. 면접에서는 시스템의 영향을 측정하기 위해 가장 중요한 몇 가지 지표를 선택해야 한다. 오프라인 지표와 마찬가지로 온라인 지표를 선택하는 것은 주관적이며 제품 담당자와 비즈니스 이해관계자에 따라 달라진다.

이 단계에서는 면접관이 지원자의 비즈니스 감각을 평가한다. 따라서 지원자는 자신의 사고 과정을 전달하고 특정 지표를 선택한 이유를 설명하는 게 좋다.

논의 주제

다음은 평가 단계에 대한 몇 가지 핵심 사항이다.

- **온라인 지표**: 온라인에서 머신러닝 시스템의 효과를 측정하는 데 중요한 지표는 무엇인가? 이러한 지표는 비즈니스 목표와 어떤 관련이 있나?

- **오프라인 지표**: 개발 단계에서 모델의 예측 능력을 평가하는 데 적합한 오프라인 지표는 무엇인가?

- **공정성 및 편향성**: 모델이 연령, 성별, 인종 등과 같은 다양한 대상에 대해 편견을 가질 가능성이 있나? 이 문제를 어떻게 해결할 수 있나? 악의적인 의도가 있는 사람이 시스템에 접근하면 어떻게 되나?

배포 및 서비스 제공

온라인 및 오프라인 평가에 적합한 지표를 선택한 후 자연스럽게 다음 단계는 모델을 운영 환경에 배포하여 수백만 명의 사용자에게 서비스를 제공하는 것이다. 다루어야 할 몇 가지 중요한 주제는 다음과 같다.

- ▶ 클라우드와 온디바이스 배포 비교
- ▶ 모델 압축
- ▶ 운영 환경에서 테스트
- ▶ 예측 파이프라인

각각을 살펴보자.

클라우드와 온디바이스 배포 비교

클라우드에 모델을 배포하는 것은 모바일 단말에 배포하는 것과 다르다. 표 1.6에 온디바이스 배포와 클라우드 배포의 주요 차이점을 요약했다.

	클라우드	온디바이스
단순성	✓ 클라우드 기반 서비스를 사용하여 배포 및 관리가 간편함	✗ 디바이스에 모델을 배포하기는 간단하지 않음
비용	✗ 클라우드 비용이 높을 수 있음	✓ 디바이스 내에서 계산을 수행하면 클라우드 비용 없음
네트워크 지연 시간	✗ 네트워크 대기 시간이 존재함	✓ 네트워크 지연 시간 없음
추론 처리 시간	✓ 일반적으로 더 강력한 기계로 인해 추론 속도가 빨라짐	✗ 머신러닝 모델 실행 속도 저하
하드웨어 제약 조건	✓ 제약 조건 별로 없음	✗ 제한된 메모리, 배터리 소모 등 더 많은 제약이 있음
개인 정보 보호	✗ 사용자 데이터가 클라우드로 전송되므로 개인정보 보호 낮음	✓ 데이터가 디바이스를 벗어나지 않으므로 개인 정보 보호 강화
인터넷 연결에 대한 의존성	✗ 클라우드로 데이터를 송수신하는 데 필요한 인터넷 연결	✓ 인터넷 연결 필요 없음

표 1.6 클라우드와 온디바이스 배포 간의 장단점

모델 압축

모델 압축은 모델을 더 작게 만드는 과정을 말한다. 이는 추론 처리 시간과 모델 크기를 줄이는 데 필요하다. 모델 압축에는 일반적으로 세 가지 기술을 사용한다.

- 지식 증류(knowledge distillation): 지식 증류의 목표는 작은 모델(student model)이 큰 모델(teacher model)을 모방하도록 훈련하는 것이다.

- 가지치기(pruning): 가지치기란 가장 유용성이 낮은 매개변수를 찾아서 0으로 설정하는 프로세스를 말한다. 이렇게 하면 더 적은 수의 모델을 더 효율적으로 저장할 수 있다.

- 양자화(quantization): 모델 파라미터는 32비트 부동 소수점으로 표현되는 경우가 많다. 양자화에서는 더 적은 비트를 사용하여 파라미터를 표현하므로 모델의 크기가 줄어든다. 양자화는 훈련 중 또는 훈련 후에도 발생할 수 있다[39].

모델 압축에 대해 자세히 알아보려면 [40]을 읽어 보기 바란다.

운영 환경에서 테스트

모델이 운영 환경에서 잘 작동하는지 확인하는 유일한 방법은 실제 트래픽으로 테스트하는 것이다. 모델을 테스트하는 데 일반적으로 사용되는 기법으로 섀도 배포(shadow deployment)[41], A/B 테스트[42], 카나리 릴리스[43], 인터리빙 실험(interleaving experiments)[44], 밴딧(bandits)[45] 등이 있다.

운영 환경에서 테스트하는 방법을 이해하고 있다는 걸 보여 주기 위해 이러한 방법 중 하나 이상을 언급하는 것이 좋다. 섀도 배포와 A/B 테스트에 대해 간략히 살펴보겠다.

섀도 배포

이 방법에서는 새 모델을 기존 모델과 병렬로 배포한다. 각 수신 요청은 두 모델에 모두 라우팅되지만 기존 모델의 예측만 사용자에게 제공된다.

모델을 섀도 배포하면 새로 개발된 모델의 테스트가 완료될 때까지, 신뢰할 수 없는 예측을 할 위험을 최소화할 수 있다. 하지만 이 방법은 예측 횟수를 두 배로 늘리는 비용이 많이 드는 방식이다.

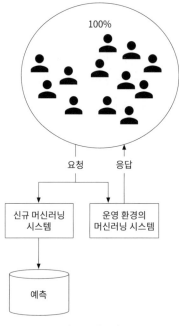

그림 1.19 섀도 배포

A/B 테스트

이 방법을 사용하면 새 모델을 기존 모델과 병렬로 배포한다. 트래픽의 일부는 새로 개발된 모델로 라우팅하고 나머지 요청은 기존 모델로 라우팅한다.

A/B 테스트를 올바르게 실행하기 위해 고려해야 할 두 가지 중요한 요소가 있다. 첫째, 각 모델로 라우팅되는 트래픽은 무작위여야 한다. 둘째, A/B 테스트는 충분한 수의 데이터 포인트에 대해 실행해야 적절한 결과를 얻을 수 있다.

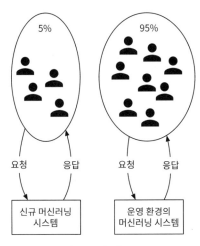

그림 1.20 A/B 테스트

예측 파이프라인

운영 환경에서 요청을 처리하려면 예측 파이프라인이 필요하다. 온라인 예측과 배치 예측 중 하나를 선택하는 것은 설계에서 중요한 결정 사항이다.

배치 예측

배치 예측을 사용하면 모델이 주기적으로 예측을 수행한다. 예측이 미리 계산되기 때문에 모델이 예측을 생성하는 데 걸리는 시간에 대해 걱정할 필요가 없다.

그러나 배치 예측에는 두 가지 주요 단점이 있다. 첫째, 사용자의 선호도 변화에 대한 모델의 반응성이 떨어진다. 둘째, 배치 예측은 사전 계산해야 할 내용을 미리 알고 있는 경우에만 가능하다. 예를 들어 언어 번역 시스템에서는 번역이 전적으로 사용자의 입력에 의존하기 때문에, 사전에 번역할 수 없다.

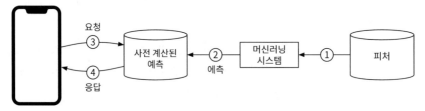

그림 1.21 배치 예측 워크플로

온라인 예측

온라인 예측에서는 요청이 도착하는 즉시 예측을 만들어 반환한다. 온라인 예측의 주요 문제점은 모델이 예측을 생성하는 데 너무 오래 걸릴 수 있다는 것이다.

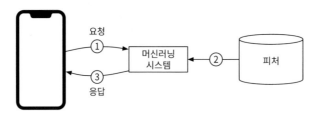

그림 1.22 온라인 예측 워크플로

배치 예측 또는 온라인 예측의 선택은 주로 제품 요구사항에 따라 결정된다. 일반적으로 온라인 예측은 미리 계산해야 할 사항을 알 수 없는 상황에서 사용한다. 배치 예측은 시스템이 대량의 데이터를 처리하고 그 결과가 실시간으로 필요하지 않은 경우에 이상적이다.

앞서 설명한 것처럼 머신러닝 시스템 개발에는 단순한 머신러닝 모델링 이상이 필요하다. 면접에서 전반적인 머신러닝 시스템 설계를 제안하기 위해서는 다양한 구성요소가 전체적으로 어떻게 함께 작동하는지에 대한 깊은 이해가 필요하다. 면접관은 이를 중요한 능력으로 판단한다.

그림 1.23은 개인화된 뉴스 피드 시스템을 위한 머신러닝 시스템 설계의 예이다. 이에 대해서는 10장에서 더 자세히 살펴보겠다.

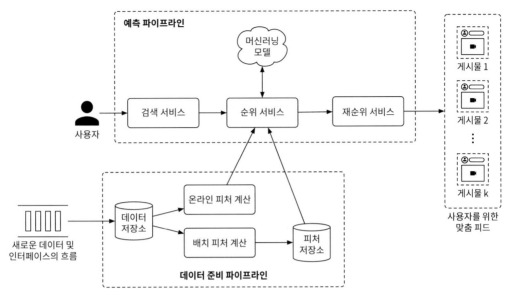

그림 1.23 개인화된 뉴스 피드 시스템을 위한 머신러닝 시스템 설계

논의 주제

- 추론하는 동안 계산은 클라우드와 온디바이스 중 어디에서 수행해야 하나?
- 모델 압축이 필요한가? 일반적으로 사용되는 압축 기술에는 어떤 것이 있나?
- 온라인 예측과 배치 예측 중 어느 것이 더 적합할까? 장단점은 무엇인가?
- 피처에 대한 실시간 액세스가 가능한가? 어떤 어려움이 있나?
- 배포된 모델을 운영 환경에서 어떻게 테스트해야 하나?
- 머신러닝 시스템은 요청을 처리하기 위해 함께 작동하는 다양한 구성요소로 구성된다. 제안된 설계에서 각 구성요소의 역할은 무엇인가?
- 빠르고 확장할 수 있는 서비스를 제공하려면 어떤 기술을 사용해야 할까?

모니터링

모니터링은 다양한 평가 지표를 추적, 측정 및 기록하는 작업을 말한다. 운영 중인 머신러닝 시스템은 여러 가지 이유로 장애가 발생할 수 있다. 모니터링은 시스템 장애가 발생했을 때 이를 감지하여 가능한 한 빨리 해결할 수 있도록 도와준다.

모니터링은 머신러닝 시스템 설계 면접에서 논의해야 할 중요한 주제이다. 논의할 수 있는 두 가지 주요 영역은 다음과 같다.

▸ 운영 환경에서 시스템에 장애가 발생하는 이유

▸ 모니터링 대상

운영 환경에서 시스템에 장애가 발생하는 이유

머신러닝 시스템이 운영 환경에 배포된 후 장애가 발생하는 데는 여러 가지 이유가 있다. 가장 일반적인 이유 중 하나는 데이터 분포 변화이다.

데이터 분포 변화는 모델이 실제 업무에서 접하는 데이터가 학습 중에 접한 데이터와 다른 경우를 말한다. 그림 1.24는 훈련 데이터에는 정면에서 본 컵 이미지로 구성되었지만, 서빙 시에는 다른 각도의 컵 이미지가 머신러닝 모델에 전달된 예를 보여 준다.

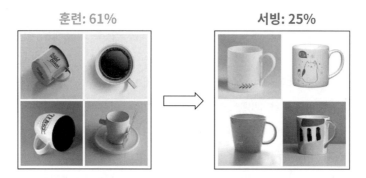

그림 1.24 데이터 분포 변화

현실 세계의 데이터 분포는 끊임없이 변화한다. 즉, 학습에 사용되는 데이터는 시간이 지나면 관련성이 떨어질 가능성이 높다. 이는 시간이 지남에 따라 성능이 저하되는 오래된 모델이 된다는 의미이다. 따라서 이 문제를 감지하기 위해 시스템을 지속적으로 모니터링해야 한다. 데이터 분포 변화를 처리하는 두 가지 일반적인 접근 방식은 다음과 같다.

- 대규모 데이터세트를 학습한다. 충분히 큰 훈련 데이터세트를 사용하면 모델이 더 넓은 분포를 학습할 수 있으므로, 운영 환경에서 발생하는 모든 데이터 포인트는 이 학습된 분포에 포함될 가능성이 높다.
- 새로운 분포의 라벨이 지정된 데이터를 사용하여 모델을 정기적으로 재학습한다.

모니터링 대상

이는 광범위한 주제이므로 여기서는 운영 환경 구축 후의 모니터링 기술에 중점을 둔다. 우리의 목표는 머신러닝 시스템에서 장애를 감지하고 변화를 파악하는 것이다. 머신러닝 시스템의 모니터링 기법은 크게 운영 관련 지표와 머신러닝 관련 지표의 두 가지 버킷으로 분류할 수 있다.

운영 관련 지표

이 지표는 시스템이 정상적으로 작동하는지 확인한다. 여기에는 평균 서빙 시간, 처리량, 예측 요청 수, CPU/GPU 사용률 등을 포함한다.

머신러닝 관련 지표

- 입력/출력 모니터링: 모델은 사용하는 데이터만큼만 성능이 향상되므로 모델의 입력과 출력을 모니터링하는 것이 중요하다.
- 드리프트(drift): 시스템에 대한 입력과 모델의 출력을 모니터링하여 기본 분포의 변화를 감지한다.
- 모델 정확도: 예를 들어 정확도가 특정 범위 내에 있다고 예상한다.
- 모델 버전: 배포된 모델 버전을 모니터링한다.

인프라스트럭처

인프라스트럭처는 머신러닝 시스템을 훈련, 배포 및 유지 관리하기 위한 기반이다.

대부분의 머신러닝 면접에서는 인프라 관련 질문은 하지 않는다. 하지만 데 브옵스 및 MLOps와 같은 일부 머신러닝 직무(role)에는 인프라에 대한 지식이 필요할 수 있다. 따라서 이 주제에 대한 면접관의 기대치를 명확히 파악하는 것이 중요하다.

인프라는 매우 광범위한 주제이므로 몇 줄로 요약할 수 없다. 머신러닝 인프 라에 대해 자세히 알아보려면 [46][47][48]을 참고하라.

요약

이 장에서는 머신러닝 시스템 설계 면접을 위한 프레임워크를 제안했다. 이 장 에서 논의하는 많은 주제는 작업별로 다르지만, 일부는 일반적이며 광범위한 작업에 적용할 수 있다. 이 책에서는 반복을 피하고자 당면한 문제와 관련된 고유한 주제에만 초점을 맞췄다. 예를 들어 배포, 모니터링 및 인프라와 관련 된 주제는 작업과 관계없이 유사한 경우가 많다. 따라서 이어지는 장에서는 일 반적인 주제를 반복하여 다루지 않겠지만, 실제 면접에서는 일반적인 주제에 대해서도 이야기해야 한다.

마지막으로, 어떤 엔지니어도 머신러닝 라이프 사이클의 모든 측면에 관해 전문가가 될 수는 없다. 배포와 운영에 특화된 엔지니어가 있는가 하면, 모델 개발에 특화된 엔지니어도 있다. 어떤 회사는 인프라에 신경 쓰지 않는 반면, 어떤 회사는 모니터링과 인프라에 집중할 수 있다. 데이터 과학 직무는 일반적 으로 더 많은 데이터 엔지니어를 필요로 하는 반면, 응용 머신러닝 직무는 모 델 개발과 생산화에 더 중점을 둔다. 직무와 면접관의 선호도에 따라 일부 단 계는 더 자세히 논의될 수 있고, 다른 단계는 간략하게 논의되거나 건너뛸 수 도 있다. 일반적으로 지원자는 면접관이 질문을 할 경우 흐름에 맞춰 대화를 이끌어갈 수 있도록 준비해야 한다.

이제 이러한 기본 사항을 이해했으니 가장 일반적인 머신러닝 시스템 설계 면접 질문에 답할 준비가 되었다.

참고 문헌

[1]   Data warehouse. *https://cloud.google.com/learn/what-is-a-data-warehouse*

[2]   Structured vs. unstructured data. *https://signal.onepointltd.com/post/102g jab/ma chine-learning-libraries-for-tabular-data-problems*

[3]   Bagging technique in ensemble learning. *https://en.wikipedia.org/wiki/ Bootstrap_ aggregating*

[4]   Boosting technique in ensemble learning. *https://aws.amazon.com/what-is/boosti ng/*

[5]   Stacking technique in ensemble learning. *https://machinelearningmastery. com/sta cking-ensemble-machine-learning-with-python/*

[6]   Interpretability in Machine Mearning. *https://blog.ml.cmu.edu/2020 /08/31/6-inter pretability/*

[7]   Traditional machine learning algorithms. *https://machinelearningmastery. com/a-t our-of-machine-learning-algorithms/*

[8]   Sampling strategies. *https://www.scribbr.com/methodology/sampling-methods/*

[9]   Data splitting techniques. *https://machinelearningmastery.com/train-test-split-for-evaluating-machine-learning-algorithms/*

[10]   Class-balanced loss. *https://arxiv.org/pdf/1901.05555.pdf*

[11]   Focal loss paper. *https://arxiv.org/pdf/1708.02002.pdf*

[12]   Focal loss. *https://medium.com/swlh/focal-loss-an-efficient-way-of-han-dling-cla ss-imbalance-4855ae1db4cb*

[13]   Data parallelism. *https://www.telesens.co/2017/12/25/understanding-data-paralle lism-in-machine-learning/*

[14]   Model parallelism. *https://docs.aws.amazon.com/sagemaker/latest/dg/ model-paral lel-intro.html*

[15]   Cross entropy loss. *https://en.wikipedia.org/wiki/Cross_entropy*

[16]   Mean squared error loss. *https://en.wikipedia.org/wiki/Mean_squared_error*

[17] Mean absolute error loss. *https://en.wikipedia.org/wiki/Mean_absolute_error*

[18] Huber loss. *https://en.wikipedia.org/wiki/Huber_loss*

[19] L1 and l2 regularization. *https://www.analyticssteps.com/blogs/l2-and-l1-regular ization-machine-learning*

[20] Entropy regularization. *https://paperswithcode.com/method/entropy-regu larization*

[21] K-fold cross validation. *https://en.wikipedia.org/wiki/Cross-validation_(statistics)*

[22] Dropout paper. *https://jmlr.org/papers/volume15/srivastava14a/srivastava 14a.pdf*

[23] Overview of optimization algorithm. *https://ruder.io/optimizing-gradient-descent/*

[24] Stochastic gradient descent. *https://en.wikipedia.org/wiki/Stochastic_gradient_de scent*

[25] AdaGrad optimization algorithm. *https://optimization.cbe.cornell.edu/index.php?title=AdaGrad*

[26] Momentum optimization algorithm. *https://optimization.cbe.cornell.edu/index.php?title=Momentum*

[27] RMSProp optimization algorithm. *https://optimization.cbe.cornell.edu/index.php?title=RMSProp*

[28] ELU activation function. *https://ml-cheatsheet.readthedocs.io/en/latest/activatio n_functions.html#elu*

[29] ReLU activation function. *https://ml-cheatsheet.readthedocs.io/en/latest/activation_functions.html#relu*

[30] Tanh activation function. *https://ml-cheatsheet.readthedocs.io/en/latest/activatio n_functions.html#tanh*

[31] Sigmoid activation function. *https://ml-cheatsheet.readthedocs.io/en/latest/activation_functions.html#softmax*

[32] FID score. *https://en.wikipedia.org/wiki/Fr%C3%A9chet_inception_dis tance*

[33] Inception score. *https://en.wikipedia.org/wiki/Inception_score*

[34] BLEU metrics. *https://en.wikipedia.org/wiki/BLEU*

[35] METEOR metrics. *https://en.wikipedia.org/wiki/METEOR*

[36] ROUGE score. *https://en.wikipedia.org/wiki/ROUGE_(metric)*

[37] CIDEr score. *https://arxiv.org/pdf/1411.5726.pdf*

[38] SPICE score. *https://arxiv.org/pdf/1607.08822.pdf*

[39] Quantization-aware training. *https://pytorch.org/docs/stable/quantization. html*

[40] Model compression survey. *https://arxiv.org/pdf/1710.09282.pdf*

[41] Shadow deployment. *https://christophergs.com/machine%20learning/ 2019/03/30/deploying-machine-learning-applications-in-shadow-mode/*

[42] A/B testing. *https://en.wikipedia.org/wiki/A/B_testing*

[43] Canary release. *https://blog.getambassador.io/cloud-native-patterns-canary-relea se-1cb8f82d371a*

[44] Interleaving experiment. *https://netflixtechblog.com/interleaving-in-online-exper iments-at-netflix-a04ee392ec55*

[45] Multi-armed bandit. *https://vwo.com/blog/multi-armed-bandit-algorithm/*

[46] ML infrastructure. *https://www.run.ai/guides/machine-learning-engineering/ mac hine-learning-infrastructure*

[47] Interpretability in ML. *https://fullstackdeeplearning.com/spring2021/ lecture-6/*

[48] Chip Huyen. *Designing Machine Learning Systems: An Iterative Process for Production-Ready Application.* "O'Reilly Media, Inc.", 2022.

2장

시각 검색 시스템

시각 검색 시스템은 사용자가 선택한 이미지와 시각적으로 유사한 이미지를 찾을 수 있도록 도와준다. 이 장에서는 핀터레스트의 [1][2]와 유사한 시각적 검색 시스템을 설계한다.

그림 2.1 자르기로 선택한 이미지와 시각적으로 유사한 검색 이미지

요구사항 명확화

다음은 지원자와 면접관 간의 일반적인 대화이다.

지원자: 가장 유사한 결과부터 가장 덜 유사한 결과까지 순위를 매겨야 하나요?

면접관: 요청한 이미지와 가장 유사한 이미지가 가장 먼저 목록에 표시되어야 합니다.

지원자: 시스템에서 동영상도 지원해야 하나요?

면접관: 이미지에만 집중해 주세요.

지원자: 핀터레스트와 같은 플랫폼에서는 사용자가 이미지 자르기를 선택하고 유사한 이미지를 검색할 수 있습니다. 이러한 기능을 지원해야 하나요?

면접관: 예.

지원자: 표시된 이미지가 사용자에게 개인화되어야 하나요?

면접관: 단순화하기 위해 개인화에는 초점을 맞추지 않겠습니다. 검색한 사람에 상관없이 쿼리 이미지는 동일한 결과가 나옵니다.

지원자: 모델이 이미지 태그와 같은 쿼리 이미지의 메타데이터(image metadata)를 사용할 수 있나요?

면접관: 실제의 모델은 이미지의 메타데이터를 사용합니다. 하지만 간단하게 설명하기 위해 메타데이터가 아닌 이미지 픽셀에만 의존한다고 가정하시죠.

지원자: 사용자가 저장, 공유 또는 '좋아요'와 같은 다른 작업을 수행할 수 있나요? 이러한 작업은 학습 데이터에 라벨을 지정하는 데 도움이 될 수 있습니다.

면접관: 좋은 지적입니다. 간단하게 하기 위해 지원되는 동작이 이미지 클릭뿐이라고 가정하겠습니다.

지원자: 이미지 검열 기능을 제공해야 하나요?

면접관: 플랫폼을 안전하게 유지하는 것도 중요하지만, 이미지 검열은 면접의 범위를 벗어납니다.

지원자: 온라인으로 학습 데이터를 구성하고 사용자 상호작용을 기반으로 라벨을 지정할 수 있습니다. 이런 방식으로 훈련 데이터를 구성할 예정인가요?

면접관: 그렇게 하면 좋을 거 같네요.

지원자: 검색 속도는 얼마나 빨라야 하나요? 플랫폼에 1,000억~2,000억 개의 이미지가 있다고 가정하면 시스템은 유사한 이미지를 빠르게 검색할 수 있어야 합니다. 합리적인 가정인가요?

면접관: 예, 합리적인 가정입니다.

문제를 정리해 보자. 시각 검색 시스템을 설계하라는 요청을 받았다. 이 시스템은 사용자가 보낸 쿼리 이미지와 유사한 이미지를 검색하고, 쿼리 이미지와의 유사도에 따라 순위를 매긴 다음 사용자에게 표시한다. 이 플랫폼은 이미지만 지원하며 동영상이나 텍스트 쿼리는 허용하지 않는다. 간단하게 하기 위해 개인화는 하지 않겠다.

머신러닝 작업으로 문제를 구조화

이 절에서는 머신러닝 목표를 잘 정의하고 시각 검색 문제를 머신러닝 작업으로 구성한다.

머신러닝 목표 정의

머신러닝 모델을 사용하여 이 문제를 해결하려면 잘 정의된 머신러닝 목표를 만들어야 한다. 잠재적인 머신러닝 목표는 사용자가 검색하는 이미지와 시각적으로 유사한 이미지를 정확하게 검색하는 것이다.

시스템의 입력 및 출력 지정

시각 검색 시스템의 입력은 사용자가 제공한 쿼리 이미지이다. 시스템은 쿼리 이미지와 시각적으로 유사한 이미지를 출력하고, 유사도에 따라 출력된 이미지들의 순위를 매긴다. 그림 2.2는 시각 검색 시스템의 입력과 출력을 보여준다.

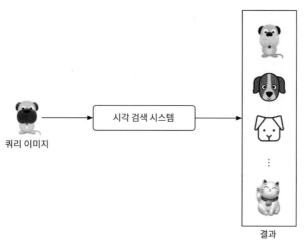

쿼리 이미지

시각 검색 시스템

결과

그림 2.2 시각 검색 시스템의 입력-출력

적합한 머신러닝 유형 선택

모델은 쿼리 이미지와 유사한 순위가 매겨진 이미지 세트를 출력한다. 결과적으로 시각 검색 시스템은 순위 문제로 구성할 수 있다. 일반적으로 순위 문제의 목표는 쿼리와의 관련성에 따라 이미지, 웹사이트, 제품 등과 같은 항목들의 순위를 매겨 관련성이 높은 항목을 검색 결과에 더 많이 표시하는 것이다. 추천 시스템, 검색 엔진, 문서 검색, 온라인 광고 등 많은 머신러닝 애플리케이션이 순위 지정 문제로 구성될 수 있다. 이 절에서는 많이 사용하는 표현학습이라는 접근 방식을 사용하겠다. 이에 대해 좀 더 자세히 살펴보겠다.

표현학습

표현학습(representation learning)[3]은 이미지와 같은 입력 데이터를 임베딩이라는 표현으로 변환하도록 모델을 훈련한다. 이를 설명하는 또 다른 방법은 모델이 입력 이미지를 임베딩 공간인 N차원 공간의 포인트로 매핑하는 것이다. 이런 방식은 유사한 이미지가 공간에서 서로 근접한 임베딩을 갖도록 학습하도록 한다. 그림 2.3은 두 개의 유사한 이미지가 임베딩 공간 내에서 근접한 두 포인트에 어떻게 매핑되는지 보여 준다. 이를 설명하기 위해 2차원 공간에 이미지 임베딩('x'로 표시)을 시각화한다. 실제로 이 공간은 N차원이며, 여기서 N은 임베딩 벡터의 크기이다.

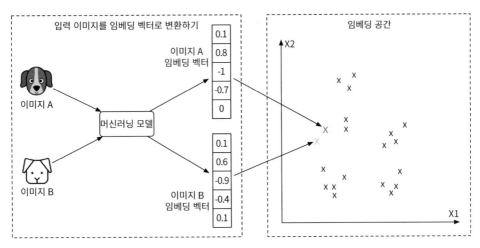

그림 2.3 임베딩 공간의 유사한 이미지

표현학습을 사용하여 이미지의 순위를 정하는 방법

먼저 입력 이미지를 임베딩 벡터로 변환한다. 다음으로, 임베딩 공간에서의 거리를 측정하여 쿼리 이미지와 플랫폼의 다른 이미지 간의 유사도 점수를 계산한다. 그림 2.4와 같이 유사도 점수에 따라 이미지의 순위를 매긴다.

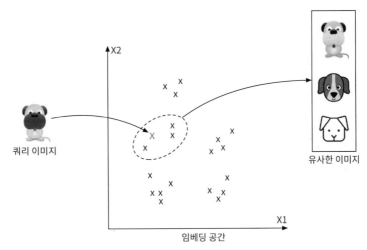

그림 2.4 쿼리 이미지와 유사한 상위 3개 이미지

이때 임베딩 공간에서 유사한 이미지를 서로 가깝게 배치하는 방법, 유사성을 정의하는 방법, 이러한 모델을 훈련하는 방법 등 많은 질문이 떠오를 수 있다. 이에 대해서는 2장의 '모델 개발' 절에서 자세히 설명하겠다.

데이터 준비

데이터 엔지니어링

일반적인 데이터 엔지니어링 기본 사항 외에도 어떤 데이터를 사용할 수 있는지 반드시 알아야 한다. 시각 검색 시스템은 주로 사용자와 이미지에 초점을 맞추기 때문에 다음과 같은 데이터를 사용할 수 있다.

- ▶ 이미지
- ▶ 사용자
- ▶ 사용자-이미지 상호작용

이미지

사용자가 이미지를 업로드하면 시스템에서 이미지와 소유자 ID, 상황별 정보(예: 업로드 시간), 태그 등의 메타데이터를 저장한다. 표 2.1은 이미지 메타데이터의 간단한 예시이다.

ID	Owner ID	Upload time	Manual tag
1	8	1658451341	얼룩말
2	5	1658451841	파스타, 음식, 부엌
3	19	1658821820	아이들, 가족, 파티

표 2.1 이미지 메타데이터

사용자

사용자 데이터는 나이, 성별 등 사용자와 관련된 인구 통계학적 특성을 포함한다. 표 2.2는 사용자 데이터의 예이다.

ID	Username	Age	Gender	City	Country	Email
1	johnduo	26	남	산호세	미국	john@gmail.com
2	hs2008	49	남	파리	프랑스	hsieh@gmail.com
3	alexsh	16	여	리오	브라질	alexh@yahoo.com

표 2.2 사용자 데이터

사용자-이미지 상호작용

상호작용 데이터는 사용자와의 다양한 상호작용을 포함한다. 수집된 요구사항에 따라 주요 상호작용 유형은 노출수와 클릭 수이다. 표 2.3은 상호작용 데이터의 개요를 보여 준다.

User ID	Query image ID	Displayed image ID	Position in the displayed list (표시된 목록에서의 위치)	Interaction type (상호작용 유형)	location (lat, long) (위도, 경도)	Timestamp (타임스탬프)
8	2	6	1	클릭	38.8951 -77.0364	1658450539
6	3	9	2	클릭	38.8951 -77.0364	1658451341
91	5	1	2	노출	41.9241 -89.0389	1658451365

표 2.3 사용자-이미지 상호작용 데이터

피처 엔지니어링

이 절에서는 적합한 피처를 엔지니어링하고 모델의 입력으로 준비하는 방법에 관해 설명한다. 이는 일반적으로 작업을 어떻게 구성하고 모델의 입력이 무엇인지에 따라 달라진다. 2장 앞부분에 있는 '머신러닝 작업으로 문제를 구조화'에서는 시각 검색 시스템을 순위 문제로 구성하고 이를 해결하기 위해 표현학습을 사용했다. 특히 이미지를 입력으로 사용하는 모델을 적용했다. 모델에 전달하기 전에 이미지를 전처리해야 한다. 일반적인 이미지 전처리 작업에 대해 살펴보겠다.

- 크기 조정(resizing): 모델에는 일반적으로 고정 이미지 크기(예: 224 × 224)가 필요

- 스케일링(scaling): 이미지의 픽셀 값을 0과 1 범위로 조정

- Z-점수 정규화(Z-score normalization): 평균이 0이고 분산이 1이 되도록 픽셀 값의 스케일 조정

- 일관된 색상 모드: 이미지 색상 모드(예: RGB 또는 CMYK)가 일관적인지 확인

모델 개발

모델 선택

우리가 신경망을 선택하는 이유는 다음과 같다.

- 신경망은 이미지와 텍스트 같은 비정형 데이터를 처리하는 데 적합하다.
- 기존의 많은 머신러닝 모델과 달리 신경망은 표현학습에 필요한 임베딩을 생성할 수 있다.

어떤 유형의 신경망 아키텍처를 사용해야 하나? 아키텍처가 반드시 이미지와 함께 작동하는 것이 중요하다. ResNet[4]과 같은 합성곱 신경망(convolutional neural network, CNN) 기반 아키텍처나 ViT[6]와 같은 최신 트랜스포머(transformer) 기반 아키텍처[5]는 이미지 입력에서 잘 동작한다. 그림 2.5는 입력 이미지를 임베딩 벡터로 변환하는 단순화된 모델 아키텍처를 보여 준다. 일반적으로 실험을 통해 선택하는 하이퍼파라미터는 합성곱 계층(convolution layer)의 수, 완전히 연결된 계층의 뉴런 수, 임베딩 벡터의 크기이다.

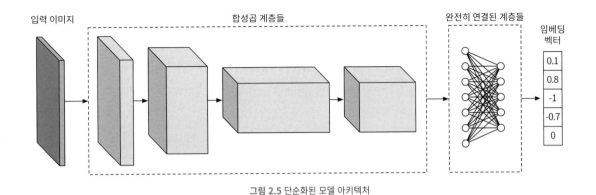

입력 이미지　　　　　　　　　　합성곱 계층들　　　　　　　　　　완전히 연결된 계층들　　임베딩 벡터

0.1
0.8
-1
-0.7
0

그림 2.5 단순화된 모델 아키텍처

모델 훈련

시각적으로 유사한 이미지를 검색하려면 모델이 학습하는 동안 표현(임베딩)을 학습해야 한다. 이 절에서는 모델이 이미지 표현을 학습하는 훈련 방법에 관해 설명한다.

　이미지 표현을 학습하는 일반적인 기법은 대조학습이다[7]. 이 기법을 사용하여 유사한 이미지와 다른 이미지를 구별하도록 모델을 훈련한다. 그림 2.6에서는 쿼리 이미지(왼쪽), 쿼리 이미지와 유사한 이미지(오른쪽에 강조 표시된 개 이미지), 유사하지 않은 이미지 몇 개(역시 오른쪽)를 모델에 제공한다. 학습하는 동안 모델은 그림 2.6의 오른쪽에 있는 유사하지 않은 이미지보다, 쿼리 이미지와 더 유사한 표현(representation)을 생성하는 방법을 학습한다.

쿼리 이미지

그림 2.6 대조학습

대조학습 기법을 사용하여 모델을 훈련하려면 먼저 훈련 데이터를 구성해야 한다.

데이터세트 구성

앞서 설명한 대로 학습에 사용되는 각 데이터 포인트에는 쿼리 이미지, 쿼리 이미지와 유사한 포지티브 이미지, 쿼리 이미지와 다른 네거티브 이미지 $n-1$개가 포함되어 있다. 데이터 포인트의 ground truth 라벨은 포지티브 이미지의 인덱스이다.

그림 2.7에서 볼 수 있듯이 쿼리 이미지(q)와 함께 n개의 다른 이미지가 있는데, 이 중 하나는 q(개 이미지)와 유사하고 나머지 $n-1$개의 이미지는 유사하지 않다. 이 데이터 포인트의 ground truth 라벨은 포지티브 이미지의 인덱스인 2이다(그림 2.7의 n개 이미지 중 두 번째 이미지)

그림 2.7 훈련 데이터 포인트

학습 데이터 포인트를 구성하기 위해 쿼리 이미지와 $n-1$개의 네거티브 이미지를 무작위로 선택한다. 포지티브 이미지를 선택하기 위해 다음 세 가지 옵션을 사용할 수 있다.

- ▶ 사람의 판단
- ▶ 사용자 클릭과 같은 상호작용으로 선정
- ▶ 쿼리 이미지에서 유사한 이미지를 인위적으로 생성(자기 지도 학습)

각 항목을 평가해 보자.

사람의 판단

유사한 이미지를 사람이 직접 찾는 방식이다. 사람이 직접 참여하면 정확한 학습 데이터를 생성할 수 있지만, 수작업으로 주석을 달려면 많은 비용과 시간이 소요된다.

사용자 클릭과 같은 상호작용으로 선정

이 방식에서는 상호작용 데이터를 기반으로 유사성을 측정한다. 예를 들어, 사용자가 이미지를 클릭하면 클릭한 이미지가 쿼리 이미지 q와 유사하다고 간주한다.

이 방식은 수작업이 필요하지 않으며 학습 데이터를 자동으로 생성할 수 있다. 그러나 클릭 신호는 일반적으로 노이즈가 매우 많다. 사용자는 때때로 쿼리 이미지와 유사하지 않은 경우에도 이미지를 클릭한다. 또한 데이터가 매우 드물게 발생해서 클릭 데이터가 없는 이미지가 많아질 수도 있다. 노이즈가 많고 양이 적은 훈련 데이터를 사용하면 성능이 저하된다.

쿼리 이미지에서 유사한 이미지를 인위적으로 생성

이 방식에서는 쿼리 이미지를 사용하여 유사한 이미지를 인위적으로 생성한다. 예를 들어, 쿼리 이미지를 회전하고 새로 생성된 이미지를 유사한 이미지로 사용하여 쿼리 이미지를 증강(augment)[1]할 수 있다. 최근 개발된 프레임워크인 SimCLR[7] 및 MoCo[8]도 동일한 접근 방식을 사용한다.

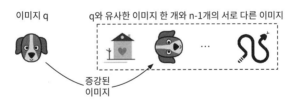

그림 2.8 데이터 증강을 사용하여 유사한 이미지 만들기

이 방법은 수작업이 필요하지 않다는 장점이 있다. 간단한 데이터 증강 로직을 구현하여 유사한 이미지를 생성할 수 있다. 또한 이미지를 증강하면 항상 유사한 이미지가 생성되기 때문에 구축된 학습 데이터는 노이즈가 없다. 이 방식의 가장 큰 단점은 구축된 학습 데이터가 실제 데이터와 다르다는 것이다. 실제로 유사한 이미지는 쿼리 이미지의 증강 버전이 아니라, 시각적으로나 의미적으로 유사하지만 구별되는 별개의 이미지이다.

---

1 (옮긴이) 데이터 증강과 이미지 증강에 대한 내용은 3장 77쪽에서 다룬다.

우리 사례에 가장 적합한 방식은 무엇일까?

면접 환경에서는 다양한 옵션을 제안하고 그 장단점을 중요하게 논의해야 한다. 일반적으로 항상 효과가 있는 유일한 해결책은 없다. 여기서는 두 가지 이유로 자기 지도 옵션을 사용한다. 첫째, 프로세스를 자동화할 수 있기 때문에 초기 비용이 들지 않는다. 둘째, 대규모 데이터세트로 훈련했을 때 SimCLR[7]과 같은 다양한 프레임워크가 유효한 결과를 주기 때문이다. 플랫폼에서 수십억 개의 이미지에 접근할 수 있으므로 이 접근 방식이 적합할 수 있다.

실험 결과가 만족스럽지 않은 경우 언제든지 다른 라벨링 방법으로 전환할 수 있다. 예를 들어, 자기 지도 옵션으로 시작한 다음 나중에 클릭 데이터를 사용하여 라벨을 지정할 수 있다. 또한 옵션을 결합할 수도 있다. 예를 들어, 클릭 수를 사용하여 초기 학습 데이터를 구축하고 노이즈가 있는 데이터 포인트를 식별하고 제거하기 위해 사람이 주석을 달 수도 있다. 좋은 설계 결정을 내리기 위해 면접관과 다양한 옵션의 장단점을 논의하는 것이 중요하다.

데이터세트를 구성했으면 이제 적절한 손실 함수(loss function)를 사용하여 모델을 훈련할 차례이다.

손실 함수 선택

그림 2.9에서 볼 수 있듯이 이 모델은 이미지를 입력으로 받아 각 입력 이미지에 대한 임베딩을 생성한다. E_x는 이미지 x의 임베딩을 나타낸다.

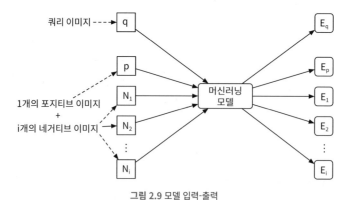

그림 2.9 모델 입력-출력

훈련의 목표는 임베딩 공간에서 유사한 이미지가 서로 가깝게 임베딩되도록
모델 파라미터를 최적화하는 것이다. 그림 2.10에서 볼 수 있듯이 포지티브 이
미지와 쿼리 이미지는 훈련을 하면서 더 가까워져야 한다.

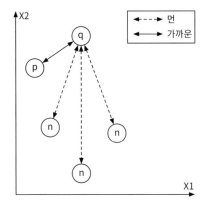

그림 2.10 임베딩 공간에 매핑된 입력 이미지

이 목표를 달성하려면 손실 함수를 사용하여 생성된 임베딩의 품질을 측정해
야 한다. 대조학습을 위해 다양한 손실 함수를 설계하였으면, 일반적으로 면접
관은 더 깊은 설명을 요구하지는 않는다. 하지만 대조 손실 함수의 작동 방식
에 관해서는 전반적으로 이해하여야 한다.

단순화된 대조 손실이 어떻게 작동하는지에 대해 간략하게 설명하겠다. 대
조 손실에 대해 자세히 알아보려면 [9]를 참고하라.

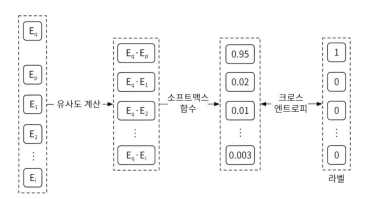

그림 2.11 단순화된 대조 손실

그림 2.11에서 볼 수 있듯이 대조 손실은 세 단계로 계산된다.

- 유사도 계산

  먼저 쿼리 이미지와 다른 이미지의 임베딩 간의 유사도를 계산한다. 임베딩 공간에서 포인트 사이의 유사도를 측정하는 데는 스칼라곱(dot product)[10] 과 코사인 유사도(cosine similarity)[11]를 많이 사용한다. 유클리디안 거리 (Euclidean distance)[12]로도 유사도를 측정할 수 있다. 그러나 유클리디안 거리는 차원의 저주(curse of dimensionality)[13]로 인해 일반적으로 고차원 에서 성능이 좋지 않다. 차원의 저주 문제에 대해 자세히 알아보려면 [14]를 참고하라.

- 소프트맥스

  계산된 거리에 소프트맥스(softmax) 함수를 적용한다. 이 함수를 사용하면 모든 값은 1로 합산되어 값을 확률로 해석할 수 있게 된다.

- 크로스 엔트로피

  크로스 엔트로피(cross entropy)[15]는 예측된 확률이 ground truth 라벨에 얼 마나 가까운지를 측정한다. 예측 확률이 ground truth에 가까우면 임베딩이 포지티브 이미지와 네거티브 이미지를 구분할 수 있을 정도로 양호하다는 의 미이다.

면접에서는 사전 학습된 모델을 사용할 가능성에 대해서도 논의할 수 있다. 예를 들어, 사전 학습된 대조 모델을 활용하고 학습 데이터를 사용하여 미세 조정할 수 있다. 이러한 사전 학습된 모델은 이미 대규모 데이터세트로 훈련했기 때문에 충분한 이미지 표현을 학습했다. 이렇게 하면 모델을 처음부터 훈련하는 방식에 비해 훈련 시간을 많이 단축할 수 있다.

평가

모델을 개발한 후에는 평가에 대해 논의할 수 있다. 이 절에서는 오프라인 및 온라인 평가에 대한 중요한 지표를 다룬다.

오프라인 지표

요구사항에 따라 오프라인 평가에 사용할 수 있는 평가 데이터세트가 있다. 각 데이터 포인트에 쿼리 이미지, 몇 개의 후보 이미지, 각 후보 이미지와 쿼리 이미지 쌍에 대한 유사도 점수가 있다고 가정해 보자. 유사도 점수는 0에서 5 사이의 정수로, 0은 유사도가 없음을 나타내고 5는 두 이미지가 시각적으로나 의미적으로 매우 유사하다는 의미이다. 평가 데이터세트의 각 데이터 포인트에 대해 모델이 생성한 순위와 실제 점수를 기반으로 이상적인 순위를 비교한다.

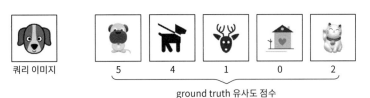

쿼리 이미지   5   4   1   0   2

ground truth 유사도 점수

그림 2.12 평가 데이터세트의 데이터 포인트

이제 검색 시스템에서 일반적으로 사용되는 오프라인 지표를 살펴보자. 검색, 정보 탐색 및 추천 시스템은 일반적으로 동일한 오프라인 지표를 공유한다는 점에 유의하라.

▸ MRR(mean reciprocal rank)

▸ recall@k

▸ precision@k

▸ mAP(mean average precision)

▸ nDCG(normalized discounted cumulative gain)

MRR

이 지표는 모델이 생성한 각 출력 목록에서 첫 번째 관련 항목의 순위를 고려한 다음 평균을 구하여 모델의 품질을 측정한다. 공식은 다음과 같다.

$$\mathrm{MRR} = \frac{1}{m} \sum_{i=1}^{m} \frac{1}{rank_i}$$

여기서 m은 출력 목록의 총개수이고, $rank_i$는 i번째 출력 목록에서 첫 번째 관련 항목의 순위를 나타낸다.

그림 2.13은 이 공식의 작동 방식을 보여 준다. 4개의 순위 목록 각각에 대해 상호 순위(reciprocal rank, RR)를 계산한 다음 RR의 평균값을 계산하여 MRR을 구한다.

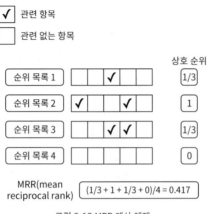

그림 2.13 MRR 계산 예제

이 지표의 단점을 살펴보자. MRR은 첫 번째 관련 항목만 고려하고 목록의 다른 관련 항목은 무시하기 때문에 순위가 매겨진 목록의 정확도와 순위 품질을 측정하지 못한다. 예를 들어, 그림 2.14는 서로 다른 두 모델의 출력을 보여 준다. 모델 1의 출력에는 3개의 관련 항목이 있는 반면, 모델 2의 출력에는 1개의 관련 항목이 있다. 그러나 두 모델의 상호 순위는 0.5이다. 이러한 단점을 고려하여 이 지표는 사용하지 않겠다.

그림 2.14 서로 다른 두 모델의 MRR

recall@k

이 지표는 출력 목록에 있는 관련 항목 수와 전체 데이터세트에서 사용할 수 있는 관련 항목 총수 간의 비율을 측정한다. 공식은 다음과 같다.

$$\text{recall@k} = \frac{\text{출력 목록의 상위 } k \text{ 항목 중 관련 항목 수}}{\text{관련 항목 총수}}$$

recall@k는 모델이 출력 목록에 포함하지 못한 관련 항목의 수를 측정하지만, 이 것이 항상 좋은 지표는 아니다. 왜 그런지 알아보자. 검색 엔진과 같은 일부 시 스템에서는 관련 항목의 총수가 매우 많을 수 있다. 즉, 분모가 매우 크기 때문에 리콜에 부정적인 영향을 미친다. 예를 들어 쿼리 이미지가 강아지인 경우 데이 터베이스에 수백만 개의 강아지 이미지가 포함될 수 있다. 목표는 모든 개 이미 지를 반환하는 방식이 아니라 가장 유사한 개 이미지 몇 개를 검색하는 것이다.

recall@k는 모델의 순위 품질을 측정하지 않으므로 사용하지 않는다.

precision@k

이 지표는 출력 목록의 상위 k개 항목 중 관련 항목의 비율을 측정한다. 공식은 다음과 같다.

$$\text{precision@k} = \frac{\text{순위 목록의 상위 } k \text{ 항목 중 관련 항목 수}}{k}$$

이 지표는 순위 목록의 정확도를 측정하지만 순위 품질은 고려하지 않는다. 예 를 들어, 그림 2.15에서 관련성이 높은 항목의 순위를 목록에서 더 높게 지정해 도 정밀도는 변하지 않는다. 결과의 정확도와 순위 품질을 모두 측정해야 하므 로 이 지표는 이번 사례에 적합하지 않다.

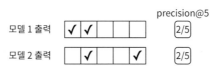

그림 2.15 서로 다른 두 모델의 precision@5

mAP

이 지표는 먼저 각 출력 목록의 평균 정밀도(average precision, AP)를 계산한 다음 평균 정밀도 값들의 평균을 구한다.

먼저 평균 정밀도가 무엇인지 알아보자. 이미지와 같은 k개 항목의 목록을 가져와서 k의 다양한 값에서 precision@k의 평균을 구한다. 관련성이 높은 항 목이 목록 상단에 많을수록 평균 정밀도가 높다. 크기가 k인 목록의 경우 평균 정밀도 공식은 다음과 같다.

$$AP = \frac{\sum_{i=1}^{k} i\text{번째 항목이 사용자와 관련성이 있는 경우 precision@i}}{\text{관련 항목 총수}}$$

지표를 더 잘 이해하기 위해 예제를 살펴보자. 그림 2.16은 모델에서 생성된 4개의 출력 목록 각각에 대한 평균 정밀도 계산을 보여 준다.

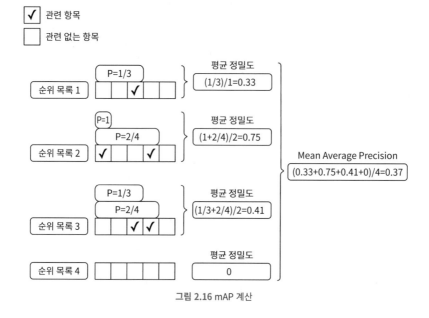

그림 2.16 mAP 계산

정확도를 평균화하여 목록의 전반적인 순위 품질을 고려했다. 그러나 mAP는 각 항목이 관련성이 있거나 없는 이진 관련성에 잘 작동하도록 설계되었다. 연속적인 연관성 점수(relevance score)의 경우 nDCG가 더 나은 선택이다.

nDCG

이 지표는 출력 목록의 순위 품질을 측정하고 이상적인 순위와 비교하여 순위가 얼마나 높은지 보여 준다. 먼저 DCG에 대해 설명한 다음 nDCG를 설명하겠다.

DCG란 무엇인가?

DCG(discounted cumulative gain)는 각 항목의 연관성 점수를 합산하여 목록에 있는 항목의 누적 점수를 계산한다. 점수의 합산은 순위가 높은 목록의 상단에서 하단으로 누적시켜 나가며, 결과의 순위가 낮아질수록 점점 낮은 점수 (불이익)를 준다. 공식은 다음과 같다.

$$DCG_p = \sum_{i=1}^{p} \frac{rel_i}{\log_2(i+1)}$$

여기서 rel_i는 위치 i에서 순위가 매겨진 이미지의 실제 연관성 점수이다.

nDCG란 무엇인가?

항목의 연관성 점수를 합산하고 순위별로 점점 낮은 점수를 주기 때문에, DCG 의 결과는 어떤 값이라도 될 수 있다. 보다 의미 있는 점수를 얻으려면 DCG를 정규화해야 한다. 이를 위해 nDCG는 DCG를 이상적인 순위의 DCG로 나눈다. 공식은 다음과 같다.

$$nDCG_p = \frac{DCG_p}{IDCG_p}$$

여기서 $IDCG_p$는 이상적인 순위(항목의 연관성 점수에 따라 정렬된 순위)의 DCG이다. 완벽한 순위 시스템에서 DCG는 IDCG와 동일하다.

예시를 통해 nDCG를 좀 더 알아보자. 그림 2.17에서는 검색 시스템에서 생성된 출력 이미지 목록과 실제 데이터의 연관성 점수를 볼 수 있다.

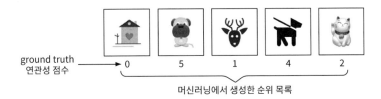

ground truth
연관성 점수

0   5   1   4   2

머신러닝에서 생성한 순위 목록

그림 2.17 검색 시스템에서 생성된 순위 목록

nDCG는 3단계로 계산할 수 있다.

1. DCG 계산

2. IDCG 계산

3. DCG를 IDCG로 나누기

1. **DCG 계산:** 다음은 모델이 생성한 현재 순위의 DCG이다.

$$\mathrm{DCG_p} = \sum_{i=1}^{p} \frac{rel_i}{\log_2(i+1)} = \frac{0}{\log_2(2)} + \frac{5}{\log_2(3)} + \frac{1}{\log_2(4)} + \frac{4}{\log_2(5)} + \frac{2}{\log_2(6)} = 6.151$$

2. **IDCG 계산:** IDCG 계산은 가장 관련성이 높은 항목을 먼저 추천한다는 점을 제외하면 DCG 계산과 동일하다(그림 2.18).

그림 2.18 이상적인 순위 목록

다음은 이상적인 순위를 위한 IDCG이다.

$$\mathrm{IDCG_p} = \sum_{i=1}^{p} \frac{rel_i}{\log_2(i+1)} = \frac{5}{\log_2(2)} + \frac{4}{\log_2(3)} + \frac{2}{\log_2(4)} + \frac{1}{\log_2(5)} + \frac{0}{\log_2(6)} = 8.9543$$

3. **DCG를 IDCG로 나누기:**

$$\mathrm{nDCG_p} = \frac{\mathrm{DCG_p}}{\mathrm{IDCG_p}} = \frac{6.151}{8.9543} = 0.6869$$

nDCG는 대부분의 경우 잘 작동한다. 이 방식의 가장 큰 단점은 기준 데이터의 연관성 점수를 항상 도출할 수는 없다는 점이다. 우리의 경우, 평가 데이터세트에 유사도 점수가 포함되어 있기 때문에 오프라인 평가는 nDCG를 사용하여 모델의 성능을 측정하는 게 좋다.

온라인 지표

이 장에서는 사용자가 좋아하는 이미지를 찾는 속도를 측정할 수 있는 몇 가지 일반적인 온라인 지표를 살펴보자.

클릭률

이 지표는 사용자가 표시된 항목을 클릭하는 빈도를 나타낸다. 클릭률은 다음 공식을 사용하여 계산할 수 있다.

$$CTR = \frac{\text{클릭한 이미지 수}}{\text{추천 이미지 총개수}}$$

클릭률이 높다는 것은 사용자가 표시된 항목을 자주 클릭한다는 걸 의미한다. 이후 장에서 살펴보겠지만 클릭률은 검색 및 추천 시스템에서 일반적인 온라인 지표로 사용된다.

추천 이미지 일별, 주별 및 월별 평균 체류 시간

이 지표는 추천 이미지에 대한 사용자의 참여도를 보여 준다. 검색 시스템이 정확해지면 이 지표가 증가하리라 예상한다.

서빙

서빙 시점에 시스템은 쿼리 이미지를 기반으로 유사한 이미지의 순위가 매겨진 목록을 보여 준다. 그림 2.19는 예측 파이프라인과 인덱싱 파이프라인을 보여 준다. 각 파이프라인을 자세히 살펴보겠다.

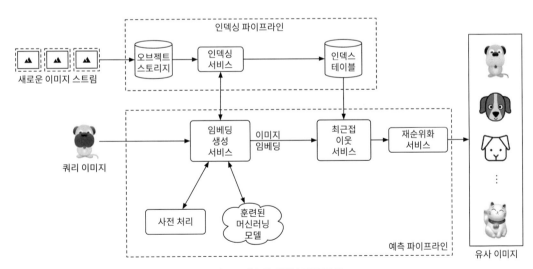

그림 2.19 예측 및 인덱싱 파이프라인

예측 파이프라인

임베딩 생성 서비스

이 서비스는 입력된 쿼리 이미지의 임베딩을 계산한다. 그림 2.20에서 볼 수 있듯이 이미지를 전처리하고 학습된 모델을 사용하여 임베딩을 결정한다.

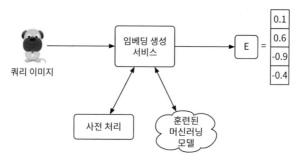

그림 2.20 임베딩 생성 서비스

최근접 이웃 서비스

쿼리 이미지의 임베딩을 받으면 임베딩 공간에서 유사한 이미지를 검색해야 한다. 최근접 이웃 서비스가 이 작업을 수행한다.

최근접 이웃 검색을 좀 더 공식적으로 정의해 보겠다. 쿼리 포인트 'q'와 다른 포인트들의 세트 S가 주어지면, 세트 S에서 'q'에 가장 가까운 포인트를 찾는다. 이미지 임베딩은 N차원 공간에 있는 포인트이며, 여기서 N은 임베딩 벡터의

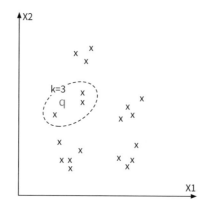

그림 2.21 임베딩 공간에서 이미지 q에 가장 가까운 이웃 3개

크기이다. 그림 2.21은 이미지 q의 최근접 이웃 3개를 보여 준다. 쿼리 이미지를 q로, 다른 이미지를 x로 표시한다.

재순위화 서비스

이 서비스에는 비즈니스 수준의 로직과 정책을 반영한다. 예를 들어, 부적절한 결과를 필터링하고, 비공개 이미지를 포함하지 않도록 하며, 중복되거나 상당 부분 중복되는 결과를 제거하고, 사용자에게 최종 결과를 제공하기 전에 기타 유사한 로직을 적용한다.

인덱싱 파이프라인

인덱싱 서비스

이 서비스는 검색 성능을 개선하기 위해 플랫폼의 모든 이미지를 인덱싱한다.

또 다른 역할로 인덱싱 서비스는 인덱스 테이블을 지속적으로 업데이트한다. 예를 들어, 사용자가 플랫폼에 새 이미지를 추가하면 서비스는 새 이미지의 임베딩을 인덱싱하고 최근접 이웃 검색에서 해당 이미지를 찾을 수 있도록 한다.

인덱싱은 전체 이미지의 임베딩을 인덱스 테이블에 저장하기 때문에 메모리 사용량을 증가시킨다. 메모리 사용량을 줄이기 위해 벡터 양자화(vector quantization)[16] 및 프로덕트 양자화(product quantization)[17]와 같은 다양한 최적화 방법을 사용할 수 있다.

최근접 이웃(nearest neighbor, NN) 알고리즘의 성능

최근접 이웃 검색은 정보 검색, 검색 및 추천 시스템의 핵심 구성요소이다. 효율성을 조금만 개선해도 전반적인 성능이 크게 향상된다. 이 구성요소는 정말 중요하므로 면접관은 이 주제를 깊이 있게 질문할 수도 있다.

최근접 이웃 알고리즘은 정확도와 근사치 두 가지 범주로 나눌 수 있다. 각각에 대해 자세히 살펴보겠다.

정확한 최근접 이웃(exact nearest neighbor)

선형 검색이라고도 하는 정확한 최근접 이웃은 가장 간단한 형태의 최근접 이웃 알고리즘이다. 전체 인덱스 테이블을 검색하고 쿼리 포인트 q와 각 포인트의 거리를 계산한 다음 k개의 가장 가까운 포인트를 검색하는 방식으로 작동한다. 시간 복잡도는 $O(N \times D)$이며, 여기서 N은 포인트의 총개수이고 D는 포인트의 차원이다.

N이 수십억 개에 달할 수 있는 대규모 시스템에서는 선형 시간 복잡도가 너무 느리다.

근사 근접 이웃(approximate nearest neighbor, ANN)

대부분의 애플리케이션은 사용자에게 유사한 항목의 근사치를 제공해도 충분하며, 정확한 최근접 이웃 검색을 수행할 필요는 없다.

근사 근접 이웃 알고리즘에서는 특정 데이터 구조를 사용하여 최근접 이웃 검색의 시간 복잡성을 선형 이하 시간(sublinear)으로 줄인다(예: $O(D \times \log N)$). 일반적으로 사전 전처리 또는 추가 공간이 필요하다.

근사 근접 이웃 알고리즘은 다음 세 가지 범주로 나눌 수 있다.

▶ 트리 기반(tree-based) 근사 근접 이웃
▶ LSH(locality-sensitive hashing) 기반 근사 근접 이웃
▶ 클러스터링 기반 근사 근접 이웃

각 범주에는 다양한 알고리즘이 있으며, 일반적으로 면접관도 지원자가 모든 세부 사항을 알고 있다고 생각하지는 않는다. 대략적으로만 이해하면 충분하다. 따라서 각 항목에 대해 간략히 살펴보겠다.

트리 기반 근사 근접 이웃

트리 기반 알고리즘은 공간을 여러 파티션으로 분할하여 트리를 형성한다. 그런 다음 트리의 특성을 활용하여 더 빠르게 검색한다.

각 노드에 새로운 기준을 반복적으로 추가하여 트리를 형성한다. 예를 들어

루트 노드의 기준 중 하나는 성별 = 남성일 수 있다. 즉, 여성 속성을 가진 모든 포인트는 왼쪽 하위 트리에 속한다.

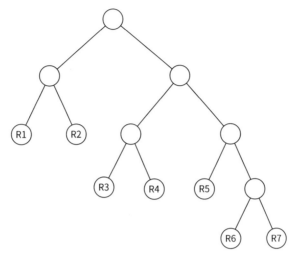

그림 2.22 포인트에서 만들어진 트리

트리에서 리프 노드가 아닌 노드는 기준에 따라 공간을 두 개의 파티션으로 분할한다. 리프 노드는 공간의 특정 영역을 나타낸다. 그림 2.23은 공간을 7개 영역으로 나눈 예시를 보여 준다. 알고리즘은 쿼리 포인트가 속한 파티션만 검색한다.

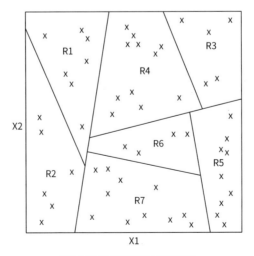

그림 2.23 트리 기준으로 분할된 공간

일반적인 트리 기반 방법으로는 R-tree[18], kd-tree[19], annoy(Approximate Nearest Neighbor Oh Yeah)[20] 가 있다.

LSH(Locality sensitive hashing)

LSH는 특정 해시 함수를 사용하여 포인트의 차원을 줄이고 버킷으로 그룹화한다. 이러한 해시 함수는 서로 가까운 곳에 있는 포인트를 같은 버킷에 매핑한다. LSH는 쿼리 포인트 q와 동일한 버킷에 속하는 포인트만 검색한다. LSH에 대한 자세한 내용은 [21]을 참고하라.

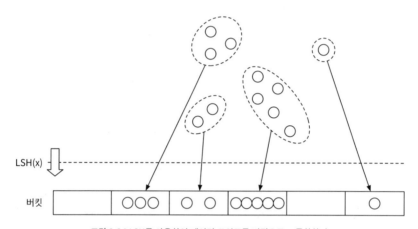

그림 2.24 LSH를 사용하여 데이터 포인트를 버킷으로 그룹화하기

클러스터링 기반 근사 근접 이웃

이 알고리즘은 유사성을 기준으로 포인트들을 그룹화하여 클러스터를 형성한다. 클러스터가 형성되면 알고리즘은 쿼리 포인트가 속한 클러스터에서 포인트의 하위 집합만 검색한다.

어떤 알고리즘을 사용해야 하나?

정확한 최근접 이웃 방법의 결과는 정확성을 보장한다. 따라서 데이터 포인트가 제한되어 있거나 정확히 가장 가까운 이웃을 찾아야 하는 경우 좋은 옵션이다. 그러나 포인트 수가 많으면 알고리즘을 효율적으로 실행하기 어렵다. 이 경우 일반적으로 근사 근접 이웃 방법을 사용한다. 정확한 포인트를 주지는 않지만 가장 가까운 포인트를 찾는 데 좀 더 효율적이다.

오늘날 시스템에서 사용할 수 있는 데이터의 양을 고려할 때, 근사 근접 이웃 방식은 실용적인 솔루션이다. 우리의 시각 검색 시스템에서는 유사한 이미지 임베딩을 찾기 위해 근사 근접 이웃 방식을 사용한다.

머신러닝 직무에 지원한 경우 면접관이 근사 근접 이웃 구현을 요청할 수 있다. 가장 많이 사용되는 두 가지 라이브러리는 Faiss[22](페이스북에서 개발)와 ScaNN[23](구글에서 개발)이다. 각 라이브러리는 이 장에서 설명한 대부분의 방법을 지원한다. 개념을 더 잘 이해하고 머신러닝 코딩 면접에서 최근접 이웃 검색을 구현할 수 있는 자신감을 얻으려면 이 라이브러리 중 하나 이상은 숙지해야 한다.

추가 논의 주제

면접이 끝나고 시간이 남는 경우, 면접관의 선호도, 지원자의 전문성, 자격 요건 등 다양한 요인에 따라 후속 질문을 하거나 심화 주제에 대한 토론을 요청할 수 있다. 특히 지원하는 직급이 높은 경우 다음 주제를 준비하면 좋다.

- 부적절한 이미지를 식별하고 차단하는 방법으로 시스템 내 콘텐츠를 검열[24].
- 위치 편향과 같이 시스템에 존재하는 다양한 편향[25][26].
- 태그와 같은 이미지 메타데이터를 사용하여 검색 결과를 개선하는 방법. 이 내용은 3장 '구글 스트리트 뷰 블러링 시스템'에서 다룬다.
- 객체 감지를 사용한 스마트 크롭[27].
- GNN(graph neural network)을 사용하여 더 나은 표현을 학습하는 방법[28].
- 텍스트 쿼리로 이미지를 검색하는 기능을 지원하는 법. 4장에서 살펴본다.
- 능동 학습(active learning)[29] 또는 휴먼 인 더 루프(human-in-the-loop, HITL)[30] 머신러닝을 사용하여 더 효율적으로 데이터에 주석을 다는 법.

요약

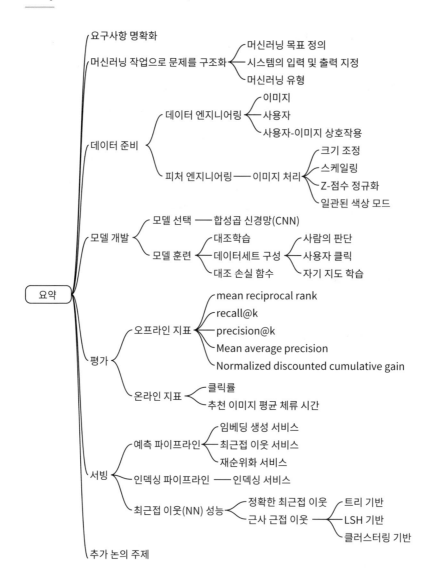

참고 문헌

[1] Visual search at pinterest. *https://arxiv.org/pdf/1505.07647.pdf*

[2] Visual embeddings for search at Pinterest. *https://medium.com/pinterest-engineering/unifying-visual-embeddings-for-visual-search-at-pinterest-74ea7ea103f0*

[3] Representation learning. *https://en.wikipedia.org/wiki/Feature_learning*

[4] ResNet paper. *https://arxiv.org/pdf/1512.03385.pdf*

[5] Transformer paper. *https://arxiv.org/pdf/1706.03762.pdf*

[6] Vision Transformer paper. *https://arxiv.org/pdf/2010.11929.pdf*

[7] SimCLR paper. *https://arxiv.org/pdf/2002.05709.pdf*

[8] MoCo paper. *https://openaccess.thecvf.com/content_CVPR_2020/papers/He_Momentum_Contrast_for_Unsupervised_Visual_Representation_Learning_CVPR_2020_paper.pdf*

[9] Contrastive representation learning methods. *https://lilianweng.github.io/posts/2019-11-10-self-supervised/*

[10] Dot product. *https://en.wikipedia.org/wiki/Dot_product*

[11] Cosine similarity. *https://en.wikipedia.org/wiki/Cosine_similarity*

[12] Euclidean distance. *https://en.wikipedia.org/wiki/Euclidean_distance*

[13] Curse of dimensionality. *https://en.wikipedia.org/wiki/Curse_of_dimensionality*

[14] Curse of dimensionality issues in ML. *https://www.mygreatlearning.com/blog/understanding-curse-of-dimensionality/*

[15] Cross-entropy loss. *https://en.wikipedia.org/wiki/Cross_entropy*

[16] Vector quantization. *http://ws.binghamton.edu/fowler/fowler%20personal%20page/EE523_files/Ch_10_1%20VQ%20Description%20(PPT).pdf*

[17] Product quantization. *https://towardsdatascience.com/product-quantization-for-similarity-search-2f1f67c5fddd*

[18] R-Trees. *https://en.wikipedia.org/wiki/R-tree*

[19] KD-Tree. *https://kanoki.org/2020/08/05/find-nearest-neighbor-using-kd-tree/*

[20] Annoy. *https://towardsdatascience.com/comprehensive-guide-to-approxi mate-nearest-neighbors-algorithms-8b94f057d6b6*

[21] Locality-sensitive hashing. *https://web.stanford.edu/class/cs246/slides/03-lsh.pdf*

[22] Faiss library. *https://github.com/facebookresearch/faiss/wiki*

[23] ScaNN library. *https://github.com/google-research/google-research/tree/master/scann*

[24] Content moderation with ML. *https://appen.com/blog/content-moderation/*

[25] Bias in AI and recommendation systems. *https://www.searchenginejournal.com/biases-search-recommender-systems/339319/#close*

[26] Positional bias. *https://eugeneyan.com/writing/position-bias/*

[27] Smart crop. *https://blog.twitter.com/engineering/en_us/topics/infrastruc ture/2018/Smart-Auto-Cropping-of-Images*

[28] Better search with gnns. *https://arxiv.org/pdf/2010.01666.pdf*

[29] Active learning. *https://en.wikipedia.org/wiki/Active_learning_(machine_learning)*

[30] Human-in-the-loop ML. *https://arxiv.org/pdf/2108.00941.pdf*

3장

구글 스트리트 뷰 블러링 시스템

구글 스트리트 뷰[1]는 전 세계의 많은 공공 도로망에 대한 거리 수준의 대화형 파노라마를 제공하는 구글 지도의 기술이다. 2008년에 구글은 사용자의 개인 정보를 보호하기 위해 사람의 얼굴과 번호판을 자동으로 흐리게 처리하는 시스템을 만들었다. 이 장에서는 구글 스트리트 뷰와 유사한 블러링(blurring) 시스템을 설계한다.

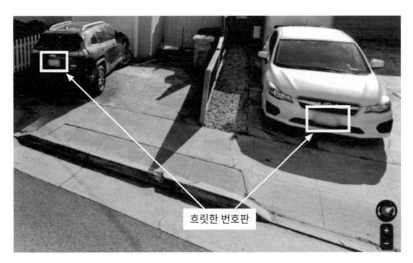

흐릿한 번호판

그림 3.1 번호판이 흐릿하게 표시된 스트리트 뷰 이미지

요구사항 명확화

다음은 지원자와 면접관 간의 일반적인 대화이다.

지원자: 시스템의 비즈니스 목적이 사용자 개인 정보 보호가 맞나요?

면접관: 예.

지원자: 설계하려는 시스템은 스트리트 뷰 이미지에서 사람의 얼굴과 번호판을 모두 감지하여 사용자에게 표시하기 전에 흐리게 처리합니다. 그렇게 하면 될까요? 사용자가 제대로 처리되지 않은 이미지를 신고할 수 있다고 가정해도 되나요?

면접관: 예, 그렇습니다.

지원자: 이 작업에 대한 주석이 달린 데이터세트가 있나요?

면접관: 이미지 1백만 개를 샘플링했다고 가정해 보겠습니다. 그 이미지의 사람 얼굴과 번호판에 수동으로 주석을 달았습니다.

지원자: 데이터세트에 특정 인종 프로필의 얼굴이 포함되어 있지 않을 수 있으며, 이에 따라 인종, 나이, 성별 등과 같은 특정한 그룹에 대한 편견이 발생할 수 있습니다. 공정한 가정인가요?

면접관: 좋은 지적입니다. 간단하게 하기 위해 오늘은 공정성과 편견에 대해 집중하지 않겠습니다.

지원자: 시스템이 오프라인에서 객체를 감지하고 흐리게 처리할 수 있기 때문에 지연 시간은 큰 문제가 되지 않는다고 알고 있습니다. 맞나요?

면접관: 예. 새 이미지가 오프라인으로 처리되는 동안 기존 이미지를 사용자에게 표시할 수 있습니다.

문제 상황을 요약해 보자. 번호판과 사람의 얼굴을 자동으로 흐리게 처리하는 스트리트 뷰 블러링 시스템을 설계하려고 한다. 사람의 얼굴과 번호판에 주석이 달린 100만 개의 이미지로 구성된 훈련 데이터세트를 준다. 이 시스템의 비즈니스 목표는 사용자 개인정보를 보호하는 것이다.

머신러닝 작업으로 문제를 구조화

이 절에서는 문제를 머신러닝 작업으로 정의한다.

머신러닝 목표 정의

이 시스템의 비즈니스 목표는 스트리트 뷰 이미지에서 번호판과 사람 얼굴을 흐리게 처리하여 사용자의 개인정보를 보호하는 것이다. 하지만 사용자 개인 정보 보호는 머신러닝의 목표가 아니므로, 이를 머신러닝 시스템이 해결할 수 있는 목표로 변환해야 한다. 이미지에서 관심 있는 객체를 정확하게 감지하는 것을 머신러닝 목표로 설정할 수 있다. 머신러닝 시스템이 이러한 객체를 정확하게 감지할 수 있다면 사용자에게 이미지를 표시하기 전에 객체를 흐리게 처리할 수 있다.

이 장에서는 간결한 설명을 위해 '사람 얼굴과 번호판' 대신 '객체'라는 용어를 사용한다.

시스템의 입력 및 출력 지정

객체 감지 모델의 입력은 서로 다른 위치에 객체가 없거나 또는 여러 개가 있는 이미지이다. 모델은 이러한 객체를 감지하고 그 위치를 출력한다. 그림 3.2는 객체 감지 시스템의 입력 및 출력과 함께 객체 감지 시스템을 보여 준다.

그림 3.2 객체 감지 시스템의 입력-출력

적합한 머신러닝 유형 선택

일반적으로 객체 감지 시스템에는 두 가지 역할이 있다.

- 이미지에서 각 객체의 위치 예측하기
- 각 바운딩 박스의 클래스 예측하기(예: 개, 고양이 등)

첫 번째 작업은 회귀 문제인데, 위치는 숫자 값인 (x, y) 좌표로 나타낼 수 있기 때문이다. 두 번째 작업은 다중 클래스 분류 문제로 구성할 수 있다.

전통적으로 객체 감지 아키텍처는 1단계와 2단계 네트워크로 나눈다. 최근에는 DETR[2] 같은 트랜스포머 기반 아키텍처가 좋은 결과를 보여 주고 있지만, 이 절에서는 주로 2단계와 1단계 아키텍처에 대해 살펴본다.

2단계 네트워크

이름에서 알 수 있듯이 2단계 네트워크에는 두 개의 개별 모델을 사용한다.

1. 영역 제안 네트워크(region proposal network, RPN): 이미지를 스캔하여 객체가 될 가능성이 있는 후보 영역을 제안한다.

2. 분류기(classifier): 제안된 각 영역을 처리하여 객체 클래스로 분류한다. 그림 3.3은 두 단계를 보여 준다.

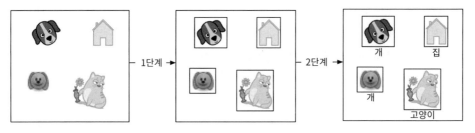

그림 3.3 2단계 네트워크

일반적으로 사용되는 2단계 네트워크는 다음과 같다: R-CNN[3], Fast R-CNN[4], Faster-RCNN[5]

1단계 네트워크

이 네트워크에서는 두 단계를 결합한다. 단일 네트워크를 사용하면 영역 제안을 명시적으로 감지하지 않고도 바운딩 박스와 객체 클래스가 동시에 생성할 수 있다. 그림 3.4는 1단계 네트워크를 보여 준다.

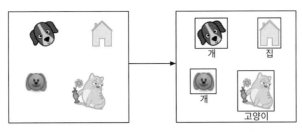

그림 3.4 1단계 네트워크

일반적으로 사용되는 1단계 네트워크는 다음과 같다: YOLO(You Only Look Once)[6] 및 SSD(Single Shot MultiBox Detector)[7] 아키텍처.

1단계와 2단계 비교

2단계 네트워크는 순차적으로 실행되는 두 개의 구성요소로 구성되므로 일반적으로 느리지만 더 정확하다.

우리의 경우 데이터세트에는 100만 개의 이미지가 포함되어 있는데, 최근 기준으로는 그리 많지 않은 양이다. 2단계 네트워크를 사용해도 훈련 비용이 과도하게 증가하지 않는다는 의미이다. 따라서 이번 예제에서는 2단계 네트워크로 시작한다. 훈련 데이터가 증가하거나 더 빨리 예측해야 하는 경우 1단계 네트워크로 전환할 수 있다.

데이터 준비

데이터 엔지니어링

1장에서 데이터 엔지니어링의 기본 사항에 관해 설명했다. 추가로, 일반적으로 해당 작업에 사용할 수 있는 특정 데이터에 대해 논의하는 것이 좋다. 이 문제에는 다음과 같은 데이터를 사용할 수 있다.

▶ 주석이 달린 데이터세트
▶ 스트리트 뷰 이미지

각각에 대해 더 자세히 설명하겠다.

주석이 달린 데이터세트

요구사항에 따라 주석이 달린 1백만 개의 이미지가 있다. 각 이미지에는 바운딩 박스 목록과 관련 객체 클래스가 있다. 표 3.1은 데이터세트의 데이터 포인트를 보여 준다.

이미지 경로	객체	바운딩 박스
dataset/image1.jpg	사람 얼굴	[10, 10, 25, 50]
	사람 얼굴	[120, 180, 40, 70]
	번호판	[80, 95, 35, 10]
dataset/image2.jpg	사람 얼굴	[170, 190, 30, 80]
dataset/image3.jpg	번호판	[25, 30, 210, 220]
	사람 얼굴	[30, 40, 30, 60]

표 3.1 주석이 달린 데이터세트의 몇 가지 데이터 포인트

각 바운딩 박스는 왼쪽 상단 X 및 Y 좌표와 객체의 너비 및 높이 등 4개의 숫자로 구성된 목록이다.

스트리트 뷰 이미지

데이터 수집(sourcing) 팀에서 수집한 스트리트 뷰 이미지이다. 머신러닝 시스템은 이러한 이미지를 처리하여 사람 얼굴과 번호판을 감지한다. 표 3.2는 이미지의 메타데이터를 보여 준다.

이미지 경로	위치(위도, 경도)	Pitch, Yaw, Roll	타임스탬프
tmp/image1.jpg	(37.432567, -122.143993)	(0, 10, 20)	1646276421
tmp/image2.jpg	(37.387843, -122.091086)	(0, 10, -10)	1646276539
tmp/image3.jpg	(37.542081, -121.997640)	(10, -20, 45)	1646276752

표 3.2 스트리트 뷰 이미지의 메타데이터

피처 엔지니어링

피처 엔지니어링 과정에서 먼저 크기 조정 및 정규화와 같은 표준 이미지 전처리 작업을 한다. 그런 다음 데이터 증강 기법을 사용하여 데이터세트의 크기를 늘린다. 자세히 살펴보겠다.

데이터 증강

데이터 증강이라는 기술은 원본 데이터에 약간 수정된 복사본을 추가하거나 원본에서 인위적으로 새로운 데이터를 생성하는 것을 말한다. 데이터세트의 크기가 커지면 모델은 더 복잡한 패턴을 학습할 수 있다. 이 기법은 소수 클래스의 데이터 포인트 수를 늘리기 때문에 데이터세트가 불균형할 때 특히 유용하다.

이미지 증강은 데이터 증강의 특별한 형태이다. 일반적으로 사용되는 증강 기술은 다음과 같다.

- 랜덤 자르기(random crop)
- 랜덤 채도(random saturation)
- 세로 또는 가로 뒤집기
- 회전 및/또는 평행 이동
- 아핀 변환(affine transformations)
- 밝기, 채도, 대비 조정하기

그림 3.5는 다양한 데이터 증강 기법이 적용된 이미지를 보여 준다.

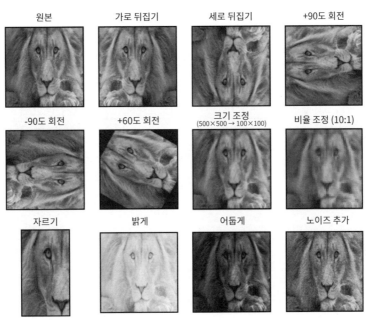

그림 3.5 증강 이미지[8]

특정 유형의 증강을 사용할 때는 ground truth 바운딩 박스도 변환해야 한다는 점에 유의해야 한다. 예를 들어 원본 이미지를 회전하거나 뒤집는 경우 ground truth 바운딩 박스도 변환해야 한다.

데이터 증강은 오프라인 또는 온라인 형태로 사용한다.

- 오프라인: 훈련 전 이미지 증강
- 온라인: 훈련 중 이미지 증강

온라인과 오프라인 비교: 오프라인 데이터 증강에서는 추가 증강이 필요하지 않으므로 학습이 더 빠르다. 하지만 증강된 모든 이미지를 저장하기 위해 추가 스토리지가 필요하다. 온라인 데이터 증강은 훈련 속도가 느리지만, 추가 스토리지가 필요하지 않다.

온라인 데이터 증강과 오프라인 데이터 증강 사이의 선택은 스토리지 및 컴퓨팅 성능 제약에 따라 달라진다. 면접에서 더 중요한 것은 다양한 옵션에 관해 이야기하고 장단점을 논의하는 것이다. 우리는 오프라인 데이터 증강을 수행한다.

그림 3.6은 데이터세트 준비 과정을 보여 준다. 전처리를 통해 이미지의 크기와 배율을 조정하고 정규화한다. 이미지 증강을 사용하면 이미지 수가 증가한다. 이미지 수가 100만 개에서 1,000만 개로 증가한다고 가정해 보겠다.

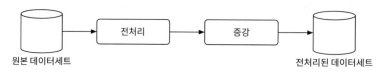

그림 3.6 데이터세트 준비 워크플로

모델 개발

모델 선택

'머신러닝 작업으로 문제를 구조화' 부분에서 언급했듯이 2단계 네트워크를 선택한다. 그림 3.7은 일반적인 2단계 아키텍처를 보여 준다.

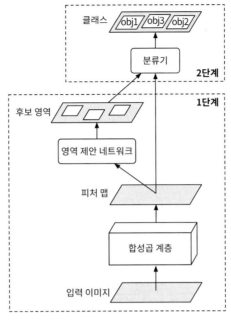

그림 3.7 2단계 객체 감지 네트워크

각 구성요소를 살펴보겠다.

합성곱 계층

합성곱 계층(convolutional layers)[9]은 입력 이미지를 처리하고 피처 맵을 출력한다.

영역 제안 네트워크

영역 제안 네트워크(RPN)는 객체를 포함할 수 있는 후보 영역을 제안한다. 신경망을 아키텍처로 사용하고 합성곱 계층에서 생성된 피처 맵을 입력으로 받아 이미지의 후보 영역을 출력한다.

분류기

분류기는 각 후보 영역의 객체 클래스를 결정한다. 피처 맵과 제안된 후보 영역을 입력으로 받아 각 영역에 객체 클래스를 할당한다. 이 분류기는 일반적으로 신경망을 기반으로 한다.

머신러닝 시스템 설계 면접에서는 일반적으로 이러한 신경망 아키텍처에 대해서는 논의하지 않는다. 자세한 내용은 [10]을 참고하라.

모델 훈련

신경망을 훈련하는 과정은 일반적으로 순전파(forward propagation)[1], 손실 계산, 역전파(backward propagation) 세 단계를 포함한다. 독자들은 이러한 단계가 익숙할 것이라고 예상하지만 자세한 내용은 [11]을 참고하라. 이 절에서는 객체를 감지하는 데 일반적으로 사용하는 손실 함수에 관해 설명한다.

객체 감지 모델은 두 가지 작업을 잘 수행해야 한다. 첫째, 예측된 객체의 바운딩 상자가 ground truth 바운딩 박스와 겹치는 부분이 많아야 한다. 이것은 회귀 작업이다. 둘째, 각 객체 클래스에 대한 예측 확률이 정확해야 한다. 이것이 분류 작업이다. 각각에 대한 손실 함수를 정의해 보겠다.

회귀 손실(regression loss)

이 손실은 예측된 바운딩 박스가 ground truth 바운딩 박스와 얼마나 일치하는지를 측정한다. 평균 제곱 오차(MSE)[12]와 같은 표준 회귀 손실 함수를 사용하며, 이를 L_{reg}로 표시한다.

$$L_{reg} = \frac{1}{M} \sum_{i=1}^{M} \left[(x_i - \hat{x}_i)^2 + (y_i - \hat{y}_i)^2 + (w_i - \hat{w}_i)^2 + (h_i - \hat{h}_i)^2 \right]$$

- M : 총 예측 횟수
- x_i: ground truth 바운딩 박스의 좌측 상단 x 좌표
- $\hat{x}_i$: 예측 바운딩 박스의 좌측 상단 x 좌표
- y_i: ground truth 바운딩 박스의 좌측 상단 y 좌표
- $\hat{y}_i$: 예측 바운딩 박스의 좌측 상단 y 좌표

---

1 (옮긴이) 신경망 모델의 입력 계층에서 출력 계층으로 순서대로 변수들을 계산하고 저장하는 것을 의미한다. 반대로 역전파는 반대 방향으로 진행한다.

- w_i: ground truth 바운딩 박스의 너비
- $\hat{w}_i$: 예측 바운딩 박스의 너비
- h_i: ground truth 바운딩 박스의 높이
- $\hat{h}_i$: 예측 바운딩 박스의 높이

분류 손실(classification loss)

감지된 각 객체에 대한 예측 확률이 얼마나 정확한지를 측정한다. 여기서는 크로스 엔트로피(cross-entropy)[13]와 같은 표준 분류 손실을 사용하며, 이를 L_{cls}로 표시한다.

$$L_{cls} = -\frac{1}{M}\sum_{i=1}^{M}\sum_{c=1}^{C} y_c \log \hat{y}_c$$

- M: 감지된 바운딩 박스 총개수
- C: 클래스 총개수
- y_i: 감지된 i의 ground truth 라벨
- $\hat{y}_i$: 감지된 i의 예측 라벨

모델의 전반적인 성능을 측정하는 최종 손실을 정의하기 위해 균형 매개변수 λ로 가중치를 부여한 분류 손실과 회귀 손실을 결합한다.

$$L = L_{cls} + \lambda L_{reg}$$

평가

면접에서는 머신러닝 시스템을 평가하는 방법에 대해 논의하는 것이 중요하다. 면접관은 일반적으로 지원자가 어떤 지표를 선택하는지와 그 이유를 알고 싶어 한다. 이 절에서는 일반적으로 객체 감지 시스템을 평가하는 방법을 설명한 다음 오프라인 및 온라인 평가를 위한 중요한 지표를 선택한다.

객체 감지 모델은 일반적으로 이미지에서 N개의 서로 다른 객체를 감지해야 한다. 모델의 전반적인 성능을 측정하기 위해 각 객체를 개별적으로 평가한 다음 결과의 평균을 구한다.

그림 3.8은 객체 감지 모델의 출력을 보여 준다. ground truth 값과 감지된 바운딩 박스를 모두 보여 준다. 그림에서 볼 수 있듯이 모델은 6개의 바운딩 박스를 감지했지만, 객체의 인스턴스는 두 개뿐이다.

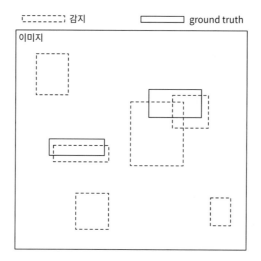

그림 3.8 ground truth 값 및 감지된 바운딩 박스

어떨 때 예측된 라운딩 박스가 맞다고 여기게 될까? 이 질문에 답하기 위해서는 Intersection Over Union 정의를 이해해야 한다.

IOU(Intersection Over Union)

IOU는 두 바운딩 박스 사이의 중첩을 측정한다. 그림 3.9는 IOU를 시각적으로 보여 준다.

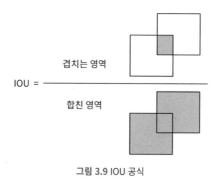

그림 3.9 IOU 공식

IOU는 감지된 바운딩 박스가 올바른지 여부를 결정한다. IOU가 1이면 감지된 바운딩 박스와 ground truth 바운딩 박스가 완전히 정렬되었음을 나타낸다. 실제로 IOU가 1인 경우는 드물다. IOU가 높을수록 예측된 바운딩 박스가 더 정확하다는 의미이다. IOU 임곗값(threshold)은 일반적으로 감지된 바운딩 박스가 올바른지(정탐) 또는 잘못되었는지(오탐)를 결정하는 데 사용된다. 예를 들어, IOU 임곗값이 0.7이면 ground truth 바운딩 박스와 0.7 이상 겹치는 모든 감지가 올바른 감지임을 의미한다.

이제 IOU가 무엇인지, 바운딩 박스 예측의 정확성과 부정확성을 판단하는 방법을 알았으니 오프라인 평가를 위한 지표에 대해 알아보겠다.

오프라인 지표

모델 개발은 반복적인 프로세스이다. 새로 개발된 모델의 성능을 빠르게 평가하기 위해 오프라인 지표를 사용한다. 다음은 객체 감지 시스템에 유용한 몇 가지 지표들이다.

- ▶ 정밀도(precision)
- ▶ 평균 정밀도(average precision, AP)
- ▶ 평균 정밀도의 평균(mean average precision, mAP)

정밀도

모든 이미지에 대한 전체 감지 중 올바르게 감지된 비율이다. 정밀도 값이 클수록 시스템의 감지가 더 안정적이라는 것을 의미한다.

$$\text{precision} = \frac{\text{올바른 감지}}{\text{전체 감지}}$$

정밀도를 계산하려면 IOU 임곗값을 선택해야 한다. 이를 더 잘 이해하기 위해 예제를 사용하겠다. 그림 3.10은 ground truth 바운딩 박스와 감지된 바운딩 박스의 집합과 각각의 IOU를 보여 준다.

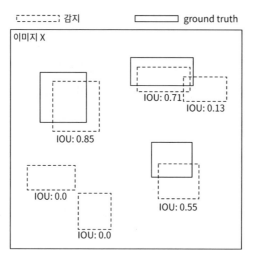

그림 3.10 ground truth 바운딩 박스 및 감지된 바운딩 박스

세 가지 IOU 임곗값에 대한 정밀도를 계산하면 각각 0.7, 0.5, 0.1이다.

- IOU 임곗값 = 0.7

  총 6개의 감지 중 2개의 IOU가 0.7을 초과했다. 따라서 이 경우 두 개가 정확한 예측이다.

$$\text{precision}_{0.7} = \frac{\text{올바른 감지}}{\text{전체 감지}} = \frac{2}{6} = 0.33$$

- IOU 임곗값 = 0.5

  임곗값 0.5를 초과하는 IOU가 세 번 감지되었다.

$$\text{precision}_{0.5} = \frac{\text{올바른 감지}}{\text{전체 감지}} = \frac{3}{6} = 0.5$$

- IOU 임곗값 = 0.1

  이번에는 네 번 감지되었다.

$$\text{precision}_{0.1} = \frac{\text{올바른 감지}}{\text{전체 감지}} = \frac{4}{6} = 0.67$$

눈치챘겠지만, 이 지표의 가장 큰 단점은 정확도가 IOU 임곗값에 따라 달라진
다는 점이다. 따라서 특정 IOU 임곗값의 정밀도 점수만으로는 모델의 전반적
인 성능을 파악하기 어렵다. 평균 정밀도는 이러한 한계를 해결한다.

평균 정밀도

이 지표는 다양한 IOU 임곗값에 걸쳐 정확도를 계산하고 그 평균을 계산한다.
평균 정밀도 공식은 다음과 같다.

$$AP = \int_0^1 P(r)dr$$

여기서 $P(r)$는 IOU 임곗값 r에서의 정밀도이다.

위 공식은 미리 정의된 임곗값 목록에 대한 이산 합산(discrete summation)
으로 근사화할 수 있다. 예를 들어, 파스칼 VOC2008 벤치마크[14]에서 평균 정
밀도는 균일한 간격으로 11개의 임곗값에 걸쳐 계산한다.

$$AP = \frac{1}{11} \sum_{n=0}^{n=10} P(n)$$

평균 정밀도는 특정 객체 클래스(예: 사람 얼굴)에 대한 모델의 전체 정밀도를
요약한 것이다. 모든 객체 클래스(예: 사람 얼굴 및 번호판)에 대한 모델의 전
체 정밀도를 측정하려면 mAP를 사용해야 한다.

mAP(Mean average precision)

모든 객체 클래스에 대한 평균 정밀도의 평균이다. 이 지표는 모델의 전반적인
성능을 보여 준다. 공식은 다음과 같다.

$$mAP = \frac{1}{C} \sum_{c=1}^C AP_c$$

여기서 C는 모델이 감지하는 객체 클래스 총수이다.

mAP 지표는 일반적으로 객체 감지 시스템을 평가하는 데 사용한다. 표준 벤
치마크에서 어떤 임곗값이 사용되는지 확인하려면 [15][16]을 참고하라.

온라인 지표

요구사항에 따라 시스템은 사용자의 개인정보를 보호해야 한다. 이를 측정하는 한 가지 방법은 사용자 보고서 및 불만 사항의 수를 세는 것이다. 또한 사람이 직접 주석을 달아가며 잘못 블러 처리된 이미지의 비율을 직접 확인할 수도 있다. 편향성과 공정성을 측정하는 다른 지표도 중요하다. 예를 들어, 다양한 인종과 연령대에 걸쳐 사람의 얼굴을 균등하게 흐리게 처리하고자 한다. 그러나 요구사항에 언급한 대로 편향성 측정은 범위를 벗어난다.

평가 절을 마치기 위해, 우리는 mAP와 평균 정밀도를 오프라인 지표로 사용한다. mAP는 모델의 전반적인 정확도를 측정하며, 평균 정밀도는 모델의 특정 클래스에서의 정밀도를 파악하는 데 도움이 된다. 온라인 평가의 주요 지표는 '사용자 보고서'이다.

서빙

이 절에서는 먼저 객체 감지 시스템에서 발생할 수 있는 일반적인 문제인 겹치는 바운딩 박스에 관해 설명한다. 다음으로 전반적인 머신러닝 시스템 설계를 제안한다.

겹치는 바운딩 박스

이미지에서 객체 감지 알고리즘을 실행할 때 바운딩 박스가 겹치는 경우는 매우 흔하다. 이는 영역 제안 네트워크가 각 객체 주위에 많이 겹치는 다양한 바운딩 박스를 제안하기 때문이다. 추론하는 동안 이러한 바운딩 박스를 객체당 하나의 바운딩 박스로 좁히는 것이 중요하다.

널리 사용되는 솔루션은 NMS(non-maximum suppression)라는 알고리즘이다[17]. 어떻게 작동하는지 살펴보겠다.

NMS

NMS는 가장 적합한 바운딩 박스를 선택하도록 설계된 후처리 알고리즘이다.

이 알고리즘은 신뢰도가 높은 바운딩 박스를 유지하고 겹치는 바운딩 박스를 제거한다. 그림 3.11은 예시를 보여 준다.

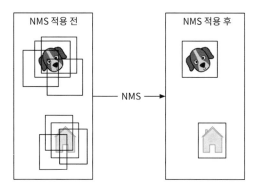

그림 3.11 NMS 적용 전과 후

NMS는 머신러닝 시스템 설계 면접에서 자주 출제되는 알고리즘이므로 잘 이해하는 것이 좋다[18].

머신러닝 시스템 설계

그림 3.12에서 볼 수 있듯이 블러링 시스템을 위한 머신러닝 시스템 설계를 제안하겠다.

각 파이프라인을 좀 더 자세히 살펴보자.

배치 예측 파이프라인

수집한 요구사항에 따르면, 새로운 이미지가 처리되는 동안 기존 이미지를 사용자에게 표시할 수 있으므로 지연 시간은 큰 문제가 되지 않는다. 즉각적인 결과가 필요하지 않으므로 배치 예측을 활용하여 객체 감지 결과를 미리 계산할 수 있다.

전처리

원시 이미지는 이 컴포넌트에 의해 사전 처리된다. 사전 처리 작업에 대해서는 '피처 엔지니어링' 절에서 이미 설명했으므로 여기서는 다루지 않는다.

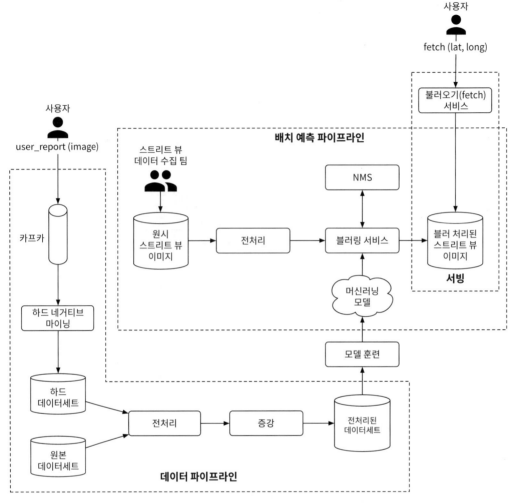

그림 3.12 머신러닝 시스템 설계

블러링 서비스

스트리트 뷰 이미지에서 다음 작업을 수행한다.

1. 이미지에서 감지된 객체 목록을 제공한다.
2. NMS 컴포넌트를 사용하여 감지된 객체 목록을 구체화한다.
3. 감지된 개체를 블러 처리한다.

4. 블러 처리된 이미지를 객체 저장소에 저장한다(블러 처리된 스트리트 뷰 이미지).

전처리와 블러링 서비스는 설계에서 분리되어 있다는 점에 유의하라. 그 이유는 이미지 전처리는 CPU를 사용하지만, 블러링 서비스는 GPU를 사용하기 때문이다. 이러한 서비스를 분리하면 두 가지 이점이 있다.

- 각 서비스가 받는 작업량에 따라 독립적으로 서비스를 확장할 수 있다.
- CPU 및 GPU 자원 활용도 향상할 수 있다.

데이터 파이프라인

이 파이프라인은 사용자의 보고서를 처리하고, 새로운 학습 데이터를 생성하고, 모델에서 사용할 학습 데이터를 준비하는 일을 담당한다. 데이터 파이프라인 구성요소는 대부분 설명이 필요 없다. 하드 네거티브 마이닝만이 유일하게 많은 설명이 필요한 컴포넌트이다.

하드 네거티브 마이닝(hard negative mining)

하드 네거티브는 잘못 예측된 예제에서 명시적으로 네거티브로 생성된 예제이다. 업데이트된 훈련 데이터세트에서 모델을 재훈련하면 더 나은 성능을 발휘할 수 있다.

추가 논의 주제

시간이 허락한다면 다음 몇 가지를 추가로 논의하면 좋을 것이다.

- 트랜스포머 기반 객체 감지 아키텍처가 1단계 또는 2단계 모델과 무엇이 다른지, 그리고 장단점은 무엇인지 설명[19].
- 대규모 데이터세트에서 객체 감지를 개선하기 위한 분산 훈련 기법[20][21].
- 유럽의 일반 데이터 보호 규정(GDPR)이 X(구 트위터) 시스템에 미칠 수 있는 영향[22].
- 얼굴 인식 시스템의 편향성을 평가[23][24].

- 모델을 지속적으로 미세 조정하는 방법[25].
- 능동학습[26] 또는 휴먼 인 더 루프(human-in-the-loop, HITL) 머신러닝[27]을 사용하여 학습용 데이터 포인트를 선택하는 방법.

요약

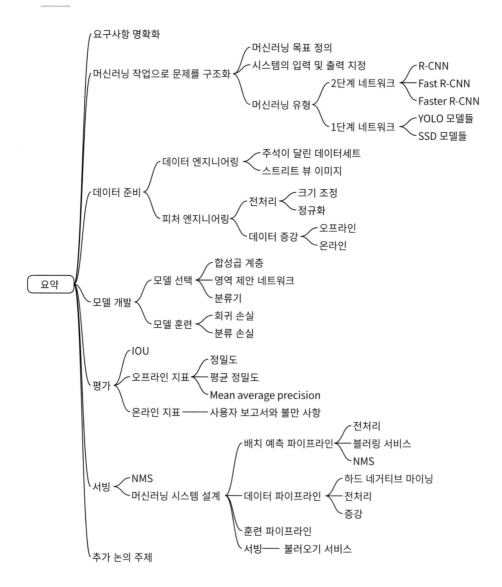

참고 문헌

[1]   Google Street View. *https://www.google.com/streetview*

[2]   DETR. *https://github.com/facebookresearch/detr*

[3]   RCNN family. *https://lilianweng.github.io/posts/2017-12-31-object-recogni tion-part-3*

[4]   Fast R-CNN paper. *https://arxiv.org/pdf/1504.08083.pdf*

[5]   Faster R-CNN paper. *https://arxiv.org/pdf/1506.01497.pdf*

[6]   YOLO family. *https://pyimagesearch.com/2022/04/04/introduction- to-the-yolo-family*

[7]   SSD. *https://jonathan-hui.medium.com/ssd-object-detection-single-shot- multibox-detector-for-real-time-processing-9bd8deac0e06*

[8]   Data augmentation techniques. *https://www.kaggle.com/getting-started/ 190280*

[9]   CNN. *https://en.wikipedia.org/wiki/Convolutional_neural_network*

[10]   Object detection details. *https://dudeperf3ct.github.io/object/detection/ 2019/01/07/Mystery-of-Object-Detection*

[11]   Forward pass and backward pass. *https://www.youtube.com/watch?v=qz PQ8cEsVK8*

[12]   MSE. *https://en.wikipedia.org/wiki/Mean_squared_error*

[13]   Log loss. *https://en.wikipedia.org/wiki/Cross_entropy*

[14]   Pascal VOC. *http://host.robots.ox.ac.uk/pascal/VOC/voc2008/index.html*

[15]   COCO dataset evaluation. *https://cocodataset.org/#detection-eval*

[16]   Object detection evaluation. *https://github.com/rafaelpadilla/Object-Detec tion-Metrics*

[17]   NMS. *https://en.wikipedia.org/wiki/NMS*

[18]   Pytorch implementation of NMS. *https://learnopencv.com/non-maximum- suppression-theory-and-implementation-in-pytorch/*

[19]   Recent object detection models. *https://viso.ai/deep-learning/object-detec tion/*

[20] Distributed training in Tensorflow. *https://www.tensorflow.org/guide/distributed_training*

[21] Distributed training in Pytorch. *https://pytorch.org/tutorials/beginner/dist_overvi ew.html*

[22] GDPR and ML. *https://www.oreilly.com/radar/how-will-the-gdpr-impact-machi ne-learning*

[23] Bias and fairness in face detection. *http://sibgrapi.sid.inpe.br/col/sid.inpe.br/sibgrapi/2021/09.04.19.00/doc/103.pdf*

[24] AI fairness. *https://www.kaggle.com/code/alexisbcook/ai-fairness*

[25] Continual learning. *https://towardsdatascience.com/how-to-apply-continual-learning-to-your-machine-learning-models-4754adcd7f7f*

[26] Active learning. *https://en.wikipedia.org/wiki/Active_learning_(machine_learning)*

[27] Human-in-the-loop ML. *https://arxiv.org/pdf/2108.00941.pdf*

4장

유튜브 동영상 검색

유튜브와 같은 동영상 공유 플랫폼에서는 동영상의 수가 순식간에 수십억 개로 늘어날 수 있다. 이 장에서는 이렇게 많은 양의 콘텐츠를 효율적으로 처리할 수 있는 동영상 검색 시스템을 설계한다. 그림 4.1과 같이 사용자가 검색창에 텍스트를 입력하면 시스템은 주어진 텍스트와 가장 관련성이 높은 동영상을 표시한다.

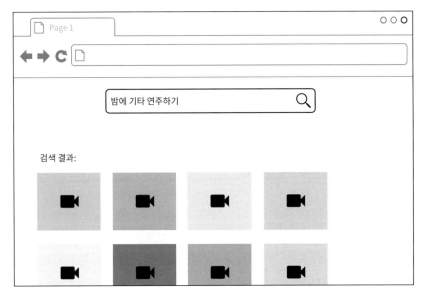

그림 4.1 텍스트 쿼리로 동영상 검색하기

요구사항 명확화

다음은 지원자와 면접관 간의 일반적인 대화이다.

지원자: 입력 쿼리는 텍스트만 가능한가요, 아니면 사용자가 이미지나 동영상
으로 검색할 수 있나요?

면접관: 텍스트 쿼리만 가능합니다.

지원자: 플랫폼의 콘텐츠는 동영상 형태로만 제공되나요? 이미지나 오디오 파
일은 어떤가요?

면접관: 플랫폼은 동영상만 제공합니다.

지원자: 유튜브 검색 시스템은 매우 복잡합니다. 동영상의 관련성은 시각적 콘
텐츠와 텍스트 데이터(제목, 설명 등)만으로 결정된다고 가정해도 되
나요?

면접관: 예, 그렇습니다.

지원자: 사용할 수 있는 학습 데이터가 있나요?

면접관: 예, 천만 쌍의 〈동영상, 텍스트 쿼리〉가 있다고 가정하겠습니다.

지원자: 검색 시스템에서 다국어를 지원해야 하나요?

면접관: 간단하게 하기 위해 영어만 지원된다고 가정하겠습니다.

지원자: 플랫폼에서 사용할 수 있는 동영상은 몇 개인가요?

면접관: 10억 개입니다.

지원자: 결과를 개인화해야 하나요? 과거 상호작용에 따라 사용자별로 결과의
순위를 다르게 매겨야 할까요?

면접관: 개인화가 필수인 추천 시스템과는 달리 검색 시스템에서 반드시 개인
화할 필요는 없습니다. 문제를 단순하게 만들기 위해 개인화가 필요하
지 않다고 가정하겠습니다.

문제를 요약해 보자. 동영상 검색 시스템을 설계하라는 요청을 받았다. 입력은
텍스트 쿼리이고 출력은 텍스트 쿼리와 관련된 동영상 목록이다. 관련 동영상
을 검색하기 위해 동영상의 시각적 콘텐츠와 텍스트 데이터를 모두 활용한다.

모델 학습을 위해 천만 개의 〈동영상, 텍스트 쿼리〉 쌍으로 구성된 데이터세트가 있다.

머신러닝 작업으로 문제를 구조화

머신러닝 목표 정의

사용자는 검색 시스템이 관련 있는 유용한 결과를 찾을 거라 기대한다. 이를 텍스트 쿼리와의 관련성에 따라 동영상 순위를 매기는 방식으로 머신러닝 목표로 전환할 수 있다.

시스템의 입력 및 출력 지정

그림 4.2에서 볼 수 있듯이 검색 시스템은 텍스트 쿼리를 입력으로 받아 관련성에 따라 정렬되고 순위가 매겨진 동영상 목록을 출력한다.

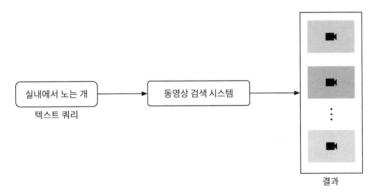

그림 4.2 동영상 검색 시스템의 입력-출력

적합한 머신러닝 유형 선택

동영상과 텍스트 쿼리 간의 관련성을 결정하기 위해 시각적 콘텐츠와 동영상의 텍스트 데이터를 모두 활용한다. 설계의 개요는 그림 4.3에서 볼 수 있다.

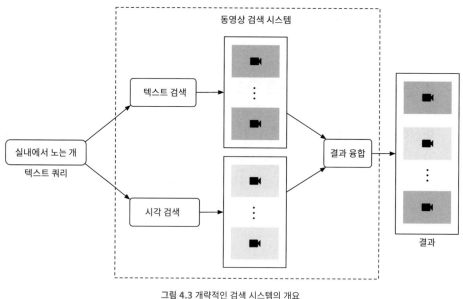

그림 4.3 개략적인 검색 시스템의 개요

각 구성요소에 대해 간략히 살펴보겠다.

시각 검색

이 컴포넌트는 텍스트 쿼리를 입력으로 받아 동영상 목록을 출력한다. 텍스트 쿼리와 동영상의 시각적 콘텐츠 간의 유사성에 따라 동영상의 순위를 매긴다.

　표현학습은 일반적으로 시각적 콘텐츠를 처리하여 동영상을 검색하는 데 사용하는 방식이다. 이 접근 방식에서는 텍스트 쿼리와 동영상을 각각의 인코더를 사용하여 개별적으로 인코딩한다. 그림 4.4에서 볼 수 있듯이, 머신러닝 모델은 동영상의 임베딩 벡터를 생성하는 동영상 인코더와 텍스트의 임베딩 벡터를 생성하는 텍스트 인코더를 갖는다. 동영상과 텍스트 간의 유사도 점수는 두 표현의 스칼라곱(dot product)을 사용하여 계산한다.

　텍스트 쿼리와 시각적, 의미적으로 유사한 동영상의 순위를 매기기 위해 임베딩 공간에서 텍스트와 각 동영상 사이의 스칼라곱을 계산한 다음 유사성 점수를 기준으로 동영상 순위를 매긴다.

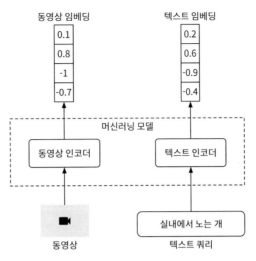

그림 4.4 머신러닝 모델의 입력-출력

텍스트 검색

그림 4.5는 사용자가 텍스트 쿼리를 입력할 때 텍스트 검색이 작동하는 방식을 보여 준다. '실내에서 노는 개'를 입력하면 텍스트 검색어와 가장 유사한 제목, 설명 또는 태그를 가진 동영상이 출력된다.

동영상 ID	제목	태그
1	우리 집 강아지 실내에서 놀기	개, 실내, 놀이
2	중학교 수영 대회	수영장, 어린이
3	일본에 있을 때 촬영한 영상 보기	여행, 일본, 브이로그
4	스포츠카 속도 비교	자동차, 경주, 속도
5	내 원격 작업 설정	컴퓨터, 마우스, 대화
6	어젯밤 우리 집에서 개들이 파티를 즐긴 방법	고양이, 개, 가족

그림 4.5 텍스트 검색

역색인(inverted index)은 텍스트 기반 검색 구성요소를 생성하는 일반적인 기법으로, 데이터베이스에서 효율적인 전체 텍스트 검색이 가능하다. 역색인은 머신러닝에 기반하지 않기 때문에 학습 비용이 들지 않는다. 기업들이 자주 사용하는 인기 있는 검색 엔진은 확장 가능한 검색 엔진이자 문서 저장소인 엘라스틱서치(Elasticsearch)이다. 엘라스틱서치를 더 자세히 살펴보거나, 깊이 이해하려면 [1]을 참고하기 바란다.

데이터 준비

데이터 엔지니어링

모델을 학습하고 평가하기 위해 주석이 달린 데이터세트가 제공되므로 데이터 엔지니어링을 수행할 필요가 없다. 표 4.1은 주석이 달린 데이터세트를 보여준다.

동영상 명	쿼리	분할 유형
76134.mp4	수영장에서 수영하는 아이들!	훈련
92167.mp4	졸업 축하	훈련
2867.mp4	축구하는 청소년 모임	유효성 검사
28543.mp4	텐서보드 작동 방식	유효성 검사
70310.mp4	겨울철 자동차 여행	테스트

표 4.1 주석 처리된 데이터세트

피처 엔지니어링

거의 모든 머신러닝 알고리즘은 숫자 입력값만 사용한다. 텍스트, 동영상과 같은 비정형 데이터는 이 단계에서 수치로 변환해야 한다. 모델에 사용할 텍스트 및 동영상 데이터 준비 방법을 살펴보겠다.

텍스트 데이터 준비

그림 4.6에서 볼 수 있듯이 텍스트는 일반적으로 텍스트 정규화, 토큰화, 토큰을 ID로 변환하는 세 단계를 거쳐 숫자 벡터로 표현된다[2].

각 단계를 좀 더 자세히 살펴보겠다.

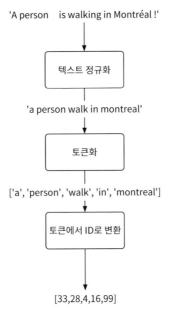

그림 4.6 숫자 벡터로 텍스트 표현하기

텍스트 정규화

텍스트 정규화(텍스트 정리라고도 함)는 단어와 문장의 일관성을 유지한다. 예를 들어, 'dog', 'dogs', 'DOG!'와 같이 동일한 단어의 철자가 약간 다를 수 있다. 문장도 마찬가지이다. 예를 들어 다음 두 문장을 살펴보자.

- 'A person walking with his dog in Montréal!'
- 'a person walks with his dog, in Montreal.'

두 문장의 의미는 같지만, 구두점과 동사 형태가 다르다. 다음은 일반적인 텍스트 정규화를 위한 방법들이다.

- **소문자:** 단어나 문장의 의미를 바꾸지 않으므로 모든 문자를 소문자로 만든다.
- **문장 부호 제거:** 텍스트에서 문장 부호를 제거한다. 일반적인 구두점은 마침표, 쉼표, 물음표, 느낌표 등이다.
- **공백 다듬기:** 선행, 후행 및 여러 공백 다듬기

- 정규화 형식 KD(NFKD)[3]: 조합된 문자소를 단순한 조합으로 분해한다.

- 악센트 제거: 단어에서 악센트 표시를 제거. 예: Màlaga → Malaga, Noël → Noel

- 형태소 분석 및 어간 추출: 관련 단어 형태 집합에 대한 표준 대표를 식별한다. 예: walking, walks, walked → walk

토큰화

토큰화는 텍스트 조각을 토큰이라는 작은 단위로 분해하는 절차이다. 일반적으로 토큰화에는 세 가지 유형이 있다.

- 단어 토큰화: 특정 구분 기호에 따라 텍스트를 개별 단어로 분할한다. 예를 들어, 'I have an interview tomorrow'와 같은 문구는 ['I', 'have', 'an', 'interview', 'tomorrow']가 된다.

- 서브워드 토큰화(subword tokenization): 텍스트를 하위 단어(또는 n-gram 문자)[1]로 분할한다.

- 문자 토큰화: 텍스트를 문자 집합으로 분할하기

다양한 토큰화 알고리즘에 대한 세부 사항은 일반적으로 머신러닝 시스템 설계 면접에서는 많이 다루지 않는다. 자세한 내용은 [4]를 참고하라.

토큰을 ID로 전환

토큰을 확보한 후에는 토큰을 숫자 값(ID)으로 변환해야 한다. 토큰을 숫자 값으로 표현하는 방법은 두 가지가 있다.

- 룩업 테이블. 이 방법에서는 각 고유 토큰을 ID에 매핑한다. 다음으로 이러한 1:1 매핑을 저장하기 위해 룩업 테이블을 생성한다. 그림 4.7은 매핑 테이블을 보여 준다.

---

1 (옮긴이) 입력한 문자열을 n개의 기준 단위로 절단하여 분석하는 방법

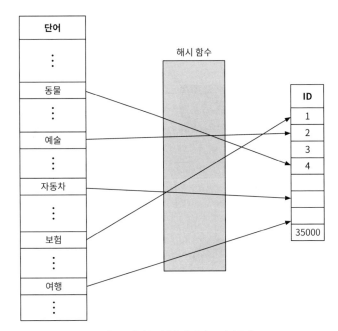

단어	ID
⋮	
동물	18
⋮	
예술	35
⋮	
자동차	128
⋮	
보험	426
⋮	
여행	1239
⋮	

그림 4.7 룩업 테이블

그림 4.8 해싱을 사용하여 단어 ID 가져오기

- 해싱. 해싱은 '피처 해싱(feature hashing)' 또는 '해싱 트릭(hashing trick)'이 라고도 하며, 룩업 테이블을 유지하지 않고 해시 함수를 사용하여 ID를 가 져오는 메모리 효율성이 좋은 방법이다. 그림 4.8에서 해시 함수를 사용하 여 단어를 ID로 변환하는 방법을 보여 준다.

룩업 테이블과 해싱 방식을 비교해 보겠다.

	룩업 테이블	해싱
속도	✓ 토큰을 ID로 빠르게 변환	✗ 토큰을 ID로 변환하기 위해 해시 함수를 계산해야 함
ID에서 토큰으로 변환	✓ 역색인 테이블을 사용하여 ID를 토큰으로 쉽게 변환	✗ ID를 토큰으로 변환할 수 없음
메모리	✗ 테이블은 메모리에 저장. 토큰 수가 많으면 필요한 메모리가 증가	✓ 해시 함수는 모든 토큰을 해당 토큰의 ID로 변환하는 데 충분함
미등록 토큰	✗ 새 단어 또는 미등록 단어를 제대로 처리할 수 없음	✓ 모든 단어에 해시 함수를 적용하여 새 단어, 미등록 단어도 쉽게 처리
충돌[5]	✓ 충돌 이슈 없음	✗ 잠재적으로 충돌 가능성 있음

표 4.2 룩업 테이블과 피처 해싱 비교

동영상 데이터 준비

그림 4.9는 원본 동영상 전처리를 위한 일반적인 워크플로를 보여 준다.

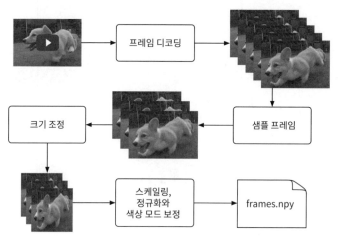

그림 4.9 동영상 전처리 워크플로

모델 개발

모델 선택

'머신러닝 작업으로 문제를 구조화' 절에서 설명했듯이 텍스트 쿼리는 텍스트 인코더를 사용하여 임베딩으로 변환하고, 동영상은 동영상 인코더를 사용하여 임베딩으로 변환한다. 이 장에서는 각 인코더에 어울리는 모델 아키텍처를 살펴본다.

텍스트 인코더

일반적인 텍스트 인코더의 입력과 출력은 그림 4.10에 나와 있다.

그림 4.10 텍스트 인코더의 입력-출력

텍스트 인코더는 텍스트를 벡터 표현으로 변환한다[6]. 예를 들어, 두 문장의 의미가 비슷하다면 임베딩이 더 유사해진다. 텍스트 인코더를 구축하기 위해 통계적 방법과 머신러닝 기반 방법이라는 두 가지 범주를 사용할 수 있다. 각각을 살펴보겠다.

통계적 방법

이러한 방법은 문장을 피처 벡터(feature vector)로 변환하기 위해 통계를 사용한다. 자주 사용하는 두 가지 통계적 방법은 다음과 같다.

- ▸ 단어 가방 모형(Bag of Words, BoW)
- ▸ TF-IDF(Term Frequency Inverse Document Frequency)

• BoW

이 방법은 문장을 전문(fixed-length) 벡터로 변환한다. 문장을 나타내는 행과 단어 인덱스를 나타내는 열이 있는 행렬을 생성하여 문장-단어 발생을 모델링하기 위해 문장을 행으로, 단어 인덱스를 열로 하는 행렬을 생성한다. BoW의 예는 그림 4.11에 나와 있다.

	best	holiday	is	nice	person	this	today	trip	very	with
this person is nice very nice	0	0	1	2	1	1	0	0	1	0
today is holiday	0	1	1	0	0	0	1	0	0	0
this trip with best person is best	2	0	1	0	1	1	0	1	0	1

그림 4.11 다양한 문장의 BoW 표현

BoW는 문장 표현을 빠르게 계산할 수 있는 간단한 방법이지만 다음과 같은 한계가 있다.

- ◦ 문장에서 단어의 순서는 고려하지 않는다. 예를 들어, 'let's watch TV after work'와 'let's work after watch TV'는 동일한 BoW 표현을 갖는다.
- ◦ 결과로 나온 표현으로는 문장의 의미론적, 문맥적 의미를 파악하지 못한다. 예를 들어, 의미는 같지만 단어가 다른 두 문장은 완전히 다른 표현을 갖는다.

◦ 표현 벡터가 희소하다. 표현 벡터의 크기는 우리가 보유한 고유 토큰의 총수와 같다. 이 숫자는 일반적으로 매우 크므로 각 문장 표현은 대부분 0으로 채워진다.

• TF-IDF

단어가 컬렉션 또는 말뭉치(corpus)에서 얼마나 중요한지를 반영하기 위한 수치 통계이다. TF-IDF는 BoW와 동일한 문장-단어 행렬을 생성하지만, 단어의 빈도에 따라 행렬을 정규화한다. 이 개념의 수학적 설명에 대해 자세히 알고싶다면 [7]을 참고하라.

  TF-IDF는 자주 등장하는 단어에 가중치를 덜 부여하기 때문에 일반적으로 BoW보다 더 나은 표현을 제공한다. 하지만 다음과 같은 한계가 있다.

◦ 새 문장을 추가할 때 용어 빈도를 다시 계산하려면 정규화가 필요하다.
◦ 문장에서 단어의 순서를 고려하지 않는다.
◦ 결과로 얻은 표현은 문장의 문맥적 의미를 포착하지 못한다.
◦ 표현이 희소하다.

요약하자면, 통계적 방법은 일반적으로 빠르다. 하지만 문장의 문맥적 의미를 포착하지 못하고 표현이 희소하다는 단점이 있다. 머신러닝 기반 방법은 이러한 문제를 해결한다.

머신러닝 기반 방법

이 방법에서는 머신러닝 모델이 문장을 의미 있는 단어 임베딩으로 변환하고, 두 임베딩 사이의 거리를 해당 단어들의 유사성으로 반영한다. 예를 들어 'rich'와 'wealth'와 같은 두 단어가 의미적으로 유사하다면 임베딩 공간에서 두 단어의 임베딩은 가까워진다. 그림 4.12는 2D 임베딩 공간에서 단어 임베딩을 간단하게 시각화하여 보여 준다. 보다시피 비슷한 단어들이 함께 그룹화되어 있다. 아래는 텍스트를 임베딩으로 변환하는 일반적인 머신러닝 기반 접근 방식이다.

▶ 임베딩(룩업) 계층
▶ 워드투벡터(word2vec)
▶ 트랜스포머 기반 아키텍처

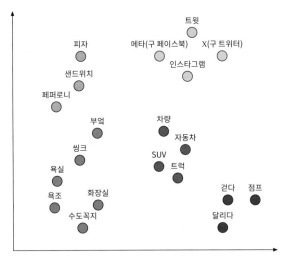

그림 4.12 2D 임베딩 공간의 단어

- 임베딩 계층

이 방식에서는 임베딩 계층을 사용하여 각 ID를 임베딩 벡터에 매핑한다.
그림 4.13은 예시를 보여 준다.

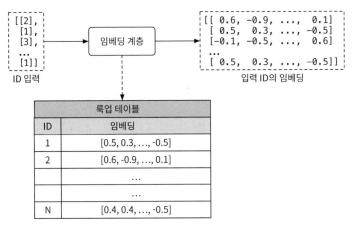

그림 4.13 임베딩 룩업 방법

임베딩 계층을 사용하여 간단하고 효율적인 방법으로 ID와 같은 희소 피처
를 고정된 크기의 임베딩으로 변환할 수 있다. 이어지는 내용에서 더 많은
사용 예시를 살펴보겠다.

- 워드투벡터

워드투벡터(word2vec)[8]는 단어 임베딩을 생성하는 데 사용하는 관련 모델 제품군이다. 이 모델은 얕은 신경망(shallow neural network) 아키텍처를 사용하며 로컬 컨텍스트에서 단어의 동시출현(co-occurrence)을 활용하여 단어 임베딩을 학습한다. 특히 이 모델은 훈련 단계에서 주변 단어로부터 중심 단어를 예측하는 방법을 학습한다. 훈련 단계가 끝나면 모델은 단어를 의미 있는 임베딩으로 변환할 수 있다.

워드투벡터를 기반으로 하는 두 가지 주요 모델이 있다. CBOW(Continuous Bag of Words)[9]와 Skip-gram[10]이다. 그림 4.14는 CBOW가 어떻게 작동하는지를 개략적으로 보여 준다. 이 모델에 대해 자세히 알고 싶다면 [8]을 참고하라.

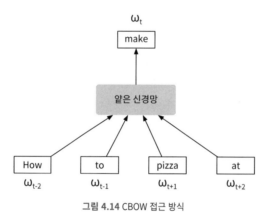

그림 4.14 CBOW 접근 방식

워드투벡터와 임베딩 계층은 간단하고 효과적이지만, 최근 트랜스포머를 기반으로 한 아키텍처가 더 좋은 결과를 보여 주고 있다.

- 트랜스포머 기반 모델

이 모델은 단어를 임베딩으로 변환할 때 문장에 포함된 단어의 컨텍스트를 고려한다. 워드투벡터 모델과 달리 문맥에 따라 같은 단어에 대해 서로 다른 임베딩을 생성한다.

그림 4.15는 단어 집합인 문장을 입력으로 받아 각 단어에 대한 임베딩을 생성하는 트랜스포머 기반 모델을 보여 준다.

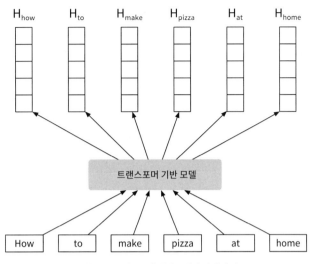

그림 4.15 트랜스포머 기반 모델의 입력-출력

트랜스포머는 문맥을 이해하고 의미 있는 임베딩을 생성하는 데 매우 적합한 방식이다. BERT[11], GPT3[12], BLOOM[13] 등 여러 모델에서 다양한 자연어 처리(NLP) 작업을 수행할 수 있는 트랜스포머의 잠재력이 입증되었다. 우리의 경우 텍스트 인코더로 BERT와 같은 트랜스포머 기반 아키텍처를 선택한다.

일부 면접에서는 면접관이 트랜스포머 기반 모델의 세부 사항에 대해 더 자세히 설명해 달라고 요청할 수 있다. 자세한 내용은 [14]를 참고하라.

동영상 인코더

동영상 인코딩을 위한 두 가지 아키텍처 옵션이 있다.

- ▸ 동영상 수준 모델
- ▸ 프레임 수준 모델

동영상 수준 모델

동영상 수준 모델은 그림 4.16에서와 같이 전체 동영상을 처리하여 임베딩을 생성한다. 모델 아키텍처는 일반적으로 3차원 합성곱[15] 또는 트랜스포머를 기반으로 한다. 이 모델은 전체 동영상을 처리하기 때문에 계산 비용이 많이 든다.

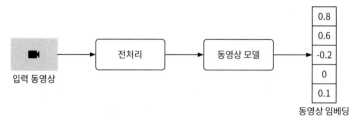

그림 4.16 동영상 레벨 모델

프레임 수준 모델

프레임 수준 모델은 다르게 작동한다. 프레임 수준 모델을 사용하여 동영상에서 임베딩을 추출하는 방법을 세 단계로 나눌 수 있다.

- 동영상 및 샘플 프레임을 전처리한다.
- 샘플링된 프레임에서 모델을 실행하여 프레임 임베딩을 생성한다.
- 동영상 임베딩을 생성하기 위해 프레임 임베딩을 집계(예: 평균)한다.

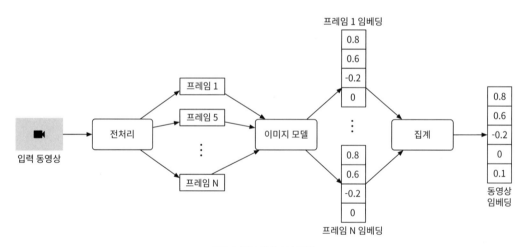

그림 4.17 프레임 수준 모델

이 모델은 프레임 수준에서 작동하기 때문에 대체로 더 빠르고 계산 비용이 적게 든다. 그러나 프레임 수준 모델은 일반적으로 동작이나 행동과 같은 동영상의 시간적 측면을 이해하지 못한다. 실제로 프레임 수준 모델은 대부분 동영상의 시간에 따른 동작의 변화를 이해할 필요가 없는 동영상의 경우에 사용한다. 여기서는 두 가지 이유로 ViT[16]와 같은 프레임 수준 모델을 사용한다.

- 훈련 및 서빙 속도 향상
- 연산 횟수 줄이기

모델 훈련

텍스트 인코더와 동영상 인코더를 훈련하기 위해 대조학습 방식을 사용한다. 이에 대해 자세히 알아보려면 2장 '시각 검색 시스템'의 '모델 훈련' 부분을 참고하라.

모델 훈련 중 손실을 계산하는 방법에 대한 설명은 그림 4.18에 나와 있다.

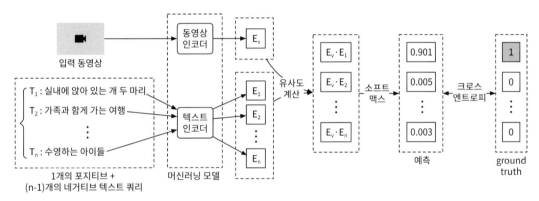

그림 4.18 손실 계산

평가

오프라인 지표

다음은 검색 시스템에서 일반적으로 사용되는 몇 가지 오프라인 지표이다. 어느 지표가 가장 관련성이 높은지 살펴보겠다.

precision@k와 mAP

$$\text{precision@k} = \frac{\text{순위 목록의 상위 } k \text{ 항목 중 관련 항목 수}}{k}$$

평가 데이터세트에서 주어진 텍스트 쿼리는 하나의 동영상과 연결된다. 즉, precision@k 공식의 분자는 최대 1이다. 따라서 precision@k 값이 낮다. 예를 들어 주어진 텍스트 쿼리의 경우, 관련된 동영상의 순위를 목록의 최상위에 두더라도 precision@k는 0.1에 불과하다. 이러한 제한으로 인해 precision@k 및 mAP와 같은 정밀도 지표는 그다지 유용하지 않다.

recall@k

관련 동영상 전체 개수 중에서 검색 결과로 뜬 동영상의 비율을 측정하는 지표이다.

$$\text{recall@k} = \frac{\text{상위 } k \text{개 동영상 중 관련 동영상 수}}{\text{관련 동영상 총개수}}$$

앞서 설명한 것처럼 '관련 동영상의 총개수'는 항상 1이다. 이를 통해 recall@k 공식을 다음과 같이 변환할 수 있다.

관련 동영상이 상위 k개 동영상에 속하는 경우 recall@k = 1, 그렇지 않은 경우 0이다. 이 측정 지표의 장단점은 무엇일까?

[장점]

- 주어진 텍스트 쿼리에 대해 관련 동영상을 찾는 모델의 능력을 효과적으로 측정한다.

[단점]

- k에 따라 결과가 다르다. 올바른 k를 선택하기 어려울 수 있다.
- 관련 동영상이 출력 목록에 있는 k개의 동영상에 포함되지 않은 경우, re-call@k는 항상 0이다. 예를 들어, 모델 A가 관련 동영상의 순위를 15위로 매기고 모델 B가 같은 동영상의 순위를 50위로 매기는 경우를 생각해 보겠다. 이 두 모델의 품질을 측정하기 위해 recall@10을 사용하면 모델 A가 모델 B보다 더 우수하더라도 두 모델 모두 recall@10 = 0이 된다.

MRR(Mean Reciprocal Rank)

각 검색 결과에서 첫 번째 관련 항목의 순위를 평균하여 모델의 품질을 측정하는 지표이다. 공식은 다음과 같다.

$$MRR = \frac{1}{m} \sum_{i=1}^{m} \frac{1}{rank_i}$$

이 지표는 recall@k의 단점을 보완하여 오프라인 메트릭으로 사용할 수 있다.

온라인 지표

온라인 평가 과정에서 기업들은 다양한 지표를 추적한다. 가장 중요한 몇 가지 지표를 살펴보자.

- ▶ 클릭률
- ▶ 동영상 시청 완료율
- ▶ 검색 결과의 총 시청 시간

클릭률

이 지표는 사용자가 검색된 동영상을 클릭하는 빈도를 보여 준다. 클릭률의 주요 문제점은 클릭한 동영상이 사용자와 관련이 있는지를 추적하지 못한다는 점이다. 이러한 문제에도 불구하고 클릭률은 검색 결과를 클릭한 사람 수를 보여 주기 때문에 여전히 좋은 지표이다.

동영상 시청 완료율

검색 결과에 표시된 동영상 중 사용자가 끝까지 시청한 동영상의 수를 측정하는 지표이다. 이 지표의 문제점은 사용자가 동영상을 일부만 시청했더라도 관련성을 부정할 수 없다는 점이다. 동영상 시청 완료율만으로는 검색 결과가 관련 있는지 여부를 나타내기 어렵다.

검색 결과의 총시청 시간

이 지표는 사용자가 검색 결과인 동영상을 시청한 총시간을 추적한다. 사용자는 검색 결과가 관련성이 높을수록 더 긴 시간 시청하는 경향이 있다. 검색 결과의 관련성을 나타내는 좋은 지표이다.

서빙

서빙 시점에 시스템은 주어진 텍스트 쿼리와 관련된 동영상의 순위가 매겨진 목록을 표시한다. 그림 4.19는 단순화된 머신러닝 시스템 설계를 보여 준다.

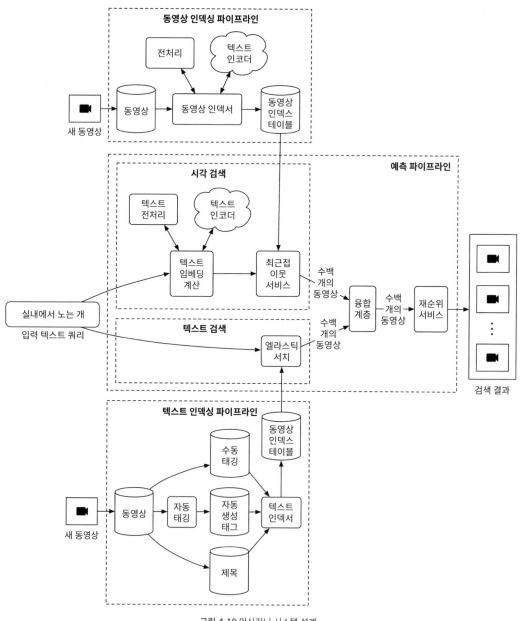

그림 4.19 머신러닝 시스템 설계

각 파이프라인에 대해 좀 더 자세히 살펴보겠다.

예측 파이프라인

이 파이프라인은 다음과 같이 구성된다.

- ▶ 시각 검색
- ▶ 텍스트 검색
- ▶ 융합 계층
- ▶ 재순위화 서비스

시각 검색

이 컴포넌트는 텍스트 쿼리를 인코딩하고 최근접 이웃 서비스를 사용하여 텍스트 임베딩과 가장 유사한 동영상 임베딩을 찾는다. 신경망 검색 속도를 개선하기 위해 2장 '시각 검색 시스템'에서 설명한 대로 근사 근접 이웃 알고리즘을 사용한다.

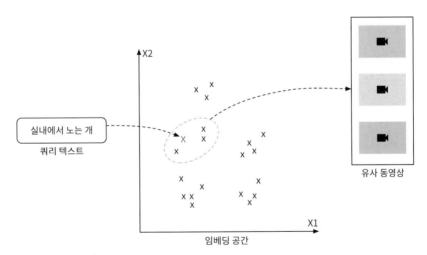

그림 4.20 주어진 텍스트 쿼리에 대해 상위 3개 결과 검색하기

텍스트 검색

이 구성요소는 엘라스틱서치를 사용하여 텍스트 쿼리와 겹치는 제목과 태그가 있는 동영상을 찾는다.

융합 계층

이 구성요소는 이전 단계의 서로 다른 두 개의 관련 동영상 목록을 가져와 새로운 동영상 목록으로 융합한다.

융합 계층은 두 가지 방법으로 구현할 수 있는데, 가장 쉬운 방법은 예측된 연관성 점수의 가중치 합계를 기반으로 동영상의 순위를 재조정하는 것이다. 더 복잡한 방식은 추가 모델을 채택하여 동영상 순위를 재조정하는 것인데, 모델 학습이 필요하기 때문에 비용이 더 많이 든다. 또한 제공 속도도 느리다. 따라서 우리는 전자의 접근 방식을 사용한다.

재순위화 서비스

비즈니스 수준 로직 및 정책을 통합하여 동영상 순위 목록을 수정하는 서비스이다.

동영상 인덱싱 파이프라인

동영상 임베딩을 계산하려면 학습된 동영상 인코더를 사용한다. 이 동영상 임베딩을 인덱싱하고 최근접 이웃 서비스에서 사용한다.

텍스트 인덱싱 파이프라인

이 파이프라인은 엘라스틱서치를 사용하여 제목, 수동 태그, 자동 생성 태그를 인덱싱한다.

일반적으로 사용자가 동영상을 올릴 때 더 잘 식별할 수 있도록 태그를 입력한다. 하지만 사용자가 직접 태그를 입력하지 않는다면 어떻게 해야 할까? 독립형 모델을 사용하여 태그를 생성하는 방식을 선택할 수 있다. 이 구성요소를 자동 태그 생성기라고 부르며, 동영상에 수동 태그가 없는 경우 사용하면 유용하다. 이러한 태그는 수동 태그보다 노이즈가 많을 수 있지만 여전히 유용한 방식이다.

추가 논의 주제

이 장을 마무리하기 전에 동영상 검색 시스템의 시스템 설계를 단순화했다는 점을 알아두길 바란다. 실제로는 훨씬 더 복잡하다. 면접에서는 다음과 같은 몇 가지 개선을 포함해 논의될 수 있다.

- 다단계 설계(후보 생성 + 순위 지정)를 사용한다.
- 동영상 길이, 동영상 인기도 등과 같은 더 많은 피처를 사용하라.
- 주석이 달린 데이터에 의존하는 대신 상호작용(예: 클릭, 좋아요 등)을 사용하여 데이터를 구성하고 라벨을 지정하라. 그러면 지속적으로 모델을 학습시킬 수 있다.
- 머신러닝 모델을 사용해 텍스트 쿼리와 의미상으로 유사한 제목과 태그를 찾는다. 이 모델을 엘라스틱서치와 결합하여 검색 품질을 개선할 수 있다.

면접이 끝날 때까지 시간이 남았다면 아래와 같은 추가 주제에 대해 논의할 수 있다.

- 검색 시스템에서 중요한 주제는 맞춤법 교정, 쿼리 범주 식별, 엔티티 인식과 같은 쿼리 이해(Query-understanding)이다. 쿼리 이해 컴포넌트를 구축하는 방법은 무엇일까?[17]
- 검색 결과를 개선하기 위해 음성 및 오디오를 처리하는 멀티모달 시스템을 구축하는 방법[18].
- 다국어를 지원하도록 이 작업을 확장하는 방법[19].
- 최종 결과물에서 내용이 거의 중복되는 동영상은 사용자 경험에 부정적인 영향을 미칠 수 있다. 중복에 가까운 동영상을 감지하여 결과를 표시하기 전에 제거할 수 있는 방법은 무엇인가?[20]
- 텍스트 쿼리는 조회 빈도에 따라 높은 빈도, 중간 빈도, 낮은 빈도의 쿼리로 나눌 수 있다. 각 경우에 일반적으로 사용되는 여타의 접근 방식으로는 어떤 것이 있을까?[21]
- 출력 목록을 생성할 때 인기도와 최신 영상을 고려하는 방법?[22]
- 실제 검색 시스템 작동 방식[23][24][25].

요약

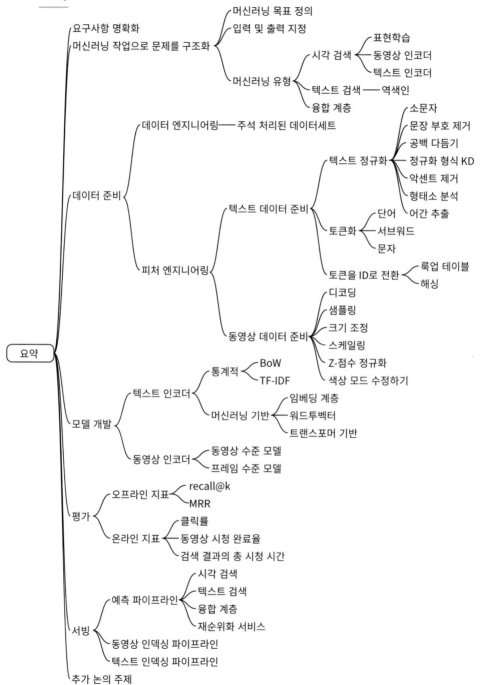

참고 문헌

[1]   Elasticsearch. *https://www.tutorialspoint.com/elasticsearch/elasticsearch_query_dsl.htm*

[2]   Preprocessing text data. *https://huggingface.co/docs/transformers/preprocessing*

[3]   NFKD normalization. *https://unicode.org/reports/tr15/*

[4]   What is Tokenization summary. *https://huggingface.co/docs/transformers/tokenizer_summary*

[5]   Hash collision. *https://en.wikipedia.org/wiki/Hash_collision*

[6]   Deep learning for NLP. *http://cs224d.stanford.edu/lecture_notes/notes1.pdf*

[7]   TF-IDF. *https://en.wikipedia.org/wiki/Tf%E2%80%93idf*

[8]   Word2Vec models. *https://www.tensorflow.org/tutorials/text/word2vec*

[9]   Continuous bag of words. *https://www.kdnuggets.com/2018/04/implementing-deep-learning-methods-feature-engineering-text-data-cbow.html*

[10]   Skip-gram model. *http://mccormickml.com/2016/04/19/word2vec-tutorial-the-ski p-gram-model/*

[11]   BERT model. *https://arxiv.org/pdf/1810.04805.pdf*

[12]   GPT3 model. *https://arxiv.org/pdf/2005.14165.pdf*

[13]   BLOOM model. *https://bigscience.huggingface.co/blog/bloom*

[14]   Transformer implementation from scratch. *https://peterbloem.nl/blog/transformers*

[15]   3D convolutions. *https://www.kaggle.com/code/shivamb/3d-convolutions-understanding-use-case/notebook*

[16]   Vision Transformer. *https://arxiv.org/pdf/2010.11929.pdf*

[17]   Query understanding for search engines. *https://www.linkedin.com/pulse/ai-que ry-understanding-daniel-tunkelang/*

[18]   Multimodal video representation learning. *https://arxiv.org/pdf/2012.04124.pdf*

[19] Multilingual language models. *https://arxiv.org/pdf/2107.00676.pdf*

[20] Near-duplicate video detection. *https://arxiv.org/pdf/2005.07356.pdf*

[21] Generalizable search relevance. *https://livebook.manning.com/book/ai-powered-search/chapter-10/v-10/20*

[22] Freshness in search and recommendation systems. *https://developers.google.com/machine-learning/recommendation/dnn/re-ranking*

[23] Semantic product search by Amazon. *https://arxiv.org/pdf/1907.00937.pdf*

[24] Ranking relevance in Yahoo search. *https://www.kdd.org/kdd2016/papers/files/adf 0361-yinA.pdf*

[25] Semantic product search in E-Commerce. *https://arxiv.org/pdf/2008.08180.pdf*

5장

유해 콘텐츠 감지

메타(구 페이스북)[1], 링크드인[2], X(구 트위터)[3] 같은 많은 소셜 미디어 플랫폼이 무결성을 강화하고 사용자에게 안전한 플랫폼을 만들기 위한 표준 가이드라인을 적용하고 있다. 이러한 가이드라인은 커뮤니티에 유해한 특정 사용자 행동, 활동 및 콘텐츠를 금지한다. 유해한 콘텐츠와 악의적인 행위자를 식별할 수 있는 기술과 자원을 반드시 마련해야 한다.

무결성 적용을 위해 아래 두 가지 범주에 초점을 둔다.

- 유해한 콘텐츠: 폭력, 노출, 자해, 혐오 발언 등이 포함된 게시물
- 나쁜 행위/나쁜 행위자: 가짜 계정, 스팸, 피싱, 조직적인 비윤리적 활동 및 기타 안전하지 않은 행동

이 장에서는 유해한 콘텐츠를 포함할 수 있는 게시물을 감지하는 방안에 중점을 둔다. 특히, 새로운 게시물을 사전에 모니터링하고 유해 콘텐츠를 감지하여 해당 콘텐츠가 플랫폼의 가이드라인을 위반하는 경우 삭제하거나 등급을 강등하는 시스템을 설계한다. 기업이 실제로 유해 콘텐츠 탐지 시스템을 구축하는 방법에 대해서는 [4][5][6]을 참고하라.

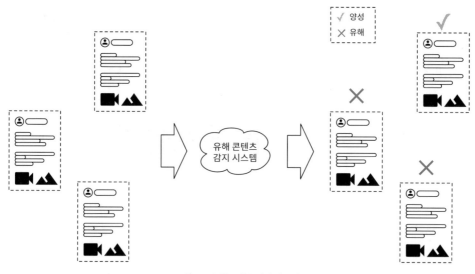

그림 5.1 유해 콘텐츠 감지 시스템

요구사항 명확화

다음은 지원자와 면접관 간의 일반적인 대화이다.

지원자: 시스템이 유해 콘텐츠와 악의적인 행위자를 모두 탐지하나요?

면접관: 둘 다 똑같이 중요하지만 간단하게 하기 위해 유해 콘텐츠의 감지에 집중하겠습니다.

지원자: 게시물에는 텍스트만 포함해야 하나요, 아니면 이미지와 동영상도 허용되나요?

면접관: 게시물의 콘텐츠는 텍스트, 이미지, 동영상 또는 이들의 조합일 수 있습니다.

지원자: 어떤 언어가 지원되나요? 영어만 지원되나요?

면접관: 시스템은 다양한 언어로 된 유해 콘텐츠를 감지해야 합니다. 간단하게 설명하기 위해 사전 학습된 다국어 모델을 사용하여 텍스트 콘텐츠를 임베드할 수 있다고 가정해 보겠습니다.

지원자: 유해한 콘텐츠의 구체적인 범주는 무엇인가요? 폭력, 노출, 혐오 발언, 잘못된 정보 등이 떠오릅니다. 고려해야 할 유해한 범주가 더 있나요?

면접관: 좋네요. 중요한 점들만 말씀해 주셨습니다. 잘못된 정보는 더 복잡하고 논란의 여지가 많지만 간단하게 하기 위해 잘못된 정보에는 초점을 맞추지 않겠습니다.

지원자: 게시물에 수동으로 라벨을 붙일 수 있는 사람이 있나요?

면접관: 이 플랫폼에는 매일 5억 개 이상의 게시물이 올라오고 있습니다. 모든 게시물에 라벨을 붙이려면 큰 비용과 시간이 소요됩니다. 하지만 게시물에 라벨을 붙이는 데는 한계가 있으므로, 사람이 주석을 달 수 있는 게시물은 하루 10,000개라고 가정하시죠.

지원자: 사용자가 유해한 콘텐츠를 신고할 수 있으면 시스템의 문제점을 파악하는 데 도움이 됩니다. 시스템에 해당 기능이 있다고 가정해도 되나요?

면접관: 좋은 질문입니다. 예, 사용자는 유해한 게시물을 신고할 수 있습니다.

지원자: 게시물을 유해한 콘텐츠로 간주하여 삭제되는 이유를 설명해야 하나요?

면접관: 예. 사용자에게 게시물을 삭제하는 이유는 반드시 설명해야 합니다. 이는 사용자가 향후에 게시물을 가이드라인에 맞게 작성할 수 있도록 합니다.

지원자: 시스템의 지연 시간 요건은 무엇인가요? 실시간 예측, 즉 시스템이 유해 콘텐츠를 즉시 감지해서 차단해야 하나요, 아니면 배치 예측, 즉 오프라인에서 시간별 또는 일별로 유해 콘텐츠를 감지하는 방식이 필요하나요?

면접관: 매우 중요한 질문입니다. 어떻게 생각하시나요?

지원자: 유해 콘텐츠마다 요구사항이 다를 수 있다고 생각합니다. 예를 들어 폭력적인 콘텐츠에는 실시간 솔루션이 필요하지만, 다른 콘텐츠는 늦게 탐지해도 괜찮을 수 있습니다.

면접관: 네, 합리적인 가정들입니다.

그럼, 문제 내용을 요약해 보겠다. 유해 콘텐츠 감지 시스템을 설계하여 유해한 게시물을 식별한 다음 해당 게시물을 삭제하거나 등급을 강등하고 해당 게시물을 유해 콘텐츠로 식별된 이유를 사용자에게 알린다. 게시물의 콘텐츠는 텍스트, 이미지, 동영상 또는 이들의 조합일 수 있으며, 콘텐츠는 다른 언어로 되어 있을 수 있다. 사용자는 유해한 게시물을 신고할 수 있다.

머신러닝 작업으로 문제를 구조화

머신러닝 목표 정의
유해한 게시물을 정확하게 예측하는 것을 머신러닝의 목표로 정한다. 유해한 게시물을 정확하게 감지할 수 있다면 이를 삭제하거나 등급을 강등하여 더 안전한 플랫폼을 만들 수 있기 때문이다.

시스템의 입력 및 출력 지정
이 시스템은 게시물을 입력으로 받고 해당 게시물이 유해할 확률을 출력한다.

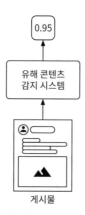

그림 5.2 유해 콘텐츠 감지 시스템의 입력-출력

게시물 입력에 대해 더 자세히 살펴보겠다. 그림 5.3에서 볼 수 있듯이 게시물은 다양한 양식(modality)이고 멀티모달일 가능성이 있다.

정확한 예측을 하려면 시스템은 모든 양식을 고려해야 한다. 다양한 종류의 데이터를 융합할 때 사용하는 두 가지 일반적인 방법, 즉 늦은 융합(late fusion)과 이른 융합(early fusion)에 대해 알아보겠다.

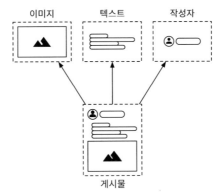

그림 5.3 다양한 종류의 게시물 데이터

늦은 융합(late fusion)

늦은 융합을 사용하면 머신러닝 모델이 독립적으로 서로 다른 양식을 처리한 다음 예측을 결합하여 최종 예측을 한다. 아래 그림은 늦은 융합이 어떻게 작 동하는지 보여 준다.

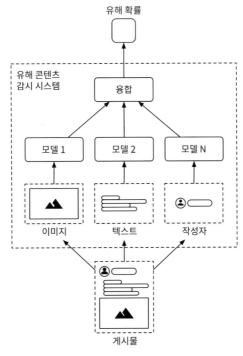

그림 5.4 늦은 융합

늦은 융합의 장점은 각 모델을 독립적으로 훈련, 평가 및 개선할 수 있다는 점이다.

하지만 늦은 융합에는 두 가지 큰 단점이 있다. 첫째, 개별 모델을 학습하려면 각 양식에 대해 별도의 학습 데이터가 필요하므로 시간과 비용이 많이 들 수 있다.

둘째, 각각의 양식이 개별적으로는 무해하더라도 그 조합이 유해할 수 있다. 이미지와 텍스트가 결합한 밈의 경우에 자주 발생한다. 이러한 경우 늦은 융합은 콘텐츠가 유해한지 여부를 예측하지 못한다. 이는 각 양식이 무해하므로 모델이 각 양식을 처리할 때 무해하다고 예측하기 때문이다. 개별 양식의 출력이 포지티브이기 때문에 융합 계층의 출력은 포지티브로 나온다. 그러나 양식의 조합이 유해할 수 있으므로 잘못된 방식이다.

이른 융합(early fusion)

이른 융합에서는 다양한 게시물의 양식을 결합한 다음 모델로 예측을 수행한다. 그림 5.5는 이른 융합의 작동 방식을 보여 준다.

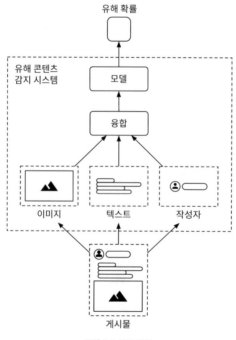

그림 5.5 이른 융합

이른 융합에는 두 가지 주요 이점이 있다. 첫째, 양식별 훈련 데이터를 별도로 수집할 필요가 없다. 훈련할 모델이 하나이므로 해당 모델에 대한 훈련 데이터만 수집하면 된다. 둘째, 모델은 모든 양식을 고려하므로 각 양식은 포지티브이지만 그 조합이 유해한 경우 모델이 통합된 피처 벡터에서 이를 포착할 가능성이 있다.

그러나 모델이 이 방식을 학습하는 것은 게시물 양식 사이의 복잡한 관계 때문에 좀 더 어렵다. 충분한 학습 데이터가 없으면 모델이 복잡한 관계를 학습해야 하므로 정확하게 예측하기 어렵다.

어떤 융합 방법을 사용해야 하나?

이른 융합 방법을 사용하는 이유는 각 양식 자체는 무해하더라도 전체적으로 유해할 수 있는 게시물을 포착할 수 있기 때문이다. 또한 매일 약 5억 개의 게시물이 등록되기 때문에 이 모델은 학습하기에 충분한 데이터를 보유하고 있다.

적합한 머신러닝 유형 선택

이 절에서는 다음과 같은 머신러닝 유형을 살펴보겠다.

- ▶ 단일 이진 분류기(single binary classifier)
- ▶ 유해 등급당 하나의 이진 분류기
- ▶ 다중 라벨 분류기(multi-label classifier)
- ▶ 다중 작업 분류기(multi-task classifier)

단일 이진 분류기

이 옵션에서는 모델이 융합된 피처를 입력으로 받아 해당 게시물이 유해할 확률을 예측한다(그림 5.6). 출력이 이진 결과이므로 모델은 이진 분류기이다.

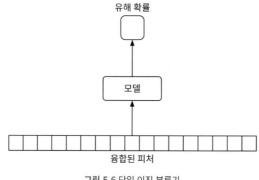

그림 5.6 단일 이진 분류기

이 옵션의 단점은 게시물이 폭력 등 어떤 유해성 등급에 속하는지 판단하기 어렵다는 점이다. 이런 한계로 인해 두 가지 주요 문제가 발생한다.

- 시스템은 게시물이 전체적으로 유해한지 여부를 나타내는 이진 값만 출력하기 때문에 사용자에게 게시물을 삭제하는 이유를 설명하기 어렵다. 해당 게시물이 어떤 유해성 등급에 속하는지 알 수 없다.
- 시스템이 제대로 작동하지 않으면 유해한 클래스를 식별하기 쉽지 않으며, 이는 잘 작동하지 않는 클래스에 대해 시스템 개선이 불가능하다는 의미이다.

게시물이 삭제된 이유는 반드시 설명해야 하므로, 단일 이진 분류기는 좋은 옵션이 아니다.

유해 등급당 하나의 이진 분류기

이 옵션에서는 각 유해 등급마다 하나의 이진 분류기를 채택한다. 그림 5.7에서 볼 수 있듯이 각 모델은 게시물이 특정 유해 등급에 속하는지 여부를 결정한다. 각 모델은 융합된 피처를 입력으로 받아 해당 게시물이 유해 등급으로 분류될 확률을 예측한다.

이 옵션의 장점은 게시물이 삭제된 이유를 사용자에게 설명할 수 있다는 점이다. 또한 다양한 모델을 모니터링하고 독립적으로 개선할 수 있다.

하지만 이 옵션에는 한 가지 큰 단점이 있다. 모델이 여러 개이므로 별도로

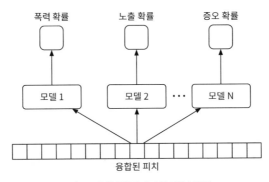

그림 5.7 유해 등급당 하나의 이진 분류기

학습하고 유지 관리해야 한다. 이러한 모델을 개별적으로 훈련하는 데는 많은 시간과 비용이 필요하다.

다중 라벨 분류기

다중 라벨 분류에서는 분류하려는 데이터 포인트는 임의의 수의 클래스에 속할 수 있다. 이 옵션에서는 단일 모델이 다중 라벨 분류기로 사용된다. 그림 5.8에서 볼 수 있듯이 융합된 피처가 모델에 입력되고, 모델은 각각 유해한 클래스에 대한 확률을 예측한다.

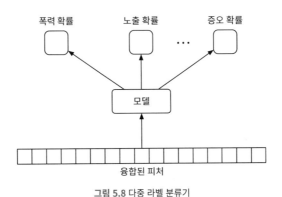

그림 5.8 다중 라벨 분류기

유해한 모든 클래스에 대해 공유 모델을 사용하면 모델을 훈련하고 유지하는 데 드는 비용이 절감된다. 이 방법에 대해 자세히 알아보려면 WPIE[7]라는 접근 방식을 참고하라. 그러나 공유 모델을 사용하여 각 유해 등급의 확률을 예측하려면 입력 피처를 다르게 변환해야 할 수 있으므로 이상적이지 않다.

다중 작업 분류기

다중 작업 학습은 모델이 여러 작업을 동시에 학습하는 프로세스를 말한다. 이를 통해 모델은 작업 간의 유사성을 학습할 수 있으며 통해 특정 입력 변환이 여러 작업에 도움이 될 때 불필요한 계산을 피할 수 있다.

우리의 경우, 폭력, 노출과 같은 다양한 종류의 유해 콘텐츠를 서로 다른 작업으로 취급하고 다중 작업 분류 모델을 사용하여 각 작업을 학습한다. 그림 5.9에서 볼 수 있듯이 다중 작업 분류는 공유 계층과 작업별 계층의 두 단계로 이루어진다.

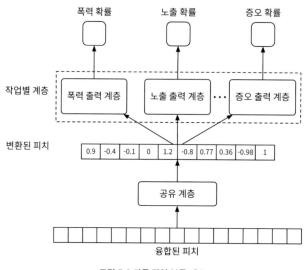

그림 5.9 다중 작업 분류 개요

공유 계층

그림 5.10에서 볼 수 있듯 공유 계층은 입력 피처를 새로운 피처로 변환하는 은닉 계층 집합이다. 이렇게 새롭게 변환된 피처는 각 유해 클래스에 대한 예측을 수행한다.

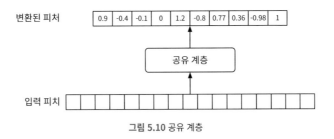

그림 5.10 공유 계층

작업별 계층

작업별 계층은 독립적인 머신러닝 출력 계층(분류 헤드(classification head)라고도 한다)의 집합이다. 각 분류 헤드는 특정 피해 확률을 예측하기 가장 좋은 방식으로 피처를 변환한다.

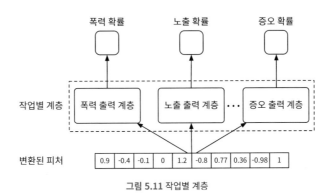

그림 5.11 작업별 계층

다중 작업 분류에는 세 가지 장점이 있다. 첫째, 단일 모델을 사용하기 때문에 훈련이나 유지 관리에 비용이 많이 들지 않는다. 둘째, 공유 계층은 각 작업에 유용한 방식으로 피처를 변환한다. 따라서 중복 계산을 방지하고 다중 작업 분류를 효율적으로 수행할 수 있다. 마지막으로, 각 작업에 대한 학습 데이터는 다른 작업의 학습에 도움이 된다. 이는 특정 작업에 사용할 수 있는 데이터가 제한되어 있을 때 특히 유용하다.

이러한 장점 때문에 우리는 다중 작업 분류 방법을 사용한다. 그림 5.12는 문제를 구성하는 방법을 보여 준다.

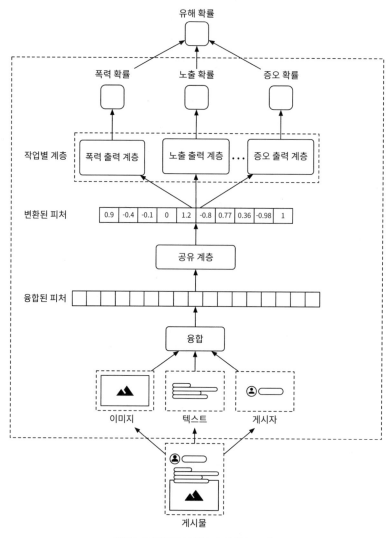

유해 확률

폭력 확률　　노출 확률　　증오 확률

작업별 계층

폭력 출력 계층　　노출 출력 계층　...　증오 출력 계층

변환된 피처

| 0.9 | -0.4 | -0.1 | 0 | 1.2 | -0.8 | 0.77 | 0.36 | -0.98 | 1 |

공유 계층

융합된 피처

융합

이미지　　텍스트　　게시자

게시물

그림 5.12 머신러닝 작업으로 문제를 구조화

데이터 준비

데이터 엔지니어링

사용할 수 있는 데이터는 다음과 같다.

▶ 사용자

▶ 게시물

▶ 사용자와 게시물 간 상호작용

사용자

사용자 데이터 스키마는 아래와 같다.

ID	Username	Age	Gender	City	Country	Email

표 5.1 사용자 데이터 스키마

게시물

글 데이터는 작성자, 업로드 시간 등의 필드를 포함한다. 표 5.2는 가장 중요한 몇 가지 속성을 보여 준다. 실제로는 각 게시물에 수백 개의 속성이 연관되어 있다.

게시물 ID	작성자 ID	작성자 IP	타임스탬프	텍스트 콘텐츠	이미지 또는 동영상 (URL 예시)	링크 (URL 예시)
1	1	73.93.220.240	1658469431	오늘부터 다이어트를 시작합니다.	http://cdn.mysite.com/u1.jpg	-
2	11	89.42.110.250	1658471428	영상을 보고 정말 놀랐습니다! 기부해 주세요.	http://cdn.my site.com/t3.mp4	gofundme.com/f/3u1njd32
3	4	39.55.180.020	1658489233	베이 인근의 맛집이 어디인가요?	http://cdn.my site.com/t5.jpg	-

표 5.2 게시물 데이터

사용자와 게시물 간 상호작용

사용자-게시물 상호작용 데이터는 주로 좋아요, 댓글, 저장, 공유 등과 같은 게시물에 대한 사용자의 반응을 포함한다. 또한 사용자는 게시물을 유해하다고 신고하거나 이의 제기를 할 수 있다. 표 5.3은 데이터가 어떻게 표시되는지 보여 준다.

사용자 ID	게시물 ID	상호작용 유형	상호작용 값	타임스탬프
11	6	노출	-	1658450539
4	20	좋아요	-	1658451341
11	7	댓글	역겹다	1658451365
4	20	공유	-	1658435948
11	7	신고	폭력	1658451849

표 5.3 사용자-게시물 상호작용 데이터

피처 엔지니어링

'머신러닝 작업으로 문제를 구조화' 절에서는 게시물을 입력으로 하는 다중 작업 분류로 문제의 틀을 잡았다. 이 장에서는 게시물에서 찾을 수 있는 예측 피처를 살펴본다.

게시물은 다음 요소로 구성된다.

▶ 텍스트 콘텐츠

▶ 이미지 또는 동영상

▶ 게시물에 대한 사용자 반응

▶ 작성자 피처

▶ 컨텍스트 정보

각 요소를 살펴보겠다.

텍스트 콘텐츠

게시물의 텍스트 콘텐츠를 유해성 판단에 사용할 수 있다. 4장 '유튜브 동영상 검색'에 설명했듯이 텍스트 데이터는 일반적으로 두 단계에 걸쳐 준비한다.

• 텍스트 전처리(예: 정규화, 토큰화)
• 벡터화: 사전 처리된 텍스트를 의미 있는 피처 벡터로 변환한다.

벡터화는 이 장의 고유한 내용이므로 집중적으로 살펴보겠다. 텍스트를 벡터화하고 피처 벡터를 추출하기 위해 통계적 또는 머신러닝 기반 방법을 사용할 수 있다. BoW나 TF-IDF와 같은 통계적 방법은 구현하기 쉽고 계산 속도도 빠르다. 하지만 텍스트의 의미를 인코딩할 수는 없다. 유해성을 판단하려면 콘텐츠의 의미를 잘 이해해야 하므로, 우리 시스템에서는 머신러닝 기반 방법을 채택한다. 텍스트를 피처 벡터로 변환하기 위해 사전 학습된 트랜스포머 기반 언어 모델(예: BERT[8])을 사용한다. 하지만 기존 BERT에는 두 가지 문제가 있다.

- 모델이 크기 때문에 텍스트 임베딩을 생성하는 데 시간이 오래 걸린다. 이 프로세스는 느리기 때문에 온라인 예측에 사용하기에는 적합하지 않다.
- BERT는 영어 전용 데이터로만 학습되었다. 따라서 다른 언어로 된 텍스트에 대해서는 의미 있는 임베딩을 만들지 못한다.

BERT보다 더 효율적인 DistilmBERT[9]는 이 두 가지 문제를 해결한다. 두 문장이 같은 의미를 갖지만 서로 다른 언어로 되어 있는 경우, 그 임베딩은 매우 유사하다. 다국어 언어 모델에 대해 자세히 알아보려면 [10]을 참고하라.

이미지 또는 동영상

일반적으로 게시물에 포함된 이미지나 동영상을 보면 게시물의 내용을 파악할 수 있다. 이미지나 동영상과 같은 비정형 데이터를 준비할 때는 일반적으로 다음 두 단계를 사용한다.

- **전처리**: 데이터를 디코딩, 크기 조정, 정규화한다.
- **피처 추출**: 전처리 후, 사전 학습된 모델을 사용하여 비정형 데이터를 피처 벡터로 변환한다. 이를 통해 이미지나 동영상을 피처 벡터로 표현할 수 있다. 이미지의 경우, CLIP의 비주얼 인코더[11] 또는 SimCLR[12]과 같은 사전 학습된 이미지 모델을 사용할 수 있다. 동영상의 경우 VideoMoCo[13]와 같은 사전 학습된 모델이 적합하다.

게시물에 대한 사용자 반응

특히 콘텐츠가 모호한 경우 사용자 반응을 바탕으로 게시물이 유해한지 여부를 판단할 수도 있다. 그림 5.13에서 볼 수 있듯이 댓글이 많을수록 해당 게시물에 자살과 관련된 콘텐츠가 포함되어 있다는 점이 점점 더 분명해진다.

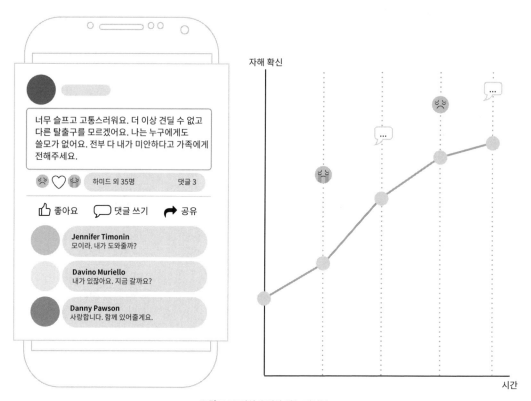

그림 5.13 자살 우려가 있는 게시물

사용자 반응은 유해 콘텐츠를 판단하는 데 매우 중요하므로, 이를 기반으로 설계할 수 있는 몇 가지 피처를 살펴보겠다.

- 좋아요, 공유, 댓글 및 신고 수: 일반적으로 이러한 수치 값을 조정하여 모델 학습 중에 수렴 속도를 높인다.

- 댓글: 그림 5.13에서 볼 수 있듯이 댓글은 유해한 콘텐츠를 식별하는 데 도움이 될 수 있다. 다음과 같은 방법으로 댓글을 수치로 변환하여 피처를 준비한다.

- 앞서 사용한 사전 학습된 모델을 사용하여 각 댓글의 임베딩을 가져 온다.
- 임베딩을 집계(예: 평균)하여 최종 임베딩을 얻는다.

그림 5.14는 지금까지 설명한 피처에 대한 요약이다.

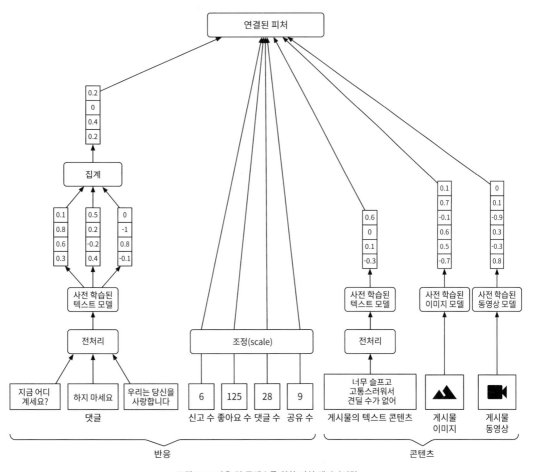

그림 5.14 반응 및 콘텐츠를 위한 피처 엔지니어링

작성자 피처

게시물의 유해성 판단을 위해 작성자의 과거 상호작용을 사용할 수 있다. 게시물 작성자와 관련된 피처를 설계해 보겠다.

- 작성자의 위반 이력

  - 위반 횟수: 작성자가 과거에 가이드라인을 위반했던 횟수를 나타내는 수치이다.

  - 사용자 신고 총수: 사용자가 작성자의 글이 신고당한 횟수를 나타내는 수치이다.

  - 비속어 단어 비율: 작성자의 이전 글과 댓글에서 사용된 비속어 비율을 나타내는 수치이다. 사전 정의된 비속어 목록을 사용하여 단어의 비속어 여부를 판단한다.

- 작성자 개인정보

  - 나이: 사용자의 나이는 가장 중요한 예측 피처 중 하나이다.

  - 성별: 이 범주형 피처는 사용자의 성별을 나타낸다. 성별을 나타내기 위해 원-핫 인코딩을 사용한다.

  - 도시와 국가: 도시와 국가는 모두 다양한 값을 사용한다. 피처 표현을 위해 임베딩 계층을 사용하여 도시와 국가를 피처 벡터로 변환한다. 도시와 국가의 표현에는 항목은 많으나 대부분의 값이 0이기 때문에 원-핫 인코딩은 효율적인 방법이 아니다.

- 계정 정보

  - 팔로워 및 팔로잉 수

  - 계정 나이: 계정이 얼마나 오래됐는지 나타내는 숫자 값이다. 계정이 만들어진지 얼마 되지 않았을 경우 스팸이거나 무결성을 위반할 가능성이 높기 때문에 이를 예측하기 위한 피처이다.

컨텍스트 정보

- 시간: 작성자가 게시물을 올린 시간이다. 이를 아침, 정오, 점심, 저녁 또는 밤과 같은 여러 범주로 버킷화한다. 이 피처를 표현하기 위해 원-핫 인코딩을 사용한다.

- 단말: 스마트폰이나 데스크톱 컴퓨터 등 작성자가 사용하는 단말이다. 이 피처를 표현하기 위해 원-핫 인코딩이 사용된다.

그림 5.15는 유해 콘텐츠 탐지 시스템의 가장 중요한 피처 중 일부를 요약한 내용이다.

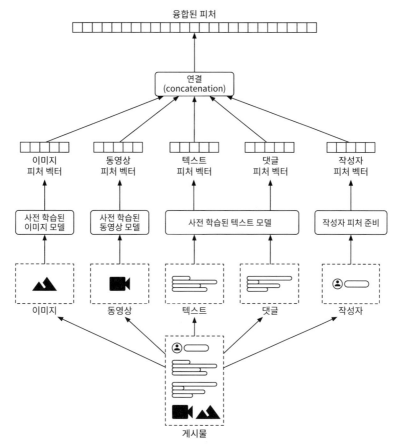

그림 5.15 피처 엔지니어링 요약

모델 개발

모델 선택

다중 작업 학습에 가장 많이 사용되는 모델은 신경망이다. 우리도 모델을 개발할 때 신경망을 사용한다.

신경망을 선택할 때 어떤 요소를 고려해야 하나? 신경망의 아키텍처 설계와 은닉계층, 활성화 기능, 학습 속도 등과 같은 최적의 하이퍼파라미터를 선택해야 한다. 최적의 하이퍼파라미터 선택은 일반적으로 하이퍼파라미터 튜닝으로 결정한다. 간단히 살펴보겠다.

하이퍼파라미터 튜닝은 모델에서 최상의 성능을 내기 위해 하이퍼파라미터에 대한 최적의 값을 찾는 프로세스이다. 하이퍼파라미터를 튜닝하기 위해 일반적으로 그리드 서치를 사용한다. 이 절차에는 하이퍼파라미터 값의 각 조합에 대해 새 모델을 학습하고, 각 모델을 평가한 다음, 최상의 모델을 찾는 하이퍼파라미터 선택 과정이 포함된다. 하이퍼파라미터 튜닝에 대해 자세히 알아보려면 [14]를 참고하라.

모델 훈련

데이터세트 구성

다중 작업 분류 모델을 훈련하려면 먼저 데이터세트를 구성해야 한다. 데이터세트는 모델이 예측할 것으로 예상되는 모델 입력(피처)과 출력(라벨)으로 구성된다. 입력을 구성하기 위해 앞서 설명한 대로 오프라인에서 게시물을 일괄 처리하고 융합된 피처를 계산한다. 이러한 피처를 향후 학습을 위해 피처 스토어에 저장할 수 있다. 각 입력에 대한 라벨을 생성하는 데는 다음 두 가지 옵션이 있다.

- 수동 라벨링
- 자동 라벨링

수동 라벨링의 경우 사람이 직접 게시물에 라벨을 붙인다. 이 옵션은 정확한 라벨을 생성하지만, 많은 비용과 시간이 필요하다. 자동 라벨링은 사용자 신고에 의존하여 자동으로 게시물에 라벨을 붙이는 방식이다. 이 옵션을 사용하면 라벨에 노이즈는 많이 생기지만, 라벨을 빨리 생성할 수 있다. 평가 데이터세트의 경우 수동 라벨링을 사용하여 라벨의 정확성을 우선시하고, 학습 데이터세트의 경우 자동 라벨링을 사용하여 라벨링 속도에 우선순위를 둔다. 구축된 데이터세트의 데이터 포인트는 그림 5.16에 나와 있다.

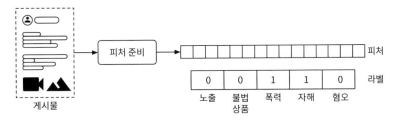

그림 5.16 구성된 데이터 포인트

손실 함수 선택

멀티태스크 신경망의 훈련은 일반적으로 신경망 모델을 훈련하는 방법과 매우 유사하다. 순전파는 예측을 위한 계산을 수행하고, 손실 함수는 예측의 정확성을 측정하며, 역전파는 다음 반복에서 손실을 줄이기 위해 모델의 매개 변수를 최적화한다. 손실 함수를 예로 들어 살펴보자. 다중 작업 학습에서는 각 작업에 머신러닝 범주에 따라 손실 함수를 할당한다. 여기서 살펴볼 사례에서는 각 작업이 이진 분류로 구성되어 있으므로 각 작업에 대해 크로스 엔트로피(cross-entropy)와 같은 표준 이진 분류 손실을 채택한다. 전체 손실은 그림 5.17에서 보여 주듯 작업별 손실을 결합하여 계산한다.

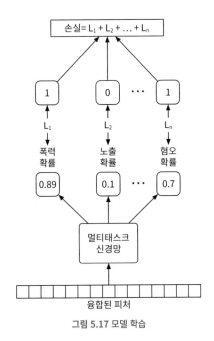

그림 5.17 모델 학습

멀티모달 시스템을 학습할 때 흔히 발생하는 문제는 과대적합이다[15]. 예를 들어, 학습 속도가 여러 모달리티에 따라 다를 경우 한 모달리티(예: 이미지)가 학습 과정의 대부분을 차지할 수 있다. 이 문제를 해결하는 두 가지 기술은 그레디언트 블렌딩(gradient blending)과 초점 손실(focal loss)이다. 이러한 기법에 대해 자세히 알아보려면 [16][17]을 참고하라.

평가

오프라인 지표

이진 분류 모델의 성능을 평가하기 위해 일반적으로 precision, recall, F1-Score와 같은 오프라인 지표를 사용한다. 하지만 precision, recall만으로는 전반적인 성능을 파악하기 어렵다. 예를 들어, precision이 높은 모델이라도 recall이 매우 낮을 수 있다. PR(precision-recall) 곡선과 ROC(Receiver Operating Characteristic) 곡선은 이러한 한계를 해결한다. 각각을 살펴보겠다.

PR 곡선

PR 곡선은 모델의 정밀도와 정확도 사이의 상충 관계(trade-off)를 보여 준다. 그림 5.18에서 볼 수 있듯이 0에서 1 사이의 다양한 확률 임곗값을 사용하여 모델의 precision을 그려 PR 곡선을 얻는다. precision과 recall의 상충 관계를 요약하기 위해 PR-AUC(PR 곡선 아래 면적)는 PR 곡선 아래 면적을 계산한다. 일반적으로 PR-AUC가 높을수록 모델이 더 정확하다는 의미이다.

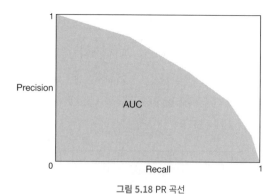

그림 5.18 PR 곡선

ROC 곡선

ROC 곡선은 true positive rate(recall)과 false positive rate 간의 상충 관계를 보여 준다. PR 곡선과 마찬가지로 ROC-AUC는 ROC 곡선 아래의 영역을 계산하여 모델의 성능을 요약한다.

ROC 곡선과 PR 곡선은 분류 모델의 성능을 요약하는 두 가지 다른 방법이다. PR 곡선과 ROC 곡선의 차이점에 대해 알아보려면 [18]을 참고하라.

우리의 경우 오프라인 지표로 ROC-AUC와 PR-AUC를 모두 사용한다.

온라인 지표

플랫폼이 얼마나 안전한지 파악할 수 있는 몇 가지 중요한 지표를 살펴보겠다.

유행성(prevalence)

이 지표는 플랫폼의 모든 게시물 중에서 차단하지 않은 유해한 게시물 비율을 측정한다.

$$유행성 = \frac{차단하지\ 않은\ 유해\ 게시물\ 수}{플랫폼의\ 전체\ 게시물\ 수}$$

이 지표의 단점은 유해한 게시물을 동등하게 취급한다는 점이다. 예를 들어 조회수 또는 노출수가 10만 회인 유해한 게시물 한 개는 각각 조회 수가 10회인 게시물 두 개보다 더 나쁜 영향을 준다.

유해한 노출(harmful impression)

우리는 유행성보다 이 지표를 더 선호한다. 그 이유는 플랫폼에서 유해한 게시물의 수는 해당 게시물로 인해 영향을 받은 사람의 수를 보여 주지 않지만, 유해한 노출수를 사용하면 그 정보를 알아낼 수 있기 때문이다.

유효한 이의 제기 건수(valid appeals)

유해하다고 판단했으나 이의 신청을 통해 취소된 게시물의 비율이다.

$$유효한\ 이의\ 제기\ 건수 = \frac{취소된\ 이의\ 제기\ 건수}{시스템에서\ 감지한\ 유해\ 게시물\ 수}$$

사전 예방 비율(proactive rate)

사용자가 신고하기 전에 시스템에서 발견하여 삭제한 유해 게시물 비율이다.

$$사전\ 예방\ 비율 = \frac{시스템에서\ 감지한\ 유해\ 게시물\ 수}{시스템에서\ 감지한\ 유해\ 게시물\ 수 + 사용자가\ 신고한\ 게시물\ 수}$$

유해 등급별 사용자 신고 건수(user reports per harmful class)

이 지표는 각 유해 등급별 사용자 신고를 조사하여 시스템 성능을 측정한다.

서빙

그림 5.19는 전반적인 머신러닝 시스템 설계를 보여 준다. 각 구성요소를 자세히 살펴보겠다.

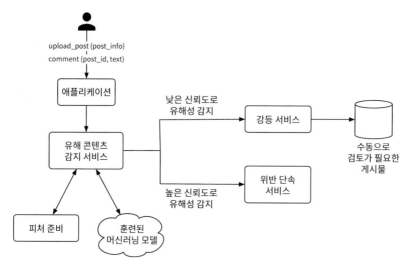

그림 5.19 머신러닝 시스템 설계

유해 콘텐츠 감지 서비스

이 서비스는 새 게시물이 업로드되면 유해 가능성을 예측한다. 요건에 따라 일부 유형의 피해는 민감성이 높으므로 즉시 처리해야 한다. 이 경우 위반 단속 서비스는 해당 게시물을 즉시 삭제한다.

위반 단속 서비스

위반 단속 서비스는 유해 콘텐츠 감지 서비스가 높은 신뢰도로 유해성을 예측하는 경우 해당 게시물을 즉시 삭제한다. 또한 게시물이 삭제된 이유를 사용자에게 알려 준다.

강등 서비스

유해 콘텐츠 감지 서비스가 낮은 신뢰도로 유해성을 예측하는 경우, 강등 서비스는 해당 게시물이 사용자 사이에서 확산할 가능성을 줄이기 위해 일시적으로 게시물의 등급을 내린다.

그런 다음 사람이 게시물을 수동으로 검토할 수 있게 스토리지에 저장한다. 검토 팀은 게시물을 수동으로 검토하고 사전 정의된 유해성 등급 중 하나에서 라벨을 할당한다. 이렇게 라벨이 지정된 게시물을 향후 반복 학습 시에 사용하여 모델을 개선할 수 있다.

추가 논의 주제

- 사람이 라벨링[19]하여 발생하는 편향 문제를 처리하는 방법.
- 유행하는 유해 콘텐츠(예: Covid-19, 선거)를 감지하도록 시스템을 조정하는 방식[20].
- 사용자의 행동 시퀀스를 활용하는 유해 콘텐츠 탐지 시스템을 구축하는 방법[21][22].
- 사람이 검토할 게시물 샘플을 효과적으로 선정하는 방법[23].
- 진짜 계정과 가짜 계정을 감지하는 방법[24].
- 경계선 콘텐츠(borderline content)[25], 즉 지침에 의해 금지되지는 않지만 그 경계선에 근접한 콘텐츠 유형을 처리하는 방법.
- 유해 콘텐츠 탐지 시스템을 효율적으로 만들어 기기에 배포할 수 있는 방법[26].
- 트랜스포머 기반 아키텍처를 선형 트랜스포머로 대체하여 보다 효율적인 시스템을 만드는 방법[27][28].

요약

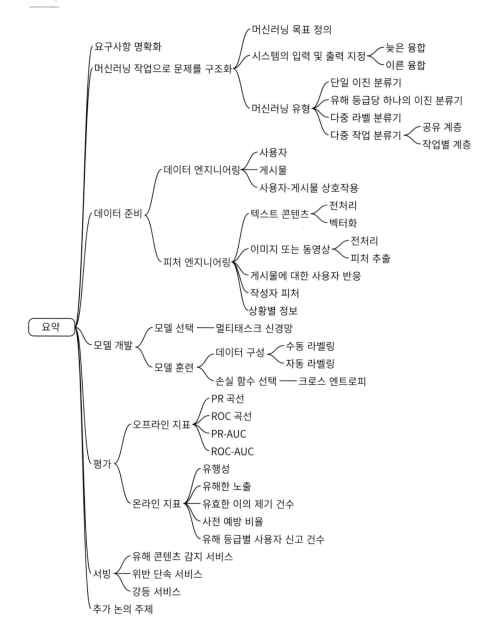

참고 문헌

[1]   Facebook's inauthentic behavior. *https://transparency.fb.com/policies/ community-standards/inauthentic-behavior/*

[2]   LinkedIn's professional community policies. *https://www.linkedin.com/ legal/professional-community-policies*

[3]   Twitter's civic integrity policy. *https://help.twitter.com/en/rules-and-policies/ election-integrity-policy*

[4]   Facebook's integrity survey. *https://arxiv.org/pdf/2009.10311.pdf*

[5]   Pinterest's violation detection system. *https://medium.com/pinterest-engi neering/how-pinterest-fights-misinformation-hate-speech-and-self-harm- content-with-machine-learning-1806b73b40ef*

[6]   Abusive detection at LinkedIn. *https://engineering.linkedin.com/blog/2019/ isolation-forest*

[7]   WPIE method. *https://ai.facebook.com/blog/community-standards-report/*

[8]   BERT paper. *https://arxiv.org/pdf/1810.04805.pdf*

[9]   Multilingual DistilBERT. *https://huggingface.co/distilbert-base-multilingual- cased*

[10] Multilingual language models. *https://arxiv.org/pdf/2107.00676.pdf*

[11] CLIP model. *https://openai.com/blog/clip/*

[12] SimCLR paper. *https://arxiv.org/pdf/2002.05709.pdf*

[13] VideoMoCo paper. *https://arxiv.org/pdf/2103.05905.pdf*

[14] Hyperparameter tuning. *https://cloud.google.com/ai-platform/training/ docs/hyperparameter-tuning-overview*

[15] Overfitting. *https://en.wikipedia.org/wiki/Overfitting*

[16] Focal loss. *https://amaarora.github.io/2020/06/29/FocalLoss.html*

[17] Gradient blending in multimodal systems. *https://arxiv.org/pdf/1905. 12681.pdf*

[18] ROC curve vs precision-recall curve. *https://machinelearningmastery.com/*

roc-curves-and-precision-recall-curves-for-classification-in-python/

[19] Introduced bias by human labeling. *https://labelyourdata.com/articles/ bias-in-mac hine-learning*

[20] Facebook's approach to quickly tackling trending harmful content. *https://ai.facebook.com/blog/harmful-content-can-evolve-quickly-our- new-ai-system-adapts-to-tackle-it/*

[21] Facebook's TIES approach. *https://arxiv.org/pdf/2002.07917.pdf*

[22] Temporal interaction embedding. *https://www.facebook.com/atscalee vents/videos/730968530723238/*

[23] Building and scaling human review system. *https://www.facebook.com/ atscaleevents/videos/1201751883328695/*

[24] Abusive account detection framework. *https://www.youtube.com/watch?v =YeX4MdU0JNk*

[25] Borderline contents. *https://transparency.fb.com/features/approach- to-ranking/content-distribution-guidelines/content-borderline-to-the-com munity-standards/*

[26] Efficient harmful content detection. *https://about.fb.com/news/2021/12/ metas-new-ai-system-tackles-harmful-content/*

[27] Linear Transformer paper. *https://arxiv.org/pdf/2006.04768.pdf*

[28] Efficient AI models to detect hate speech. *https://ai.facebook.com/blog/ how-facebook-uses-super-efficient-ai-models-to-detect-hate-speech/*

6장

동영상 추천 시스템

추천 시스템은 동영상 및 음악 스트리밍 서비스에서 핵심적인 역할을 한다. 예를 들어 유튜브는 사용자가 좋아할 만한 동영상을 추천하고, 넷플릭스는 사용자가 즐겨 볼 만한 영화를 추천하며, 스포티파이는 사용자에게 음악을 추천한다.

이 장에서는 유튜브[1]와 유사한 동영상 추천 시스템을 설계한다. 이 시스템은 사용자의 프로필, 이전 상호작용 등을 기반으로 사용자의 홈페이지에서 동영상을 추천한다.

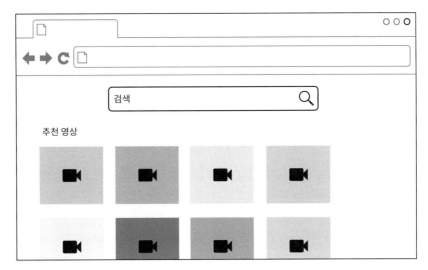

그림 6.1 홈페이지 동영상 추천

추천 시스템은 대부분 설계가 매우 복잡하여, 효율적이고 확장할 수 있는 시스템을 구축하려면 개발에 많은 노력을 기울여야 한다. 하지만 걱정하지 말라. 아무도 1시간 동안의 면접에서 완벽한 시스템 구축을 기대하지는 않는다. 면접관은 지원자의 사고 과정, 커뮤니케이션 기술, 머신러닝 시스템 설계 능력, 장단점을 논의하는 능력을 주로 관찰한다.

요구사항 명확화

다음은 지원자와 면접관 간의 일반적인 대화이다.

지원자: 동영상 추천 시스템 구축의 비즈니스 목표가 사용자의 참여도 증가라고 가정해도 되나요?

면접관: 맞습니다.

지원자: 시스템이 사용자가 지금 보고 있는 동영상과 유사한 동영상을 추천하나요? 아니면 사용자 홈페이지에 뜨는 개인 맞춤형 동영상 목록을 표시하나요?

면접관: 홈페이지 동영상 추천 시스템으로, 사용자가 홈페이지를 로딩할 때 개인화된 동영상을 추천해 주는 시스템입니다.

지원자: 유튜브는 글로벌 서비스이므로, 사용자가 전 세계에 있고 동영상에 쓰이는 언어가 다르다고 가정해도 되나요?

면접관: 네. 그렇게 가정하시죠.

지원자: 동영상 콘텐츠에 대한 사용자 상호작용을 기반으로 데이터세트를 구성할 수 있다고 가정해도 되나요?

면접관: 네, 좋네요.

지원자: 사용자가 재생 목록을 만들어 동영상을 그룹화할 수 있나요? 재생 목록은 학습 단계에서 머신러닝 모델에 정보를 제공할 수 있습니다.

면접관: 간단하게 하기 위해 재생 목록 기능이 존재하지 않는다고 가정해 보겠습니다.

지원자: 플랫폼에서 사용할 수 있는 동영상은 몇 개인가요?

면접관: 우리는 약 100억 개의 동영상을 보유하고 있습니다.

지원자: 시스템이 사용자에게 동영상을 추천하는 속도는 어느 정도여야 하나
요? 200밀리초 안에 추천해야 한다고 가정해도 되나요?

면접관: 네. 그러시죠.

문제를 요약해 보자. 홈페이지 동영상 추천 시스템을 설계해 달라는 요청을 받
았다. 비즈니스 목표는 사용자 참여도를 높이는 것이다. 사용자가 홈페이지를
로딩할 때마다 시스템은 가장 매력적인 동영상을 추천한다. 사용자는 전 세계
에 분포하고 있으며 동영상은 다양한 언어로 제공될 수 있다. 플랫폼에는 약
100억 개의 동영상이 있고 추천 동영상을 신속하게 제공해야 한다.

머신러닝 작업으로 문제를 구조화

머신러닝 목표 정의

시스템의 비즈니스 목표는 사용자의 참여도 증가이다. 비즈니스 목표를 잘 정
의된 머신러닝 목표로 전환하는 방법에는 여러 옵션이 있다. 그중 몇 가지를
살펴보고 장단점을 논의해 보겠다.

- **사용자 클릭 수를 극대화.** 사용자 클릭을 극대화하도록 동영상 추천 시스템을
  설계할 수 있다. 그러나 이 목표에는 큰 단점이 하나 있다. 이 모델은 제목
  과 미리보기 이미지는 매력적으로 보이지만 동영상 콘텐츠가 지루하거나
  관련성이 없거나 심지어 오해의 소지가 있는 소위 '낚시성' 동영상을 추천할
  수 있다. 낚시성 동영상은 시간이 지남에 따라 사용자 만족도와 참여도를
  떨어뜨린다.

- **시청 완료 동영상 수를 극대화.** 시스템은 사용자가 끝까지 시청할 가능성이 높
  은 동영상을 추천할 수도 있다. 다만, 더 빨리 시청할 수 있는 짧은 동영상을
  추천하는 문제가 발생할 수 있다.

- **총시청 시간 극대화.** 이 옵션의 목표는 사용자가 더 많은 시간을 시청하도록
  추천 영상을 보여 주는 것이다.

- **관련 동영상 수를 극대화.** 이 옵션의 목표는 사용자와 관련성이 높은 영상을 추
  천하는 것이다. 엔지니어 또는 제품 관리자는 몇 가지 규칙에 따라 관련성

을 정의할 수 있다. 이러한 규칙은 암시적 및 명시적 사용자 반응을 기반으로 할 수 있다. 예를 들어, 사용자가 명시적으로 '좋아요' 버튼을 누르거나 동영상의 절반 이상을 시청한 경우 관련성이 있다고 정의할 수 있다. 관련성을 정의한 후에는 데이터세트를 구성하고 모델을 훈련하여 사용자와 동영상 간의 연관성 점수를 예측할 수 있다.

우리가 만들려고 하는 이 시스템에서는 마지막 '관련 동영상 수를 극대화'를 머신러닝 목표로 선택한다. 어떤 입출력을 사용할지 더 상세히 제어할 수 있고, 앞서 설명한 다른 옵션과 같은 단점도 없기 때문이다.

시스템의 입력 및 출력 지정
그림 6.2에서 볼 수 있듯이 동영상 추천 시스템은 사용자를 입력으로 받아 관련성 점수에 따라 정렬된 순위가 매겨진 동영상 목록을 출력한다.

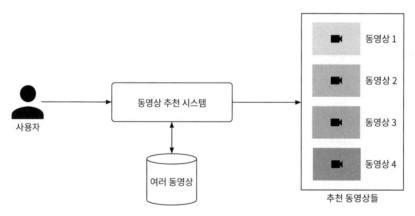

그림 6.2 동영상 추천 시스템의 입력-출력

적합한 머신러닝 유형 선택
이 절에서는 일반적인 세 가지 유형의 개인화 추천 시스템을 살펴본다.

▶ 콘텐츠 기반 필터링

▶ 협업 필터링

▶ 하이브리드 필터링

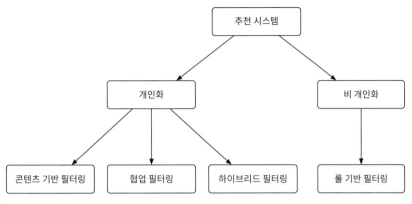

그림 6.3 일반적인 추천 시스템 유형

각 유형에 대해 자세히 살펴보자.

콘텐츠 기반 필터링

이 기술은 동영상 피처를 사용하여 과거에 관련성이 있다고 판단한 동영상과 유사한 새로운 동영상을 사용자에게 추천한다. 예를 들어, 사용자가 이전에 스키 동영상을 많이 시청했다면 더 많은 스키 동영상을 추천한다. 그림 6.4는 그 예를 보여 준다.

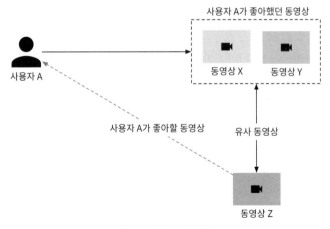

그림 6.4 콘텐츠 기반 필터링

다음은 다이어그램에 대한 설명이다.

1. 사용자 A가 과거에 동영상 X와 Y를 시청했다.
2. 동영상 Z는 동영상 X 및 동영상 Y와 유사하다.
3. 시스템이 사용자에게 동영상 Z를 추천한다.

콘텐츠 기반 필터링에는 장단점이 있다.

장점

- 새로운 동영상을 추천하는 기능. 이 방법을 사용하면 새 동영상에 대한 프로필을 구축하기 위해 사용자의 상호작용 데이터를 기다릴 필요가 없다. 동영상 프로필은 전적으로 해당 동영상의 피처에 따라 달라진다.
- 사용자의 고유한 관심사를 파악할 수 있는 기능. 사용자의 이전 상호작용을 기반으로 동영상을 추천하기 때문에 관심사를 파악할 수 있다.

단점

- 사용자의 새로운 관심사를 발견하기 어렵다.
- 도메인 지식이 필요하다. 수동으로 동영상 피처를 엔지니어링 해야 하는 경우가 많다.

협업 필터링

협업 필터링(collaborative filtering, CF)은 사용자 간 유사성(사용자 기반 협업 필터링) 또는 동영상들 간의 유사성(항목 기반 협업 필터링)을 사용하여 새로운 동영상을 추천한다. 협업 필터링은 비슷한 사용자가 비슷한 동영상에 관심이 있다는 직관적인 아이디어에 기반한다. 그림 6.5에서 사용자 기반 협업 필터링의 예를 볼 수 있다.

다이어그램을 설명해 보겠다. 목표는 사용자 A에게 새 동영상을 추천하는 것이다.

1. 이전 상호작용을 기반으로 A와 유사한 사용자를 찾는다(예: 사용자 B).

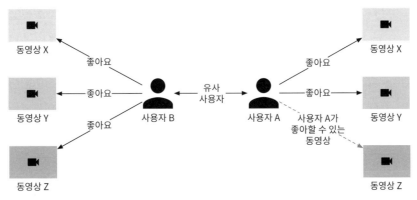

그림 6.5 사용자 기반 협업 필터링

2. 사용자 B가 참여했지만, 사용자 A가 아직 보지 않은 동영상(예: 동영상 Z)
   을 찾는다.
3. 사용자 A에게 동영상 Z 추천

콘텐츠 기반 필터링과 협업 필터링의 가장 큰 차이점은 협업 필터링은 동영상
피처를 사용하지 않고 사용자의 과거 상호작용에만 의존하여 추천한다는 점이
다. 협업 필터링의 장단점을 살펴보겠다.

장점

- **도메인 지식이 필요하지 않다.** 협업 필터링은 동영상 피처에 의존하지 않으므로
  동영상에서 피처를 찾기 위한 도메인 지식이 필요하지 않다.
- **사용자의 새로운 관심 분야를 쉽게 발견할 수 있다.** 시스템은 다른 유사한 사용자
  가 과거에 시청했던 새로운 주제의 동영상을 추천할 수 있다.
- **효율적이다.** 협업 필터링 기반 모델은 일반적으로 동영상 피처에 의존하지
  않기 때문에 콘텐츠 기반 필터링보다 빠르고 컴퓨팅 자원이 많이 필요하지
  않다.

단점

- **콜드 스타트(cold-start) 문제.** 새로운 동영상 또는 사용자에 관해 제한된 데이
  터만 사용할 수 있어서 시스템이 정확하게 추천할 수 없는 상황을 말한다.
  협업 필터링은 새로운 사용자 또는 동영상에 대한 과거 상호작용 데이터가

부족하여 콜드 스타트 문제를 겪는다. 협업 필터링은 이러한 상호작용 부족으로 인해 유사한 사용자 또는 동영상을 찾지 못한다. 시스템이 콜드 스타트 문제를 처리하는 방법은 '서빙' 절의 뒷부분에서 설명하겠다.

* **특이한(niche) 관심사를 처리할 수 없다.** 협업 필터링은 전문적이거나 특이한 관심사를 가진 사용자에게 대응하기 어렵다. 협업 필터링은 추천을 위해 유사한 사용자에 의존하는데, 특이한 관심사를 가진 유사한 사용자를 찾기가 어려울 수 있다.

두 가지 유형의 필터링 비교는 표 6.1에 나와 있다. 보다시피 둘은 상호 보완적이다.

	콘텐츠 기반 필터링	협업 필터링
새 동영상 추천	✓	✗
새로운 관심 분야 발견	✗	✓
도메인 지식 필요 없음	✗	✓
효율	✗	✓

표 6.1 콘텐츠 기반 필터링과 협업 필터링 비교

하이브리드 필터링

하이브리드 필터링은 협업 필터링과 콘텐츠 기반 필터링을 모두 사용한다. 그림 6.6에서 볼 수 있듯이 하이브리드 필터링은 협업 필터링 기반 추천자와 콘텐츠 기반 추천자를 순차적으로 또는 병렬로 결합한다. 실제로 대부분의 기업들은 순차적 하이브리드 필터링을 사용한다[2].

이 접근 방식은 사용자의 과거 상호작용과 동영상 피처라는 두 가지 데이터 소스를 사용하기 때문에 더 정확하게 추천할 수 있다. 시스템은 동영상 피처와 사용자가 과거에 참여했던 동영상을 기반으로 새로운 동영상을 추천할 수 있으며, 협업 필터링으로 사용자의 새로운 관심 분야를 발견할 수 있다.

어떤 방법을 선택해야 하나?

많은 기업이 더 나은 추천을 위해 하이브리드 필터링을 사용한다. 예를 들어,

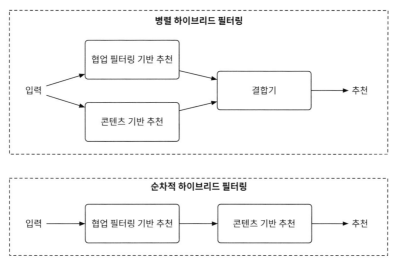

그림 6.6 하이브리드 필터링 방법

구글에서 발표한 논문[2]에서는 유튜브가 동영상을 추천하기 위해 첫 번째 단계 (후보 생성기)로 협업 필터링 기반 모델을 사용하고 두 번째 단계로 콘텐츠 기반 모델을 사용하는 방법에 관해 설명한다. 우리는 하이브리드 필터링의 장점을 활용하기 위해 이 옵션을 선택한다.

데이터 준비

데이터 엔지니어링

사용할 수 있는 데이터는 다음과 같다.

▶ 동영상

▶ 사용자

▶ 사용자-동영상 상호작용

동영상

동영상 데이터는 원시 동영상 파일과 동영상 ID, 동영상 길이, 동영상 제목 등과 같은 관련 메타데이터를 포함한다. 이러한 속성 중 일부는 동영상 등록자가 명시적으로 제공하기도 하고, 동영상 길이와 같이 시스템이 암시적으로 파악하는 속성도 있다.

동영상 ID	길이	태그	제목	좋아요	조회 수	언어
1	28	개, 가족	놀고 있는 사랑스러운 우리 개	138	5300	영어
2	300	차, 자동차 오일	자동차 오일 어떻게 교체하세요?	5	250	스페인어
3	3600	발리, 브이로그	발리 신혼여행	2200	255K	아랍어

표 6.2 동영상 메타데이터

사용자

다음의 간단한 스키마는 사용자 데이터를 나타낸다.

ID	Username	Age	Gender	City	Country	Language	Time zone

표 6.3 사용자 데이터 스키마

사용자-동영상 상호작용

사용자-동영상 상호작용 데이터는 좋아요, 클릭, 노출수, 과거 검색 등 동영상에 대한 다양한 사용자 상호작용으로 구성된다. 상호작용은 위치 및 타임스탬프와 같은 기타 컨텍스트 정보(contextual information)와 함께 기록된다. 다음 표는 사용자-동영상 상호작용이 저장되는 방식을 보여 준다.

사용자 ID	동영상 ID	상호작용 유형	상호작용 값	위치 (위도, 경도)	타임스탬프
4	18	좋아요	-	38.8951, -77.0364	1658451361
2	18	노출	8초	38.8951, -77.0364	1658451841
2	6	시청	46분	41.9241, -89.0389	1658822820
6	9	클릭	-	22.7531, 47.9642	1658832118
9	-	검색	클러스터링 기본	22.7531, 47.9642	1659259402
8	6	댓글	놀라운 영상입니다. 감사합니다.	37.5189, 122.6405	1659244197

표 6.4 사용자-동영상 상호작용 데이터

피처 엔지니어링

머신러닝 시스템은 사용자와 관련된 동영상을 예측하는 데 필요하다. 시스템이 정보에 기반한 예측을 할 수 있도록 지원하는 피처를 설계해 보겠다.

동영상 피처

몇 가지 중요한 동영상 피처는 다음과 같다.

- 동영상 ID
- 동영상 길이
- 언어
- 제목 및 태그

동영상 ID

ID는 범주형 데이터이다. 이를 숫자 벡터로 표현하기 위해 임베딩 계층을 사용하며, 임베딩 계층의 학습은 모델 학습 중에 진행한다.

동영상 길이

이 값은 동영상이 처음부터 끝까지 얼마나 긴지 대략 정의한다. 일부 사용자는 짧은 동영상을 선호하는 반면 다른 사용자는 긴 동영상을 선호할 수 있으므로 이 정보는 중요하다.

언어

동영상에 사용되는 언어는 중요한 피처이다. 사용자는 당연하게 특정 언어를 선호하기 때문이다. 언어는 범주형 변수이며 정해진 범위의 이산 값 집합을 갖기 때문에 임베딩 계층을 사용하여 표현한다.

제목 및 태그

제목과 태그는 동영상을 설명하는 데 사용한다. 동영상 게시자가 수동으로 제공하거나 독립형 머신러닝 모델이 암시적으로 예측한다. 동영상의 제목과 태그는 중요한 예측 변수이다. 예를 들어, '피자 만드는 법'이라는 제목은 해당 동영상이 피자 및 요리와 관련이 있음을 나타낸다.

- 어떻게 준비하나? 태그는 CBOW[3]와 같은 경량 사전 학습 모델을 사용하여 피처 벡터에 매핑한다.

  제목의 경우, 사전 학습된 BERT[4]와 같은 컨텍스트 인식(context-aware) 단어 임베딩 모델을 사용하여 피처 벡터에 매핑한다.

  그림 6.7은 동영상 피처 준비의 개요를 보여 준다.

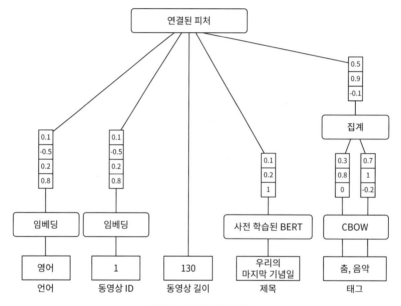

그림 6.7 동영상 피처 준비

사용자 피처

사용자 피처는 다음과 같은 버킷으로 분류한다.

- ▸ 사용자 개인정보
- ▸ 상황별 정보
- ▸ 사용자 기록 상호작용

사용자 개인정보

사용자 개인정보 피처에 대한 개요는 그림 6.8에 나와 있다.

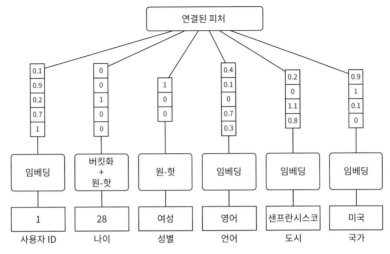

그림 6.8 사용자 개인정보에 기반한 피처

컨텍스트 정보

다음은 컨텍스트 정보를 찾아내는 데 사용하는 몇 가지 주요 피처이다.

- 시간대: 사용자는 하루 중 시간
  대별로 다른 동영상을 시청할
  수 있다. 예를 들어 소프트웨
  어 엔지니어는 저녁에 교육용
  동영상을 더 많이 시청할 수
  있다.

- 단말: 모바일 단말인 경우 사용
  자는 더 짧은 동영상을 선호
  할 수 있다.

- 요일: 사용자는 요일에 따라
  선호하는 동영상이 다를 수
  있다.

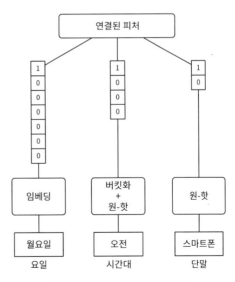

그림 6.9 컨텍스트 정보와 관련된 피처

사용자 상호작용 이력

사용자 상호작용 이력은 사용자의 관심사를 이해하는 데 중요한 역할을 한다. 상호작용 이력과 관련된 몇 가지 피처는 다음과 같다.

- ▶ 검색 기록
- ▶ '좋아요' 누른 동영상
- ▶ 시청한 동영상 및 노출수

검색 기록

- **왜 중요한가?** 이전 검색은 사용자가 과거에 무엇을 찾았는지를 나타내며, 과거 행동은 종종 미래 행동을 예측하는 지표가 된다.
- **어떻게 준비하나?** BERT와 같이 사전 학습된 단어 임베딩 모델을 사용하여 각 검색 쿼리를 임베딩 벡터에 매핑한다. 사용자의 검색 기록은 가변 길이의 텍스트 쿼리 목록이라는 점에 유의하라. 모든 검색 쿼리를 요약하는 고정 크기의 피처 벡터를 생성하기 위해 쿼리 임베딩의 평균을 구한다.

'좋아요' 누른 동영상

- **왜 중요한가?** 사용자가 이전에 '좋아요'를 누른 동영상은 사용자가 어떤 유형의 콘텐츠에 관심이 있는지 파악하는 데 도움이 될 수 있다.
- **어떻게 준비하나?** 동영상 ID는 임베딩 계층을 사용하여 임베딩 벡터에 매핑한다. 검색 기록과 마찬가지로 '좋아요' 임베딩을 평균화하여 '좋아요' 표시된 동영상의 고정 크기 벡터를 얻는다.

시청한 동영상 및 노출수

'시청한 동영상'과 '노출수'의 피처 엔지니어링 프로세스는 '좋아요'를 누른 동영상에 대해 수행한 작업과 매우 유사하다. 따라서 반복하지 않겠다.

그림 6.10에는 사용자-동영상 상호작용과 관련된 피처가 요약되어 있다.

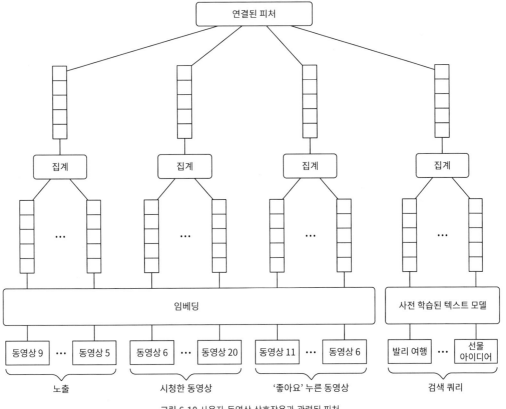

그림 6.10 사용자-동영상 상호작용과 관련된 피처

모델 개발

이 장에서는 일반적으로 협업 필터링 기반 또는 콘텐츠 기반 추천에 사용되는
두 가지 임베딩 기반 모델을 살펴본다.

- ▸ 행렬 인수분해(matrix factorization)
- ▸ 투-타워 신경망(two-tower neural network)

행렬 인수분해

행렬 인수분해 모델을 이해하려면 피드백 행렬(feedback matrix)을 반드시 알
아야 한다.

피드백 행렬

유틸리티 행렬(utility matrix) 이라고도 하는 이 행렬은 동영상에 대한 사용자의 의견을 나타내는 행렬이다. 그림 6.11은 각 행이 사용자를 나타내고 각 열이 동영상을 나타내는 이진 사용자-동영상 피드백 행렬을 보여 준다. 행렬의 항목은 동영상에 대한 사

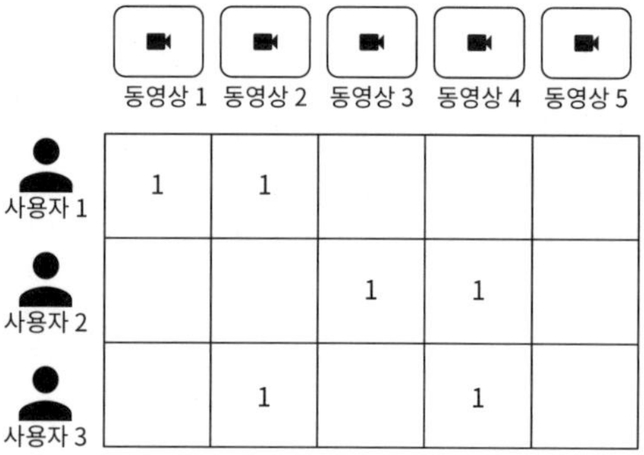

그림 6.11 사용자-동영상 피드백 행렬

용자의 의견을 나타낸다. 이 장에서는 값이 1과 같은 〈사용자, 동영상〉 쌍을 '관찰됨' 또는 '포지티브'로 지칭한다.

사용자가 관련 추천 동영상을 찾았는지 여부를 어떻게 확인할 수 있을까? 세 가지 옵션이 있다.

- ▶ 명시적 피드백
- ▶ 암시적 피드백
- ▶ 명시적 및 암시적 피드백의 조합

명시적 피드백

피드백 행렬은 '좋아요' 및 공유와 같이 동영상에 대한 사용자의 의견을 명시적으로 나타내는 상호작용을 기반으로 만든다. 명시적 피드백은 사용자가 동영상에 대한 관심을 명시적으로 표현했기 때문에 사용자의 의견을 정확하게 반영한다. 그러나 이 옵션에는 큰 단점이 하나 있다. 명시적 피드백을 제공하는 사용자가 극히 일부에 불과하기 때문에 행렬이 희소하다는 점이다. 희소성은 머신러닝 모델을 훈련하기 어렵게 만든다.

암시적 피드백

이 옵션은 '클릭 수' 또는 '시청 시간'과 같이 동영상에 대한 사용자의 의견을 암시적으로 나타내는 상호작용을 사용한다. 암시적 피드백을 사용하면 더 많은

데이터 포인트를 사용할 수 있으므로 학습 후 더 나은 모델을 만들 수 있다. 가장 큰 단점은 사용자의 의견을 직접 반영하지 않고 노이즈가 많을 수 있다는 점이다.

명시적 및 암시적 피드백의 조합

이 옵션은 휴리스틱을 사용하여 명시적 피드백과 암시적 피드백을 조합한다.

피드백 행렬을 구축하는 데 가장 적합한 옵션은 무엇인가?

모델은 피드백 행렬의 값을 학습해야 하므로 앞서 선택한 머신러닝 목표에 잘 부합하는 행렬로 구축해야 한다.

이 경우 머신러닝의 목표는 관련성의 극대화이며, 여기서 관련성은 명시적 피드백과 암시적 피드백의 조합을 의미한다. 따라서 최선의 선택은 명시적 피드백과 암시적 피드백을 결합하는 옵션이다.

행렬 인수분해 모델

행렬 인수분해는 간단한 임베딩 모델이다. 이 알고리즘은 사용자-동영상 피드백 행렬을 두 개의 저차원 행렬의 곱으로 분해한다. 하나의 저차원 행렬은 사용자 임베딩을 나타내고 다른 행렬은 동영상 임베딩을 나타낸다. 즉, 모델은 각 사용자와 각 동영상을 임베딩 벡터로 매핑하여 거리가 관련성을 나타내도록 학습한다. 그림 6.12는 피드백 행렬이 사용자 및 동영상 임베딩으로 분해되는 방식을 보여 준다.

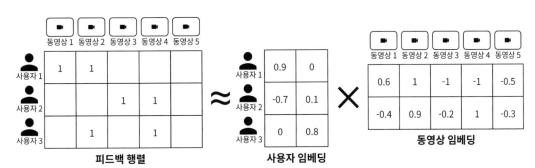

그림 6.12 피드백 행렬을 두 개의 행렬로 분해하기

행렬 인수분해 훈련

훈련의 목표는 사용자 및 동영상 임베딩 행렬을 생성하여 둘의 곱이 피드백 행렬의 근사치가 되게 하는 것이다.(그림 6.13)

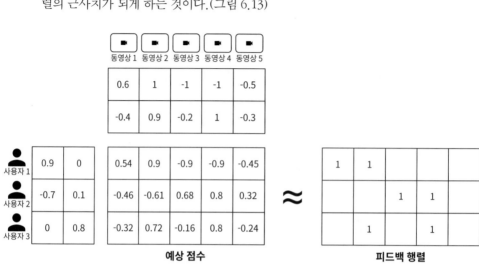

그림 6.13 임베딩의 곱은 피드백 행렬의 근사치에 가까워야 한다.

이러한 임베딩을 학습하기 위해 행렬 인수분해는 먼저 두 개의 임베딩 행렬을 무작위로 초기화한 다음 '예상 점수 행렬'과 '피드백 행렬' 사이의 손실을 줄이기 위해 임베딩을 반복적으로 최적화한다. 손실 함수 선택은 중요한 고려 사항이다. 몇 가지 옵션을 살펴보겠다.

- ▶ 관찰된 ⟨사용자, 동영상⟩ 쌍의 제곱 거리
- ▶ 관찰된 또는 관찰되지 않은 ⟨사용자, 동영상⟩ 쌍 모두에 대한 제곱 거리
- ▶ 관찰된 쌍과 관찰되지 않은 쌍에 대한 제곱 거리의 가중치 조합

관찰된 ⟨사용자, 동영상⟩ 쌍에 대한 제곱 거리

이 손실 함수는 피드백 행렬의 관측된(0이 아닌 값) 항목 쌍 전부에 대한 제곱 거리의 합을 측정한다. 이는 그림 6.14에 나와 있다.

A_{ij}는 피드백 행렬에서 행 i와 열 j가 있는 항목을 의미하며, U_i는 사용자 i의 임베딩, V_j는 동영상 j의 임베딩, 합계는 관찰된 쌍만 대상으로 한다.

관찰된 쌍에 대해서만 합산하면 손실 함수가 관찰되지 않은 쌍에 대한 잘못

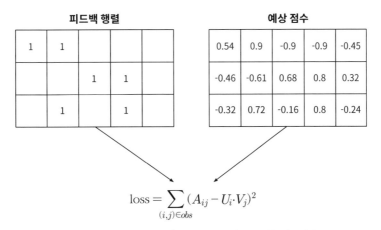

그림 6.14 관찰된(observed) 〈사용자, 동영상〉 쌍에 대한 제곱 거리

된 예측에 대해 모델에 불이익을 주지 않기 때문에 임베딩이 잘못될 수 있다. 예를 들어, 모든 행렬을 임베딩 하면 학습 데이터에 손실이 0이 된다. 그러나 이러한 임베딩은 보이지 않는 〈사용자, 동영상〉 쌍에 대해서는 제대로 작동하지 않을 수 있다.

관찰된 또는 관찰되지 않은 〈사용자, 동영상〉 쌍 모두에 대한 제곱 거리

이 손실 함수는 관찰되지 않은 쌍을 네거티브 데이터 포인트로 취급하고 피드백 행렬에 0을 할당한다. 그림 6.15에서 볼 수 있듯이 손실은 피드백 행렬의 모든 항목에 대한 거리 제곱의 합을 계산한다.

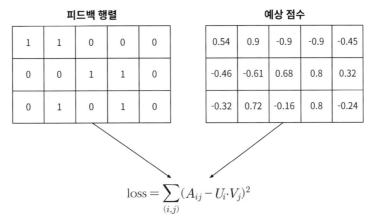

그림 6.15 모든 〈사용자, 동영상〉 쌍에 대한 제곱 거리

이 손실 함수는 관찰되지 않은 항목에 대한 잘못된 예측에 불이익을 줘서 이전 문제를 해결한다. 하지만 이 손실 함수에는 큰 단점이 있다. 피드백 행렬은 일반적으로 희소하기 때문에(관찰되지 않은 쌍이 많음) 훈련 중에 관찰되지 않은 쌍이 관찰된 쌍보다 많다. 그 결과 예측값이 대부분 0에 가까워진다. 이는 바람직하지 않으며, 보이지 않는 〈사용자, 동영상〉 쌍에 대한 일반화 성능이 저하된다.

관찰된 쌍과 관찰되지 않은 쌍에 대한 제곱 거리의 가중치 조합

앞에서 설명한 손실 함수의 단점을 극복하기 위해 두 가지 모두에 가중치를 부여하는 조합을 선택한다.

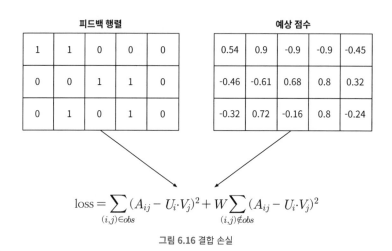

$$\text{loss} = \sum_{(i,j)\in obs} (A_{ij} - U_i \cdot V_j)^2 + W \sum_{(i,j)\notin obs} (A_{ij} - U_i \cdot V_j)^2$$

그림 6.16 결합 손실

손실 공식의 첫 번째 합은 관찰된 쌍의 손실을 계산하고 두 번째 합은 관찰되지 않은 쌍의 손실을 계산한다. W는 두 합산을 가중하는 하이퍼파라미터이다. 이는 훈련 단계에서 한 쪽이 다른 쪽을 지배하지 않도록 보장한다. 이 손실 함수는 실제로 적절하게 조정된 W와 함께 잘 작동한다[5]. 우리는 시스템에 이 손실 함수를 선택한다.

행렬 인수분해 최적화

머신러닝 모델을 훈련하려면 최적화 알고리즘이 필요하다. 행렬 인수분해에서 일반적으로 사용하는 두 가지 최적화 알고리즘은 다음과 같다.

- SGD(Stochastic Gradient Descent): 손실을 최소화하기 위해 사용되는 최적화 알고리즘이다[6].
- WALS(Weighted Alternating Least Squares): 이 최적화 알고리즘은 행렬 인수분해에 특화되어 있다. WALS의 프로세스는 다음과 같다.
  (a) 하나의 임베딩 매트릭스(U)를 고정하고 다른 임베딩(V)을 최적화한다.
  (b) 다른 임베딩 행렬(V)을 고정하고 임베딩 행렬(U)을 최적화한다.
  (c) 반복한다.

WALS는 일반적으로 더 빠르게 수렴하고 병렬화할 수 있다. WALS에 대해 자세히 알아보려면 [7]을 참고하라.

여기서는 더 빠르게 수렴하는 WALS를 사용한다.

행렬 인수분해 추론

임의의 사용자와 후보 동영상 간의 관련성을 예측하기 위해 스칼라곱(dot product)과 같은 유사성 측정값을 사용하여 임베딩 간의 유사성을 계산한다. 예를 들어, 그림 6.17에서 보듯 사용자 2와 동영상 5간의 연관성 점수는 0.32이다.

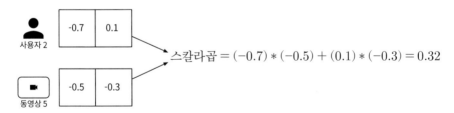

그림 6.17 〈사용자 2, 동영상 5〉 쌍의 관련성 점수

그림 6.18은 모든 〈사용자, 동영상〉 쌍에 대한 예측 점수를 나타낸다. 시스템은 연관성 점수를 기반으로 추천 동영상을 보여 준다.

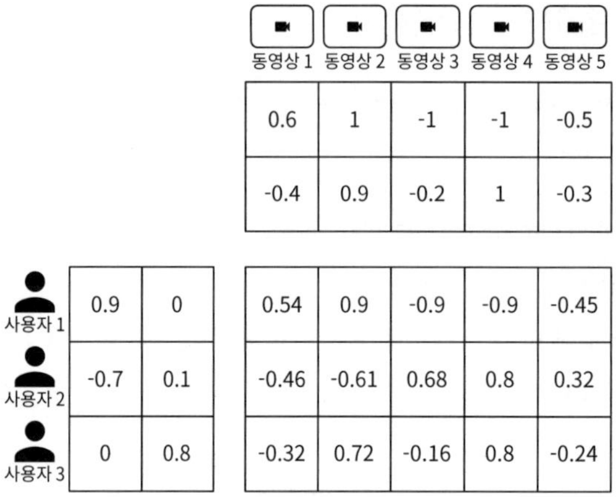

	동영상 1	동영상 2	동영상 3	동영상 4	동영상 5
	0.6	1	-1	-1	-0.5
	-0.4	0.9	-0.2	1	-0.3

사용자			동영상 1	동영상 2	동영상 3	동영상 4	동영상 5
사용자 1	0.9	0	0.54	0.9	-0.9	-0.9	-0.45
사용자 2	-0.7	0.1	-0.46	-0.61	0.68	0.8	0.32
사용자 3	0	0.8	-0.32	0.72	-0.16	0.8	-0.24

그림 6.18 예측된 쌍별 연관성 점수

> **Tip**
>
> 행렬 인수분해는 사용자와 동영상 상호작용만으로 예측하기 때문에 일반적으로 협업 필터링에 사용된다.

행렬 인수분해를 마무리하기 전에 이 모델의 장단점에 대해 논의해 보겠다.

[장점]

- 학습 속도: 학습 단계에서 행렬 인수분해는 효율적이다. 학습해야 할 임베딩 행렬이 두 개뿐이기 때문이다.
- 서빙 속도: 행렬 인수분해는 서비스 시간이 빠르다. 학습된 임베딩은 정적이므로 일단 학습하면 쿼리 시 입력을 변환할 필요 없이 재사용할 수 있다.

[단점]

- 행렬 인수분해는 사용자와 동영상 상호작용에만 의존한다. 사용자의 연령이나 언어와 같은 다른 피처는 사용하지 않는다. 언어와 같은 피처는 추천의 품질을 향상시키는 데 유용하나, 이를 사용하지 못하기에 모델의 예측 피처에 제한이 생긴다.
- 신규 사용자를 처리하기는 어렵다. 신규 사용자의 경우, 모델이 의미 있는

임베딩을 생성할 수 있는 상호작용이 충분하지 않다. 따라서 행렬 인수분해로는 임베딩 사이의 스칼라곱을 계산하여 동영상이 사용자와 관련이 있는지를 판단할 수 없다.

투-타워 신경망이 행렬 인수분해의 단점을 어떻게 해결하는지 살펴보겠다.

투-타워 신경망

투-타워 신경망은 사용자 타워와 동영상 타워라는 두 개의 인코더 타워로 구성된다. 사용자 인코더는 사용자 피처를 입력으로 받아 임베딩 벡터에 매핑한다(사용자 임베딩). 동영상 인코더는 동영상 피처를 입력으로 받아 임베딩 벡터에 매핑한다(동영상 임베딩). 공유 임베딩 공간에서 임베딩 사이의 거리는 관련성을 나타낸다.

그림 6.19는 투-타워 아키텍처를 보여 준다. 행렬 인수분해와 달리 투-타워 아키텍처는 모든 종류의 피처를 통합할 수 있을 만큼 유연하여 사용자의 특정 관심사를 더 잘 포착할 수 있다.

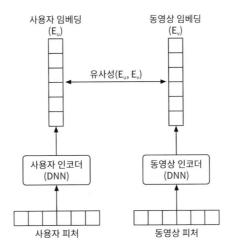

그림 6.19 투-타워 신경망

데이터세트 구성

서로 다른 〈사용자, 동영상〉 쌍에서 피처를 추출하고 사용자의 피드백에 따라 포지티브 또는 네거티브로 라벨을 지정하여 데이터세트를 구성한다. 예를 들어, 사용자가 명시적으로 동영상에 '좋아요'를 누르거나 동영상의 절반 이상을 시청한 경우 해당 쌍에 '포지티브'라는 라벨을 지정한다.

네거티브 데이터 포인트를 구성하려면 관련성이 없는 동영상을 무작위로 선택하거나 사용자가 '싫어요' 버튼을 눌러 명시적으로 '싫어요'를 표시한 동영상을 선택할 수 있다. 그림 6.20은 구성된 데이터 포인트의 예를 보여 준다.

#	사용자 관련 피처							동영상 관련 피처						라벨
1	0	0	1	0.7	-0.6	0	0	0	1	0	0.9	0.9	1	1 (포지티브)
2	0	1	1	0.2	0.1	1	0	0	1	0	-0.1	0.3	1	0 (네거티브)

그림 6.20 구성된 두 데이터 포인트

사용자는 일반적으로 관련성이 있는 극히 일부 동영상만 찾는다. 학습 데이터를 구성하는 동안 포지티브 쌍보다 네거티브 쌍이 더 많은 불균형한 데이터세트가 만들어진다. 불균형한 데이터세트에서 진행하는 모델 훈련은 문제가 된다. 1장 '소개 및 개요'에서 설명한 기법을 사용하여 데이터 불균형 문제를 해결할 수 있다.

손실 함수 선택

투-타워 신경망은 이진 라벨을 예측하도록 훈련되었으므로 이 문제는 분류 작업으로 간주할 수 있다. 훈련 중에 인코더를 최적화하기 위해 크로스 엔트로피 (cross-entropy)와 같은 일반적인 분류 손실 함수를 사용한다. 이 과정은 그림 6.21에 나와 있다.

투-타워 신경망 추론

추론 시 시스템은 임베딩을 사용하여 특정 사용자와 가장 관련성이 높은 동영상을 찾는다. 이는 전형적인 '최근접 이웃' 문제이다. 근사 근접 이웃 방법을 사용하여 효율적으로 가장 유사한 동영상 임베딩 상위 k개를 찾는다.

투-타워 신경망은 콘텐츠 기반 필터링과 협업 필터링 모두에 사용할 수 있

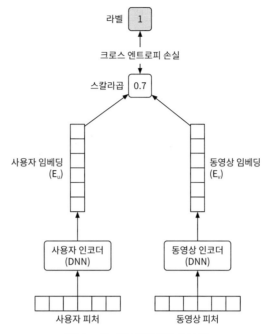

그림 6.21 투-타워 신경망 훈련 워크플로

다. 그림 6.22에서 보듯이 협업 필터링에 투-타워 아키텍처를 사용할 때, 동영
상 인코더는 단순히 동영상 ID를 임베딩 벡터로 변환하는 임베딩 계층이다. 이
렇게 하면 모델이 다른 동영상 피처에 의존하지 않는다.

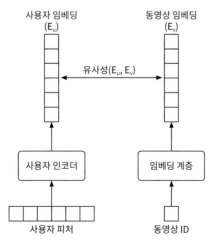

그림 6.22 협업 필터링에 사용되는 투-타워 신경망

투-타워 신경망 모델의 장단점을 살펴보겠다.

장점

- **사용자 피처를 활용한다.** 모델은 연령 및 성별과 같은 사용자 피처를 입력으로 받는다. 이러한 예측 피처는 모델이 더 나은 추천을 할 수 있도록 도움을 준다.
- **신규 사용자를 처리한다.** 이 모델은 사용자 피처(예: 연령, 성별 등)에 의존하므로 신규 사용자를 쉽게 처리할 수 있다.

단점

- **서빙 속도가 느려진다.** 모델은 쿼리 시점에 사용자 임베딩을 계산해야 한다. 이에 따라 모델에서 요청을 처리하는 속도가 느려진다. 또한 콘텐츠 기반 필터링에 모델을 사용하는 경우, 모델은 동영상 피처를 동영상 임베딩으로 변환해야 하므로 추론 시간이 늘어난다.
- **훈련 비용이 더 많이 든다.** 투-타워 신경망은 행렬 인수분해보다 학습 매개변수가 더 많다. 따라서 훈련에 더 많은 컴퓨팅 자원이 필요하다.

행렬 인수분해와 투-타워 신경망 비교

표 6.5에는 행렬 인수분해와 투-타워 신경망 아키텍처의 차이점이 요약되어 있다.

	행렬 인수분해	투-타워 신경망
훈련 비용	✓ 더 효율적인 훈련	✗ 훈련 비용 증가
추론 속도	✓ 임베딩은 정적이고 사전 계산이 가능하므로 더 빠름	✗ 사용자 피처는 쿼리 시점에 임베딩으로 변환되어야 함
콜드 스타트 문제	✗ 신규 사용자를 쉽게 처리할 수 없음	✓ 사용자 피처에 따라 신규 사용자를 처리
추천 품질	✗ 이 모델은 사용자/동영상 피처를 사용하지 않으므로 이상적이지 않음	✓ 더 많은 피처를 사용하므로 더 나은 추천

표 6.5 행렬 인수 분해와 투-타워 신경망 비교

평가

시스템의 성능은 오프라인 및 온라인 지표로 평가할 수 있다.

오프라인 지표

추천 시스템에서 일반적으로 사용되는 평가 오프라인 지표는 다음과 같다.

- precision@k. 이 지표는 상위 k개의 추천 동영상 중 관련 동영상의 비율을 측정한다. 여러 k값(예: 1, 5, 10)을 사용할 수 있다.

- mAP. 추천 동영상의 순위 품질을 측정하는 지표이다. 시스템에서 관련성 점수는 이진화되기 때문에 이 지표가 적합하다.

- 다양성. 이 지표는 추천 동영상이 서로 얼마나 다른지 측정한다. 사용자가 다양한 동영상에 관심이 있기 때문에 이 지표는 반드시 추적해야 한다. 다양성을 측정하기 위해 목록에 있는 동영상 간의 평균 쌍별 유사도(예: 코사인 유사도 또는 스칼라곱)를 계산한다. 평균 쌍별 유사도 점수가 낮으면 목록이 다양하다는 의미이다.

다양성을 품질에 대한 유일한 척도로 사용하면 잘못된 해석이 나올 수 있다. 예를 들어 추천 동영상이 다양하지만 사용자와 관련이 없는 경우, 사용자는 추천 동영상이 도움이 되지 않는다고 생각할 수 있다. 따라서 다양성을 다른 오프라인 지표와 함께 사용하여 관련성과 다양성을 모두 확보해야 한다.

온라인 지표

실제로 기업들은 온라인 평가 시 많은 지표를 추적한다. 가장 중요한 몇 가지 지표를 살펴보겠다.

- ▶ 클릭률(CTR)
- ▶ 시청 완료 동영상 수
- ▶ 총시청 시간
- ▶ 명시적인 사용자 피드백

- **클릭률.** 클릭된 동영상과 총 추천 동영상의 비율이다. 공식은 다음과 같다.

$$클릭률 = \frac{동영상\ 클릭\ 수}{추천\ 동영상\ 총개수}$$

클릭률은 사용자 참여를 추적하는 데 유용한 인사이트 지표이지만, 낚시성 동영상을 찾아내거나 측정할 수 없다는 단점이 있다.

- **시청 완료 동영상 수.** 사용자가 끝까지 시청한 추천 동영상의 총개수이다. 이 지표를 추적하면 시스템이 사용자가 시청하는 동영상을 얼마나 자주 추천하는지 파악할 수 있다.

- **총시청 시간.** 사용자가 추천 동영상을 시청한 총시간이다. 사용자가 추천 동영상에 흥미를 느끼면, 전반적으로 시청 시간이 늘어난다.

- **명시적인 사용자 피드백.** 사용자가 명시적으로 '좋아요' 또는 '싫어요'를 표시한 동영상의 총개수이다. 이 지표는 추천 동영상에 대한 사용자의 의견을 정확하게 반영한다.

서빙

서빙 시점에 시스템은 수십억 개의 동영상 중에서 선택 범위를 좁혀 특정 사용자에게 가장 관련성이 높은 동영상을 추천한다. 이 절에서는 요청(request)을 효율적이고 정확하게 처리할 수 있는 예측 파이프라인을 설명한다.

수십억 개의 동영상을 사용할 수 있는 상황에서 많은 피처를 입력으로 사용하는 무거운 모델을 선택하면 서빙 속도가 느려질 수 있다. 반면에 경량 모델을 선택하면 관련성이 높은 동영상을 추천하기 어렵다. 그렇다면 어떻게 해야 할까? 다단계 설계에서 두 개 이상의 모델 사용이 자연스러운 결정이다. 예를 들어, 2단계 설계에서 경량 모델은 후보 생성이라고 하는 첫 번째 단계를 통해 동영상 범위를 빠르게 좁힌다. 두 번째 단계에서는 동영상에 정확한 점수를 매기고 순위를 매기는 더 무거운 모델을 사용한다(점수 매기기). 그림 6.23은 후보 생성 및 채점을 함께 사용하여 관련성 높은 동영상을 생성하는 방법을 보여 준다.

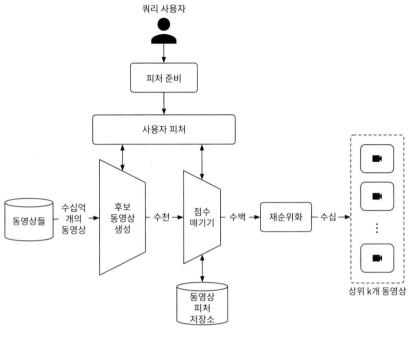

그림 6.23 예측 파이프라인

예측 파이프라인의 구성요소를 자세히 살펴보겠다.

▶ 후보 동영상 생성

▶ 점수 매기기(scoring)

▶ 재순위화(re-ranking)

후보 동영상 생성

후보 생성의 목표는 잠재적으로 수십억 개에 달하는 동영상을 수천 개로 좁히는 것이다. 이 단계에서는 정확성보다 효율성을 우선시하며 오탐에 대해 걱정하지 않는다.

후보 동영상 생성을 빠르게 진행하기 위해 동영상 피처에 의존하지 않는 모델을 선택한다. 또한 이 모델은 새로운 사용자를 처리할 수 있어야 한다. 이 단계에는 투-타워 신경망이 적합하다.

그림 6.24는 후보 생성 워크플로를 보여 준다. 후보 생성은 사용자 인코더에

서 사용자의 임베딩을 가져온다. 계산이 완료되면 근사 근접 이웃 서비스에서 가장 유사한 동영상을 검색한다. 이러한 동영상을 임베딩 공간에서의 유사도에 따라 순위를 매기고 출력으로 반환한다.

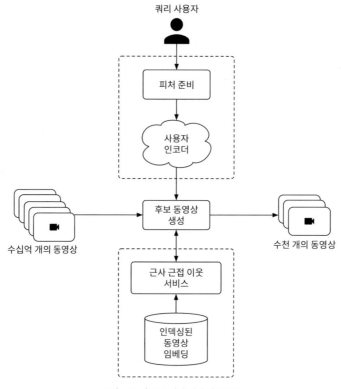

그림 6.24 후보 동영상 생성 워크플로

실제로 권장 사항의 성능을 향상시키기 위해 기업들은 한 번 이상의 후보 동영상 생성 단계를 사용할 수 있다. 그 이유를 살펴보겠다.

사용자는 여러 가지 이유로 동영상에 관심을 가질 수 있다. 예를 들어, 사용자는 인기 있거나, 유행하거나, 자신의 위치와 관련이 있어 동영상을 선택할 수 있다. 그림 6.25에서 볼 수 있듯이 추천 목록에 동영상을 포함시키려면 후보 동영상 생성을 보통 한 개 이상 사용한다.

수십억 개에서 수천 개로 후보 동영상 범위를 좁히면, 점수 매기기 컴포넌트를 사용하여 동영상을 표시하기 전에 순위를 매길 수 있다.

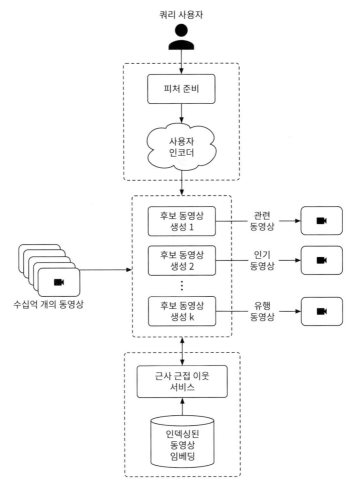

그림 6.25 후보 동영상 생성을 k번 사용하여 추천 동영상 다양화하기

점수 매기기

랭킹(ranking)이라고도 하는 점수 매기기(scoring)는 사용자 및 후보 동영상을 입력으로 받아 각 동영상에 점수를 매기고 순위가 매겨진 동영상 목록을 출력한다.

 이 단계에서는 효율성보다 정확성을 우선시한다. 이를 위해 콘텐츠 기반 필터링을 선택하고 동영상 피처에 의존하는 모델을 사용한다. 이 단계에서는 일반적으로 투-타워 신경망을 선택한다. 점수 매기기 단계에서는 순위를 매길 동영상의 수가 적기 때문에 더 많은 매개변수가 포함된 더 무거운 모델을 사용할 수 있다. 그림 6.26은 점수 매기기 컴포넌트의 개요를 보여 준다.

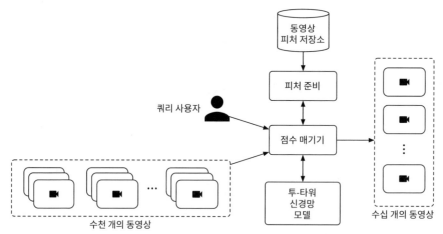

그림 6.26 점수 매기기 컴포넌트 개요

재순위화

이 컴포넌트는 기준이나 제약 조건을 추가하여 동영상의 순위를 재조정한다. 예를 들어, 별도의 머신러닝 모델을 사용하여 동영상이 낚시성인지 여부를 판단할 수 있다. 다음은 재순위화 컴포넌트를 구축할 때 고려해야 할 몇 가지 중요한 사항이다.

- 지역 제한 동영상
- 최신 동영상
- 잘못된 정보를 퍼뜨리는 동영상
- 중복 또는 거의 중복된 동영상
- 공정성 및 편향

동영상 추천 시스템의 과제

이 장을 마무리하기 전에 동영상 추천 시스템의 일반적인 문제를 어떻게 해결했는지 살펴보겠다.

추천 속도

동영상 추천은 신속함이 매우 중요하다. 하지만 이 시스템에는 100억 개의 동영상이 있기 때문에 효율적이고 정확하게 추천하기 어렵다.

이 문제를 해결하기 위해 2단계 설계를 사용했다. 특히, 첫 번째 단계에서는 경량 모델을 사용하여 수십억 개에서 수천 개로 후보 동영상을 빠르게 좁혔다. 유튜브도 비슷한 접근 방식을 사용하며[2], 인스타그램은 다단계 설계를 채택하고 있다[8].

정밀도

정밀도를 보장하기 위해 X(구 트위터)에서는 동영상 피처를 비롯한 더 많은 피처를 사용하는 강력한 모델로 동영상 순위를 매기는 점수 매기기 컴포넌트를 사용한다. 후보 생성 단계 이후에는 소수의 동영상만 남기 때문에 더 강력한 모델을 사용해도 서빙 속도에는 영향을 미치지 않는다.

다양성

대부분의 사용자는 추천 동영상에 다양한 종류의 동영상이 포함되기를 바란다. 시스템이 다양한 동영상을 생성할 수 있도록 '후보 동영상 생성'에 설명된 대로 여러 후보 생성기를 채택하고 있다.

콜드 스타트 문제

콜드 스타트 문제는 어떻게 처리하나?

• **신규 사용자의 경우**: 우리는 신규 사용자가 플랫폼을 사용할 때 이들에 대한 어떠한 상호작용 데이터도 가지고 있지 않다.

이 경우 나이, 성별, 언어, 위치 등과 같은 피처 기반으로 한 투-타워 신경망을 사용하여 예측을 한다. 추천 동영상은 신규 사용자에게도 어느 정도 개인화되어 있다. 사용자가 더 많은 동영상과 상호작용할수록 새로운 상호작용을 기반으로 더 나은 예측을 할 수 있다.

• **새 동영상의 경우**: 새 동영상을 시스템에 추가하면 동영상 메타데이터와 콘텐

츠를 사용할 수 있지만 상호작용은 없다. 이를 처리하는 한 가지 방법은 휴리스틱의 사용이다. 무작위 사용자에게 동영상을 표시하고 상호작용 데이터를 수집할 수 있다. 상호작용을 충분히 수집하면 새로운 상호작용을 사용하여 투-타워 신경망을 미세 조정한다.

훈련 확장성

대규모 데이터세트로 모델을 학습시키려면 비용 문제가 생긴다. 추천 시스템에서는 새로운 상호작용을 지속해 추가하며, 정확한 추천을 위해 모델이 빠르게 적응해야 한다. 새로운 데이터에 빠르게 적응하려면 모델을 미세 조정할 수 있어야 한다.

우리 모델은 신경망을 기반으로 하며 쉽게 미세 조정할 수 있도록 설계했다.

추가 논의 주제

면접이 끝나기 전에 시간이 남을 경우 아래와 같은 주제로 대화를 더 해볼 수 있다.

- 추천 시스템에서 생기는 탐색-활용의 균형 조정[9]1.
- 추천 시스템에는 다양한 유형의 편향이 존재할 수 있다[10].
- 추천 시스템을 구축할 때 윤리와 관련된 중요한 고려 사항[11].
- 추천 시스템에서 계절 요인(계절에 따른 사용자 행동의 변화)의 효과를 고려해 보라[12].
- 단일 목표가 아닌 여러 목표에 맞게 시스템을 최적화한다[13].
- '싫어요'와 같은 부정적인 피드백을 활용하는 방법[14].
- 사용자의 검색 기록 또는 시청 기록에 있는 동영상 순서를 활용한다[2].

---

1   (옮긴이) 활용(exploitation)은 주어진 정보를 가지고 최선의 결정을 내리는 것을 말하며, 탐색(exploration)은 정보를 더 수집하는 것을 말한다. 이미 아는 것을 선택함으로써 예상과 가까운 결과를 얻는 '활용'과 확실치 않은 것을 선택해서 배움을 얻는 '탐색' 중 무엇을 선택할지에 대한 딜레마가 존재한다. 이 주제에서 탐색은 추천 동영상의 다양성을 증가시킬 수 있고, 활용은 학습을 통해 추천된 동영상을 지금 활용할 수 있다는 장점이 있다. 즉, 탐색과 활용이라는 균형을 잘 잡아 추천하는 시스템을 구축하는 것이 이상적이다.

요약

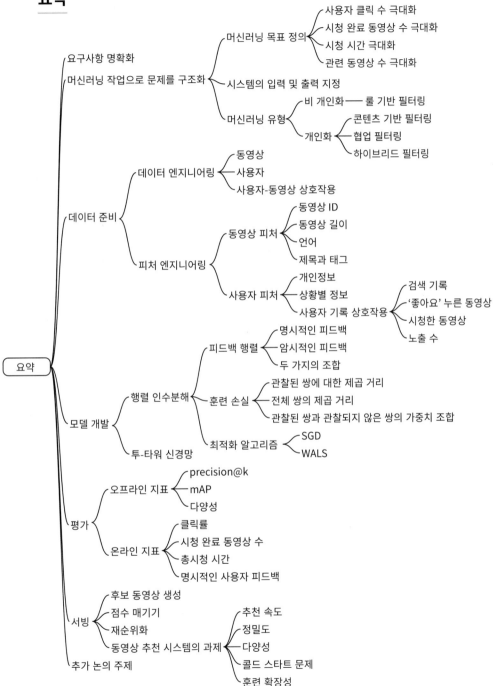

요구사항 명확화

머신러닝 작업으로 문제를 구조화
- 머신러닝 목표 정의
  - 사용자 클릭 수 극대화
  - 시청 완료 동영상 수 극대화
  - 시청 시간 극대화
  - 관련 동영상 수 극대화
- 시스템의 입력 및 출력 지정
- 머신러닝 유형
  - 비 개인화 —— 룰 기반 필터링
  - 개인화
    - 콘텐츠 기반 필터링
    - 협업 필터링
    - 하이브리드 필터링

데이터 준비
- 데이터 엔지니어링
  - 동영상
  - 사용자
  - 사용자-동영상 상호작용
- 피처 엔지니어링
  - 동영상 피처
    - 동영상 ID
    - 동영상 길이
    - 언어
    - 제목과 태그
  - 사용자 피처
    - 개인정보
    - 상황별 정보
    - 사용자 기록 상호작용
      - 검색 기록
      - '좋아요' 누른 동영상
      - 시청한 동영상
      - 노출 수

모델 개발
- 행렬 인수분해
  - 피드백 행렬
    - 명시적인 피드백
    - 암시적인 피드백
    - 두 가지의 조합
  - 훈련 손실
    - 관찰된 쌍에 대한 제곱 거리
    - 전체 쌍의 제곱 거리
    - 관찰된 쌍과 관찰되지 않은 쌍의 가중치 조합
  - 최적화 알고리즘
    - SGD
    - WALS
- 투-타워 신경망

평가
- 오프라인 지표
  - precision@k
  - mAP
  - 다양성
- 온라인 지표
  - 클릭률
  - 시청 완료 동영상 수
  - 총시청 시간
  - 명시적인 사용자 피드백

서빙
- 후보 동영상 생성
- 점수 매기기
- 재순위화
- 동영상 추천 시스템의 과제
  - 추천 속도
  - 정밀도
  - 다양성
  - 콜드 스타트 문제
  - 훈련 확장성

추가 논의 주제

참고 문헌

[1] YouTube recommendation system. *https://blog.youtube/inside-youtube/on-youtubes-recommendation-system*

[2] DNN for YouTube recommendation. *https://static.googleusercontent.com/media/research.google.com/en//pubs/archive/45530.pdf*

[3] CBOW paper. *https://arxiv.org/pdf/1301.3781.pdf*

[4] BERT paper. *https://arxiv.org/pdf/1810.04805.pdf*

[5] Matrix factorization. *https://developers.google.com/machine-learning/recommendation/collaborative/matrix*

[6] Stochastic gradient descent. *https://en.wikipedia.org/wiki/Stochastic_gradient_descent*

[7] WALS optimization. *https://fairyonice.github.io/Learn-about-collaborative-filtering-and-weighted-alternating-least-square-with-tensorflow.html*

[8] Instagram multi-stage recommendation system. *https://ai.facebook.com/blog/powered-by-ai-instagrams-explore-recommender-system/*

[9] Exploration and exploitation trade-offs. *https://en.wikipedia.org/wiki/Multi-armed_bandit*

[10] Bias in AI and recommendation systems. *https://www.searchenginejournal.com/biases-search-recommender-systems/339319/#close*

[11] Ethical concerns in recommendation systems. *https://link.springer.com/article/10.1007/s00146-020-00950-y*

[12] Seasonality in recommendation systems. *https://www.computer.org/csdl/proceedings-article/big-data/2019/09005954/1hJsfgT0qL6*

[13] A multitask ranking system. *https://daiwk.github.io/assets/youtube-multitask.pdf*

[14] Benefit from a negative feedback. *https://arxiv.org/abs/1607.04228?context=cs*

7장

이벤트 추천 시스템

이 장에서는 이벤트브라이트[1]와 유사한 이벤트 추천 시스템을 설계한다. 이벤트브라이트는 사용자가 이벤트를 생성, 검색 및 등록할 수 있는 인기 있는 이

그림 7.1 추천 이벤트

---

1 (옮긴이) 이벤트브라이트(Eventbrite)는 미국 이벤트 관리 및 티켓팅 웹사이트이다.
 www.eventbrite.com

벤트 관리 및 티켓팅 마켓플레이스이다. 추천 시스템은 경험을 개인화하고 사용자와 관련된 이벤트를 표시한다.

요구사항 명확화

다음은 지원자와 면접관 간의 일반적인 대화이다.

지원자: 비즈니스 목표는 무엇인가요? 주요 비즈니스 목표가 티켓 판매를 늘리는 것이라고 가정해도 되나요?

면접관: 네, 맞습니다.

지원자: 사용자가 플랫폼에서 이벤트 참석 외에 호텔이나 레스토랑을 예약할 수 있나요?

면접관: 간단하게 하기 위해 이벤트만 지원한다고 가정해 보겠습니다.

지원자: 이벤트는 한 번만 발생한 후 만료되는 임시 단발성 항목입니다. 이 가정이 맞나요?

면접관: 네, 맞습니다.

지원자: 어떤 이벤트 속성을 사용할 수 있나요? 이벤트의 텍스트 설명, 가격대, 위치, 날짜 및 시간 등을 사용할 수 있다고 가정해도 되나요?

면접관: 네, 그러시죠.

지원자: 주석이 달린 데이터가 있나요?

면접관: 수작업으로 라벨링 된 데이터세트는 없습니다. 이벤트 및 사용자 상호작용 데이터를 사용하여 학습 데이터세트를 구성할 수 있습니다.

지원자: 사용자의 현재 위치를 파악할 수 있나요?

면접관: 예. 이 문제는 위치 기반 추천 시스템에 초점을 맞추고 있으므로 사용자가 자신의 위치 데이터 공유에 동의한다고 가정해 보겠습니다.

지원자: 사용자가 플랫폼에서 친구가 될 수 있나요? 친구 정보는 개인화된 이벤트 추천 시스템을 구축하는 데 유용합니다.

면접관: 좋은 질문입니다. 예, 사용자가 플랫폼에서 친구 관계를 맺을 수 있다고 가정해 보겠습니다. 친구 관계는 양방향으로 이루어지므로 A가 B의 친구라면 B도 A의 친구일 수 있습니다.

지원자: 사용자가 다른 사용자를 이벤트에 초대할 수 있나요?

면접관: 예.

지원자: 이벤트에 답장 요청 기능이 있나요?

면접관: 간단하게 설명하기 위해 이벤트에 등록 옵션만 사용할 수 있다고 가정해 보겠습니다.

지원자: 이벤트는 무료인가요, 유료인가요?

면접관: 둘 다 지원해야 합니다.

지원자: 이벤트 수는 얼마나 되나요?

면접관: 매월 약 100만 건의 이벤트를 진행하고 있습니다.

지원자: 웹사이트 또는 앱을 방문하는 일간 능동 사용자(daily active user, DAU) 수는 몇 명인가요?

면접관: 하루 순 사용자가 100만 명이라고 가정해 보겠습니다.

지원자: 위치 기반 이벤트 추천 시스템을 구축하고 있기 때문에 두 위치 간의 거리와 이동 시간을 효율적으로 계산하는 것이 중요합니다. 이러한 데이터를 얻기 위해 구글 지도 API나 다른 지도 서비스와 같은 외부 API를 사용할 수 있나요?

면접관: 좋은 지적입니다. 타사 서비스를 사용하여 위치 데이터를 얻을 수 있다고 가정해 봅시다.

문제를 요약해 보겠다. 사용자에게 개인화된 이벤트 목록을 표시하는 이벤트 추천 시스템을 설계하라는 요청을 받았다. 이벤트가 종료되면 사용자는 더 이상 이벤트에 등록할 수 없다. 사용자는 이벤트 등록 외에도 다른 사용자를 이벤트에 초대하고 친구 관계를 형성할 수 있다. 훈련 데이터는 사용자 상호작용을 통해 온라인으로 구축되어야 한다. 이 시스템의 주요 목표는 전체 티켓 판매 수 증가이다.

머신러닝 작업으로 문제를 구조화

머신러닝 목표 정의

요구사항에 따라 티켓 판매를 늘리는 게 비즈니스 목표이다. 이를 위해 이벤트 등록수를 극대화하는 것이 머신러닝 목표이다.

시스템의 입력 및 출력 지정

시스템에 대한 입력은 사용자이고 출력은 사용자와의 관련성에 따라 순위가 매겨진 상위 k개의 이벤트이다.

적합한 머신러닝 유형 선택

추천 문제를 해결하는 방법에는 여러 가지가 있다.

- 인기 이벤트 추천과 같은 간단한 규칙
- 콘텐츠 기반 또는 협업 필터링을 사용하는 임베딩 기반 모델
- 랭킹(ranking) 문제로 재구성하기

규칙 기반(rule-based) 방법은 기준선을 설정할 때 사용하기 좋은 출발점이다. 그러나 머신러닝 기반 접근 방식이 일반적으로 더 나은 결과를 가져온다. 이 장에서는 작업을 순위 문제로 재구성하고 LTR(Learning to Rank)을 사용하여 해결한다.

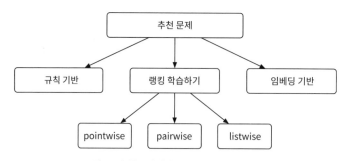

그림 7.2 추천 문제 해결을 위한 다양한 접근 방식

LTR은 지도 학습을 적용하여 순위 문제를 해결하는 알고리즘 기법의 하나이다. 순위 문제는 공식적으로 다음과 같이 정의할 수 있다. '쿼리와 항목 목록이 있을 때, 쿼리와 관련성이 가장 높은 항목부터 관련성이 가장 낮은 항목으로 순서를 정하는 최적의 방법은 무엇일까?'라는 질문이다. 일반적으로 pointwise, pairwise, listwise의 세 가지 LTR 접근 방식이 있다. 각각에 대해 간략히 살펴보겠다. 이러한 접근 방식에 대한 자세한 설명은 이 책의 범위를 벗어난다는 점에 유의하라. LTR에 대해 더 자세히 알고 싶다면 [1]을 참고하라.

pointwise LTR

이 접근 방식에서는 각 항목을 검토하고 분류 또는 회귀 방법을 사용하여 쿼리와 항목 간의 관련성을 예측한다. 한 항목의 점수는 다른 항목과 독립적으로 예측된다는 점에 유의하라.

그림 7.3 pointwise 순위 모델

최종 순위는 예측된 연관성 점수를 정렬하여 결정한다.

pairwise LTR

이 접근 방식에서는 모델이 항목 두 개를 가져와서 어떤 항목이 쿼리와 더 관련성이 높은지 예측한다.

그림 7.4 pairwise 순위 모델

가장 많이 사용되는 pairwise LTR 알고리즘으로는 RankNet[2], LambdaRank[3], LambdaMART[4]가 있다.

listwise LTR

listwise 방식은 쿼리가 주어졌을 때 전체 항목 목록에서 최적의 순서를 예측한다.

그림 7.5 listwise 순위 모델

인기 있는 listwise LTR 알고리즘으로는 SoftRank[5], ListNet[6], AdaRank[7]가 있다.

　일반적으로 pairwise 방식과 listwise 방식이 더 정확한 결과를 만들어 내지만, 구현 및 훈련은 더 어렵다. 이 문제에서는 간단하게 진행하기 위해 pointwise 접근법을 사용한다. 특히, 한 번에 하나의 이벤트를 가져와 사용자가 등록할 확률을 예측하는 이진 분류 모델을 사용한다. 이 접근 방식은 그림 7.6에 나와 있다.

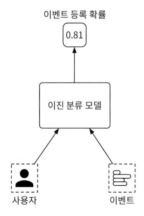

그림 7.6 이진 분류 모델

데이터 준비

데이터 엔지니어링

좋은 피처를 설계하려면 먼저 시스템에서 사용할 수 있는 원시 데이터를 이해해야 한다. 이벤트 관리 플랫폼은 주로 사용자와 이벤트에 중점을 둬서 다음과 같은 데이터를 사용할 수 있다고 가정한다.

- ▸ 사용자
- ▸ 이벤트
- ▸ 친구 관계
- ▸ 상호작용

사용자

사용자 데이터 스키마는 아래와 같다.

ID	Username	Age	Gender	City	Country	Language	Time zone

표 7.1 사용자 데이터 스키마

이벤트

표 7.2는 이벤트 데이터의 일반적인 모습을 보여 준다.

ID	호스트/ 사용자 ID	범주/ 하위 범주	설명	가격	위치	날짜/시간
1	5	음악/콘서트	마이애미 두아 리파 투어	200-900	아메리칸 에어라인 아레나 마이애미, 플로리다	09/18/2022 19:00-24:00
2	11	스포츠/야구	골든 스테이트 워리어 대 밀워키 벅스	140-2500	체이스 센터 샌프란시스코, 캘리포니아	09/22/2022 17:00-19:00
3	7	예술/극장	코미디와 로버트 홀의 마법	무료	산호세 임프로브 산호세, 캘리포니아	09/06/2022 18:00-19:30

표 7.2 이벤트 데이터

친구 관계

표 7.3에서 각 행은 두 사용자의 친구 관계가 형성된 시점을 타임스탬프로 보여 준다.

사용자 ID 1	사용자 ID 2	친구 관계가 형성된 타임스탬프
28	3	1658451341
7	39	1659281720
11	25	1659312942

표 7.3 친구 관계 데이터

상호작용

표 7.4에는 이벤트 등록, 초대 및 노출수와 같은 사용자 상호작용 데이터가 저장되어 있다. 실제로는 서로 다른 데이터베이스에 상호작용 데이터를 저장할수도 있지만, 간결한 설명을 위해 단일 테이블에 포함했다.

사용자 ID	이벤트 ID	상호작용 유형	상호작용 값	위치(위도, 경도)	타임스탬프
4	18	노출	-	38.8951, -77.0364	1658450539
4	18	등록	확인 번호	38.8951, -77.0364	1658451341
4	18	초대	사용자 9	41.9241, -89.0389	1658451365

표 7.4 상호작용 데이터

피처 엔지니어링

이벤트 기반 추천은 기존 추천보다 더 까다롭다. 이벤트는 영화나 책과는 근본적으로 다르며, 이벤트가 끝난 후에는 더 이상 등록 요청이 생기지 않는다. 이벤트는 일반적으로 수명이 짧기 때문에 이벤트가 생성된 후 종료될 때까지의 시간이 짧다. 따라서 특정 이벤트에 대해 사용할 수 있는 과거 상호작용 데이터가 많지 않다. 이러한 이유로 이벤트 기반 추천은 본질적으로 콜드 스타트이며 지속적으로 '신제품 문제'를 겪는다.

이러한 문제를 극복하기 위해 우리는 피처 엔지니어링에 더 큰 노력을 기울여 의미 있는 피처를 가능한 많이 만들었다. 지면 제약이 있으니, 일부 중요한 피처들만 설명하겠다. 실제로는 예측 피처의 수가 훨씬 더 많을 수 있다.

이 장에서는 다음 각 유형과 관련된 피처를 만든다.

▶ 위치 관련 피처

▶ 시간 관련 피처

  ▶ 소셜 관련 피처

  ▶ 사용자 관련 피처

  ▶ 이벤트 관련 피처

위치 관련 피처

이벤트 위치의 접근성은 어느 정도인가?

이벤트 장소의 접근성은 중요한 요소이다. 예를 들어, 이벤트가 대중교통에서 멀리 떨어진 언덕 높은 곳에 있는 경우 이동 시간 때문에 사용자가 이벤트에 참석하지 않을 수 있다. 접근성을 파악하기 위해 다음과 같은 피처를 만들어 보겠다.

• 도보 점수: 0~100 사이의 숫자로, 주변 편의 시설까지의 거리를 기준으로 해당 위치까지 얼마나 편하게 이동할 수 있는지 측정한다. 편의 시설까지의 거리, 보행자 친화성, 인구 밀도 등 다양한 요소를 분석하여 계산한다. 도보 점수는 구글 지도, 오픈스트리트맵(OpenStreetMap) 등의 외부 데이터 소스에서 얻을 수 있다고 가정한다. 표 7.5는 도보 점수를 5가지 범주로 버킷화하여 보여 준다.

범주	도보 점수	설명
1	90-100	자동차 필요 없음
2	70-89	편하게 걸을 만함
3	50-69	어느 정도 걸어갈 수 있는 거리
4	25-49	자동차가 있으면 좋음
5	0-24	자동차 필요함

표 7.5 도보 점수 범주

• 도보 점수 유사도: 이벤트의 도보 점수와 사용자가 등록한 이전 이벤트의 평균 도보 점수의 차이이다.

• 대중교통 점수, 대중교통 점수 유사성, 자전거 점수, 자전거 점수 유사성.

이벤트가 사용자와 같은 국가 및 도시에서 진행되나?

사용자에게 매우 중요한 결정 요소는 현재 있는 국가와 도시에서 이벤트가 열리는지 여부이다. 다음 두 가지 피처를 생성할 수 있다.

- 사용자의 국가가 이벤트하는 국가와 동일한 경우 이 피처는 1, 그렇지 않은 경우 0이다.
- 사용자의 도시가 이벤트하는 도시와 동일한 경우 이 피처는 1, 그렇지 않은 경우 0이다.

사용자가 거리에 불편함을 느끼지는 않나?

일부 사용자는 자신의 위치에서 매우 가까운 이벤트를 선호하는 반면, 다른 사용자는 멀리 떨어진 이벤트를 선호할 수 있다. 이를 파악하기 위해 다음 피처를 사용한다.

- **사용자 위치와 이벤트 위치 사이의 거리**: 이 값은 외부 API에서 가져와 몇 가지 범주로 버킷화할 수 있다. 예를 들어, 다음과 같이 나눌 수 있다.
    - 0: 1마일 미만
    - 1: 1~5마일
    - 2: 5~20마일
    - 3: 20~50마일
    - 4: 50~100마일
    - 5: 100마일 이상
- **거리 유사도**: 이벤트까지의 거리와 사용자가 이전에 등록한 이벤트와의 평균 거리(실제로는 중앙값 또는 백분위수 범위 사용 가능)의 차이이다.

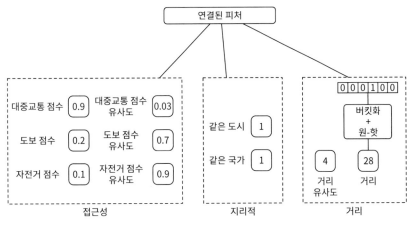

그림 7.7 위치 관련 피처

시간 관련 피처

이벤트까지 남은 시간이 충분한가?

어떤 사용자는 며칠 전에 이벤트를 계획하지만, 어떤 사용자는 그렇지 않을 수 있다. 이를 포착하기 위해 다음과 같은 피처를 만들어 보겠다.

- 이벤트 시작까지 남은 시간: 이 피처는 여러 범주로 버킷화하여 원-핫 인코딩할 수 있다. 예를 들어, 다음과 같이 나눌 수 있다.
    - 0: 이벤트 시작까지 1시간 미만 남음
    - 1: 1~2시간
    - 2: 2~4시간
    - 3: 4~6시간
    - 4: 6~12시간
    - 5: 12~24시간
    - 6: 1~3일
    - 7: 3~7일
    - 8: 7일 이상
- 남은 시간 유사도: 이벤트 개최까지 '남은 시간'과 사용자가 이전에 등록한 이벤트들의 평균 '남은 시간'의 차이이다.

- 사용자 위치에서 이벤트 위치까지의 예상 이동 시간: 이 값은 외부 서비스에서 가져와 범주별로 버킷화한다.

- 예상 이동 시간 유사도: 해당 이벤트까지의 예상 이동 시간과 사용자가 이전에 등록한 이벤트의 평균 예상 이동 시간 간의 차이이다.

날짜와 시간이 사용자에게 편리한가?

어떤 사용자는 주말에 열리는 이벤트를 선호하는 반면, 다른 사용자는 평일에 열리는 이벤트를 선호할 수 있다. 어떤 사용자는 오전에 열리는 이벤트를 선호하는 반면, 다른 사용자는 저녁에 열리는 이벤트를 선호할 수 있다. 요일에 대한 사용자의 과거 선호도를 파악하기 위해 사용자 프로필을 만든다. 이 사용자 프로필은 7 크기의 벡터이며, 각 값은 사용자가 특정 날짜에 참여한 이벤트 수를 계산한다. 이 값을 전체 참석 이벤트 수로 나누면 각 요일에 대한 이벤트 참석률의 과거 비율을 얻을 수 있다. 그림 7.8은 사용자가 이전에 참석한 이벤트의 일별 분포를 보여 준다. 그림에서 볼 수 있듯이 이 사용자는 월요일이나 수요일에 이벤트에 참석한 적이 없으므로 수요일에 개최되는 이벤트를 표시하는 건 좋은 추천이 아닐 수 있다. 비슷한 접근 방식을 사용하여 시간별 사용자 프로필을 만들 수 있다. 마찬가지로 요일 및 시간별 유사도를 추가한다.

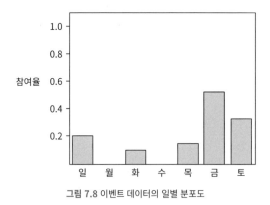

그림 7.8 이벤트 데이터의 일별 분포도

시간 관련 피처의 요약은 그림 7.9에 나와 있다.

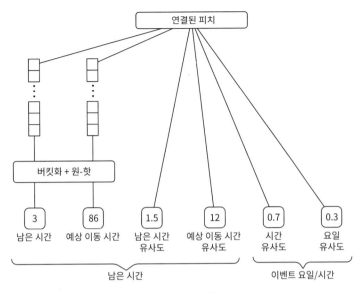

그림 7.9 시간 관련 피처 개요

소셜 관련 피처

이 이벤트에는 몇 명이 참석하나?

일반적으로 다른 참석자가 많으면 사용자가 이벤트에 등록할 가능성이 더 높다. 이를 파악하기 위해 다음과 같은 피처를 추출해 보겠다.

- 이 이벤트에 등록한 사용자 수
- 노출수 대비 전체 등록 사용자 수 비율
- 등록된 사용자 유사도: 해당 이벤트의 등록 사용자 수와 이전에 등록된 이벤트의 차이

친구의 참석과 관련된 피처

친구가 참석하는 경우 사용자가 이벤트에 등록할 가능성이 더 높다. 다음은 우리가 사용할 수 있는 몇 가지 피처이다.

- 이 이벤트에 등록한 사용자의 친구 수
- 전체 친구 대비 등록한 친구 수 비율

- 등록한 친구 유사도: 해당 이벤트에 등록된 친구 수와 이전에 등록된 이벤트의 친구 수의 차이이다.

다른 사람이 사용자를 초대했나?

사용자는 초대받은 이벤트에 참석할 가능성이 더 높다. 도움이 될 수 있는 몇 가지 피처는 다음과 같다.

- 이 사용자를 이벤트에 초대한 친구 수
- 이 사용자를 이벤트에 초대한 동료 사용자 수

이벤트 호스트가 사용자의 친구인가?

사용자는 친구가 만든 이벤트에 참석하는 경향이 있다. 이를 반영하기 위해 이벤트 호스트가 사용자의 친구인 경우 값이 1이고, 그렇지 않은 경우 0이 되는 이진 피처를 만들었다.

이 호스트가 이전에 만든 이벤트에 사용자가 얼마나 자주 참석했나?

특정 호스트가 만드는 이벤트에 관심이 있는 사용자도 있다.

사용자 관련 피처

연령 및 성별

일부 이벤트는 특정 연령과 성별을 대상으로 한다. 예를 들어, '기술 분야 여성'과 '30대에 성공하기 위한 인생 교훈'은 특정 인구통계학적 그룹에 특화된 이벤트의 예이다. 우리는 이를 포착하기 위해 두 가지 피처를 만든다.

- 원-핫 인코딩으로 인코딩된 사용자 성별
- 사용자의 연령, 여러 범주로 버킷화하고 원-핫 인코딩함

이벤트 관련 피처

이벤트 가격

이벤트 가격은 사용자가 이벤트 등록을 결정하는 데 영향을 미칠 수 있다. 사용해야 할 몇 가지 피처는 다음과 같다.

- 이벤트의 가격을 몇 가지 범주로 버킷화한다. 예를 들면 다음과 같다.
  - 0: 무료
  - 1: $1-$99
  - 2: $100-$499
  - 3: $500-$1,999
  - 4: $2,000 이상
- 가격 유사도: 해당 이벤트의 가격과 사용자가 이전에 등록한 이벤트의 평균 가격 차이이다.

이 이벤트의 설명이 이전에 등록된 설명과 얼마나 유사한가?

이것은 이전에 등록된 이벤트를 기반으로 사용자의 관심사를 나타낸다. 예를 들어, 이전 이벤트의 설명에 '콘서트'라는 단어가 반복적으로 나타나면 사용자가 콘서트 이벤트에 관심이 있음을 짐작할 수 있다. 이를 파악하기 위해 이벤트 설명과 사용자가 이전에 등록한 이벤트 설명 간의 유사성을 나타내는 피처를 만든다. 유사도를 계산하기 위해 TF-ID를 사용하여 설명을 숫자 벡터로 변환하고 코사인 거리를 사용하여 유사도를 계산한다.

이 피처는 호스트가 수동으로 설명을 제공하므로 노이즈가 발생할 수 있다. 이 피처를 사용하거나 사용하지 않고 모델을 학습시키는 실험을 통해, 피처의 중요성을 확인할 수 있다.

그림 7.10은 사용자 피처, 이벤트 피처 및 소셜 관련 피처에 대한 개요를 보여 준다.

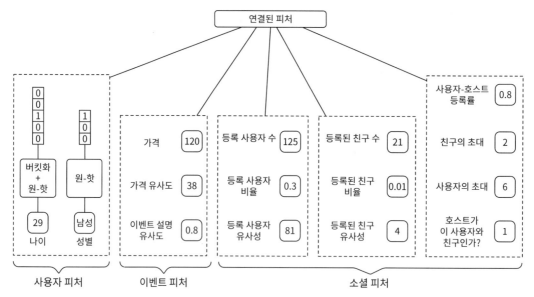

그림 7.10 사용자, 이벤트 및 소셜 피처

위에 나열된 피처가 전부는 아니다. 실제로 생성할 수 있는 예측 피처는 매우 많다. 예를 들어 호스트의 인기도, 사용자의 검색 기록, 이벤트의 범주, 자동 생성된 이벤트 태그 등 호스트 관련 피처가 있다. 면접에서는 이 장의 설명을 엄격하게 따를 필요는 없다. 소개된 내용을 시작점으로 삼고 면접관과 더 관련성이 높은 주제에 대해 논의할 수 있다. 다음은 자세히 설명할 수 있는 몇 가지 잠재적인 대화 주제이다.

- 배치 피처와 스트리밍 피처 비교. 배치(정적) 피처는 연령, 성별, 이벤트 설명과 같이 자주 변경되지 않는 피처를 의미한다. 이러한 피처는 배치 처리를 사용하여 주기적으로 계산하고 피처 저장소에 저장할 수 있다. 이와는 대조적으로 스트리밍(동적) 피처는 빠르게 변경된다. 예를 들어 이벤트에 등록한 사용자 수와 이벤트까지 남은 시간은 동적 피처이다. 면접관은 이 주제에 대해 더 자세히 확인하거나, 머신러닝에서 배치 처리와 온라인 처리에 관한 상세한 질문을 할 수 있다. 자세한 내용이 궁금하다면 [8]을 참고하라.

- **피처 연산 효율성.** 실시간으로 피처를 계산하는 방식은 효율적이지 않다. 이 문제와 이를 방지할 수 있는 방법에 대해 논의하자. 예를 들어, 사용자의 현재 위치와 이벤트 위치 사이의 거리를 피처로 계산하는 대신 두 위치를 두 개의 개별 피처로 모델에 전달하고 모델이 두 위치에서 유용한 정보를 암시적으로 계산하게 한다. 머신러닝 모델에 사용할 위치 데이터를 준비하는 방법에 대한 자세한 내용은 [9]를 참고하라.

- **감쇠계수(decay factor) 사용.** 사용자의 마지막 상호작용 X에 관련된 피처에 감쇠계수를 사용한다. 감쇠계수는 사용자의 최근 상호작용/행동에 더 많은 가중치를 부여한다.

- **임베딩 학습을 사용.** 임베딩 학습으로 각 이벤트와 사용자를 임베딩 벡터로 변환한다. 이러한 임베딩 벡터는 이벤트와 사용자를 나타내는 피처로 사용된다.

- **사용자의 속성으로 피처를 만들면 생길 수 있는 편견:** 예를 들어, 나이나 성별에 의존하여 지원자가 직무에 적합한지 판단하는 건 차별을 유발할 수 있다. 사용자의 속성을 기반으로 피처를 생성하기 때문에 편견이 생길 수 있다는 점을 중요하게 인식해야 한다.

모델 개발

모델 선택

이진 분류 문제는 다양한 머신러닝 방법으로 해결할 수 있다. 다음을 살펴보겠다.

- ▶ 로지스틱 회귀
- ▶ 의사 결정 트리
- ▶ 그레디언트 부스트 결정 트리(GBDT)
- ▶ 신경망

로지스틱 회귀

로지스틱 회귀는 하나 또는 여러 특징의 선형 조합을 사용하여 이진 결과의 확률을 모델링한다. 로지스틱 회귀에 대한 자세한 내용은 [10]을 참고하라.

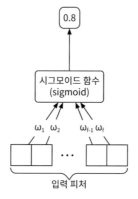

그림 7.11 로지스틱 회귀

로지스틱 회귀의 장단점을 살펴보자.

장점

- **빠른 추론 속도.** 입력된 피처의 가중치 조합을 계산하는 속도가 빠르다.
- **효율적인 학습.** 구조가 단순하기 때문에 구현, 해석, 훈련이 쉽고 빠르게 이루어진다.

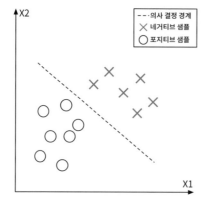

그림 7.12 로지스틱 회귀의 의사 결정 경계가 있는 선형적으로 분리할 수 있는 데이터

- 데이터가 선형적으로 분리 가능한 경우에 잘 작동한다(그림 7.12).
- 해석 가능하고 이해하기 쉽다. 각 피처에 할당된 가중치는 다양한 피처의 중요도를 나타내며, 이를 통해 결정이 내려진 이유에 대한 통찰력을 얻을 수 있다.

단점

- 입력 피처의 선형 조합을 사용하기 때문에 비선형 문제는 로지스틱 회귀로 해결할 수 없다.
- 다중공선성(multicollinearity)은 두 개 이상의 피처가 높은 상관관계를 가질 때 발생한다. 로지스틱 회귀의 한계 중 하나는 입력 피처에 다중공신성이 있는 경우 작업을 잘 학습할 수 없다는 것이다.

우리 시스템에서는 입력 피처의 수가 매우 많을 수 있다. 이러한 피처는 목표 변수(이진 결과)와 복잡하고 비선형적인 관계를 갖는 경우가 많다. 로지스틱 회귀는 이러한 복잡성은 학습하기 어려울 수 있다.

의사 결정 트리

의사 결정 트리는 예측을 위해 의사 결정과 그에 따른 가능한 결과를 나타내는 트리 모델을 사용하는 또 다른 학습 방법이다. 그림 7.13은 나이와 성별이라는 두 가지 피처를 가진 간단한 의사 결정 트리를 보여 준다. 또한 해당 의사 결정

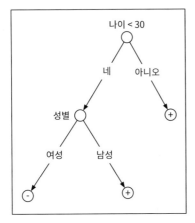
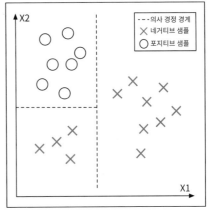

그림 7.13 의사 결정 트리(왼쪽)와 학습된 의사 결정 경계(오른쪽)

경계도 보여 준다. 의사 결정 트리의 각 리프 노드는 이진 결과를 나타내며, '+'
는 주어진 입력이 포지티브로 분류되었음을 나타내고 '-'는 네거티브를 의미한
다. 의사 결정 트리에 대한 자세한 내용은 [11]을 참고하라.

[장점]

- **빠른 훈련**: 의사 결정 트리는 빠르게 훈련할 수 있다.
- **빠른 추론**: 의사 결정 트리는 추론 시점에 빠르게 예측한다.
- **데이터 준비가 거의 또는 전혀 필요하지 않다**: 의사 결정 트리 모델은 알고리즘이 입력 피처의 분포에 의존하지 않기 때문에 데이터 정규화 또는 스케일링이 필요하지 않다.
- **해석할 수 있고 이해하기 쉽다**: 트리를 시각화하면 의사 결정이 이루어진 이유 와 중요한 의사 결정 요소가 무엇인지 쉽게 이해할 수 있다.

[단점]

- **최적이 아닌 의사 결정 경계**: 의사 결정 트리 모델은 피처 공간의 축에 평행한 의사 결정 경계를 생성한다(그림 7.13). 이는 특정 데이터 분포에 대한 의사 결정 경계를 찾는 최적의 방법이 아닐 수 있다.
- **과대적합**: 의사 결정 트리는 데이터의 작은 변화에 매우 민감하다. 입력 데이터의 작은 변화로 인해 서빙 시점에 다른 결과가 나올 수 있다. 마찬가지로 학습 데이터의 작은 변화에 따라 완전히 다른 트리 구조를 만들 수도 있다. 이는 중요한 문제이며 예측의 신뢰도를 떨어뜨린다.

실제로 나이브 의사 결정 트리(naive decision tree)는 거의 사용되지 않는다. 그 이유는 입력 데이터의 변화에 너무 민감하기 때문이다. 의사 결정 트리의 민감도를 낮추기 위해 일반적으로 두 가지 기법이 사용된다.

- 배깅(bootstrap aggregation, bagging)
- 부스팅(boosting)

이 두 가지 기술은 기술 업계 전반에서 널리 사용되고 있다. 두 기술이 어떻게 작동하는지 잘 이해해야 한다. 자세히 살펴보겠다.

배깅

배깅은 훈련 데이터의 여러 하위 집합에 대해 머신러닝 모델 세트를 병렬로 훈련하는 앙상블 학습 방법이다. 배깅에서는 이렇게 훈련된 모든 모델의 예측을 결합하여 최종 예측을 만든다. 이렇게 하면 데이터의 변화에 대한 모델의 민감도(분산)가 크게 줄어든다.

배깅의 한 가지 예로 일반적으로 사용되는 '랜덤 포레스트' 모델이 있다[12]. 랜덤 포레스트는 훈련 중에 여러 의사 결정 트리를 병렬로 구축하여 모델의 민감도를 낮춘다. 예측을 위해 각 의사 결정 트리는 주어진 입력의 출력 클래스(포지티브 또는 네거티브)를 독립적으로 예측한 다음 보팅(voting) 메커니즘을 사용하여 이러한 예측을 결합하여 최종 예측을 수행한다. 그림 7.14는 의사 결정 트리가 3개 있는 랜덤 포레스트를 보여 준다.

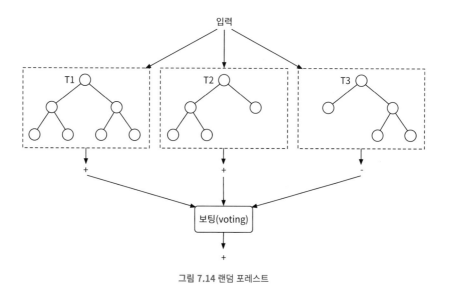

그림 7.14 랜덤 포레스트

배깅 기법에는 다음과 같은 장점이 있다.

• 과대적합(높은 분산)의 영향을 줄인다.
• 의사 결정 트리를 병렬로 학습할 수 있으므로 학습 시간이 많이 늘어나지 않는다.
• 의사 결정 트리는 입력을 병렬로 처리할 수 있으므로 추론 시에 대기 시간이 많이 추가되지 않는다.

장점에도 불구하고 배깅은 모델이 과소적합(높은 편향)에 직면했을 때 도움이 되지 않는다. 배깅의 단점을 극복하기 위해 부스팅이라는 다른 기법에 대해 알아보자.

부스팅

머신러닝에서 부스팅은 예측 오류를 줄이기 위해 여러 개의 약한 분류기(weak classifier)를 순차적으로 훈련하는 방식을 말한다. '약한 분류기'는 무작위 추측보다 약간 더 나은 성능을 보이는 간단한 분류기를 의미한다. 부스팅에서는 여러 개의 약한 분류기가 하나의 강력한 학습 모델로 변환된다. 그림 7.15는 부스팅의 예를 보여 준다.

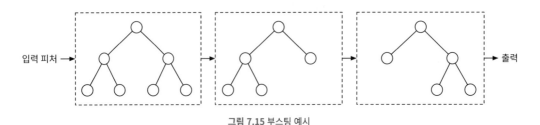

그림 7.15 부스팅 예시

장점

- 부스팅은 편향과 분산을 줄여 준다. 약한 분류기를 결합하면 데이터 변화에 덜 민감한 강력한 모델을 만들 수 있다. 편향/분산 상충관계에 대한 자세한 내용은 [13]을 참고하라.

단점

- 훈련 및 추론 속도가 느리다. 분류기는 이전 분류기의 실수를 기반으로 훈련하기 때문에 순차적으로 작동한다. 부스팅의 순차적 특성으로 인해 서빙 시간이 늘어난다.

편향의 경우 배깅이 도움이 되지 않지만, 부스팅은 편향과 분산의 영향을 줄이기 때문에 일반적으로 배깅보다 자주 사용한다.

일반적인 부스팅 기반 의사 결정 트리로는 에이다부스트(AdaBoost)[14], XG

부스트(XGBoost)[15], 그레디언트 부스트(GradientBoost)[16]가 있다. 이들은 일반적으로 분류 모델을 훈련하는 데 사용한다.

GBDT

GBDT는 일반적으로 의사 결정 트리를 개선하기 위해 그레디언트 부스트를 활용하는 트리 기반 모델이다. XG부스트[15]와 같은 GBDT의 일부 변형은 다양한 머신러닝 대회에서 강력한 성능을 입증했다[17]. GBDT에 대해 더 자세히 알아보려면 [18][19]를 참고하라.

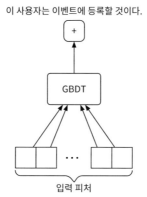

그림 7.16 이진수로 출력하는 GBDT 모델

GBDT 모델의 장단점은 다음과 같다.

장점

- **간편한 데이터 준비**: 의사 결정 트리와 유사하게 데이터 준비가 필요하지 않다.
- **편차를 줄임**: GBDT는 부스팅 기법을 사용하므로 분산이 줄어든다.
- **편향성을 줄임**: GBDT는 여러 개의 약한 분류기를 활용하여 이전 분류기에서 잘못 분류된 데이터 포인트를 반복적으로 개선함으로써 예측 오류를 줄인다.
- 구조화된 데이터와 잘 작동한다.

단점

- 반복 횟수, 트리 깊이, 정규화 매개변수 등 조정할 하이퍼파라미터가 많다.
- GBDT는 이미지, 동영상, 오디오 등과 같은 비정형 데이터에서는 잘 작동하지 않는다.
- 스트리밍 데이터를 통한 지속적인 학습에는 적합하지 않다.

우리의 경우 생성된 피처가 구조화된 데이터이기 때문에 GBDT 또는 그 변형 (예: XG부스트)이 좋은 방식이다.

GBDT의 가장 큰 단점은 지속적인 학습에 적합하지 않다는 점이다. 이벤트 추천 시스템에서는 최근 사용자 상호작용, 등록, 새로운 이벤트, 심지어 신규 사용자 등 새로운 데이터가 지속적으로 시스템에 입력된다. 또한 사용자의 취향과 관심사는 시간이 지남에 따라 변할 수 있다. 좋은 이벤트 추천 시스템을 위해서는 새로운 데이터에 지속적으로 적응하는 것이 중요하다. 지속적인 학습이 불가능하다면, GBDT를 처음부터 다시 정기적으로 재학습시키는 데 큰 비용이 필요하다. 다음으로 이러한 한계를 극복할 수 있는 신경망에 대해 알아보겠다.

신경망

이벤트 추천 시스템에는 결과와 선형적인 상관관계가 없는 피처들이 있을 수 있다. 이러한 복잡한 관계를 학습하기는 어렵다. 또한 새로운 데이터에 맞게 모델을 조정하려면 지속적인 학습이 필요하다.

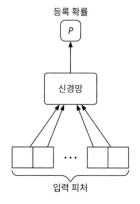

그림 7.17 신경망 입력-출력

신경망은 이러한 문제를 해결하는 데 적합하다. 비선형적 의사 결정 경계가 있는 복잡한 작업을 학습할 수 있다. 또한, 신경망 모델은 새로운 데이터를 매우 쉽게 미세 조정할 수 있어 지속적인 학습에 이상적이다. 신경망에 대한 자세한 내용을 알고 싶으면 [20]을 읽어보기를 바란다.

장단점을 살펴보자.

장점

- 지속적인 학습. 신경망은 데이터를 통해 학습하고 스스로를 지속적으로 개선하기에 적합한 구조이다.
- 텍스트, 이미지, 동영상 또는 오디오와 같은 비정형 데이터와 잘 작동한다.
- 표현력. 신경망은 학습 매개변수의 수가 많기 때문에 표현력이 뛰어나다. 매우 복잡한 작업과 비선형적인 의사 결정 경계를 학습할 수 있다.

단점

- 훈련하는 데 계산 비용이 많이 든다.
- 입력 데이터의 품질이 결과에 큰 영향을 미친다. 신경망은 입력 데이터에 민감하다. 예를 들어, 입력 피처의 범위가 많이 다른 경우 학습 단계에서 모델이 느리게 수렴할 수 있다. 신경망의 중요한 단계는 정규화, 로그 스케일링, 원-핫 인코딩 등과 같은 데이터 준비이다.
- 신경망을 학습시키려면 대규모 학습 데이터가 필요하다.
- 블랙박스 특성. 신경망은 입력 피처가 여러 계층의 비선형 변환을 거치기 때문에 각 피처가 결과에 미치는 영향을 파악하기가 쉽지 않다.

어떤 모델을 선택해야 하나?

올바른 모델을 선택하기는 어려운 일이다. 어떤 모델이 가장 적합한지 결정하기 위해서는 대부분 여러 가지 모델을 실험해 봐야 한다. 다양한 요소에 따라 적합한 모델을 선택할 수 있다.

- 작업의 복잡성
- 데이터 배포 및 데이터 유형

- 교육 비용, 속도, 모델 크기 등과 같은 제품 요구사항 또는 제약 조건

이 문제에서는 GBDT와 신경망 모두 실험에 적합한 후보이다. 구현과 훈련이 빠른 GBDT 변형인 XG부스트로 시작한다. 이 결과를 초기 기준선으로 사용할 수 있다.

기준선이 정해지면 신경망으로 더 나은 모델을 구축할 수 있는 가능성을 타진한다. 다음과 같은 이유로 여기에서는 신경망이 적절한 방식이라 생각한다.

- 시스템에서 방대한 훈련 데이터를 사용할 수 있다. 사용자는 이벤트에 등록하고, 친구를 초대하고, 새로운 이벤트를 게시하는 등 시스템과 지속적으로 상호작용한다. 사용자 수를 고려할 때, 이는 훈련에 사용할 수 있는 방대한 양의 데이터를 생성한다.
- 데이터는 선형적으로 분리되지 않을 수 있고, 신경망은 비선형 데이터를 학습할 수 있다.

신경망 아키텍처를 설계할 때는 은닉 계층의 수, 각 계층의 뉴런, 활성화 함수 등 여러 가지 하이퍼파라미터를 고려해야 한다. 이러한 하이퍼파라미터 튜닝 기법을 사용하여 하이퍼파라미터를 결정할 수 있다. 올바른 아키텍처를 선택할 수 있는 체계적인 방법이 없기 때문에 신경망 아키텍처 세부 사항은 일반적으로 머신러닝 시스템 설계 면접의 핵심은 아니다.

모델 훈련

데이터세트 구성

훈련 및 평가 데이터세트의 구축은 모델 개발의 필수 단계이다. 예를 들어 피처와 그 라벨을 계산하는 방법을 살펴보자.

단일 데이터 포인트를 구성하기 위해 상호작용 데이터에서 〈사용자, 이벤트〉 쌍을 추출하고 이 쌍으로부터 입력 피처를 계산한다. 그런 다음 사용자가 이벤트에 등록한 경우 데이터 포인트에 1을, 등록하지 않은 경우 0을 라벨로 지정한다.

#	추출된 〈사용자, 이벤트〉 피처						라벨
1	1	0	1	1	0	1	1
2	0	0	0	1	1	0	0

그림 7.18 구축된 데이터세트

데이터세트를 구성한 후 클래스 불균형 문제가 발생할 수 있다. 그 이유는 사용자가 하나의 이벤트에 등록하기 전에 수십, 수백 개의 이벤트를 검색할 수 있기 때문이다. 따라서 네거티브 〈사용자, 이벤트〉 쌍의 수가 포지티브 데이터 포인트보다 훨씬 더 많다. 클래스 불균형 문제를 해결하기 위해 다음 기법 중 하나를 사용할 수 있다.

- 초점 손실(focal loss) 또는 클래스 균형 손실(class-balanced loss)을 사용하여 분류기(classifier) 훈련
- 다수 클래스 언더샘플링

손실 함수 선택

이 모델은 이진 분류 모델이므로 이진 크로스 엔트로피(binary cross-entropy)와 같은 일반적인 분류 손실 함수를 사용하여 신경망 모델을 최적화한다.

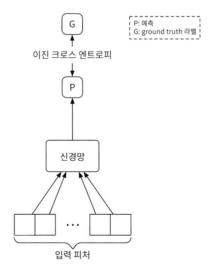

그림 7.19 예측과 라벨 간의 손실

평가

오프라인 지표

순위 시스템을 평가하기 위해 다음 옵션을 고려한다.

- recall@k 또는 precision@k. 이 지표는 출력의 순위 품질을 고려하지 않기 때문에 적합하지 않다.
- MRR, nDCG 또는 mAP. 이 세 가지 지표는 순위 품질을 측정하는 데 일반적으로 사용한다. 어떤 지표가 가장 좋을까?

MRR은 목록에서 첫 번째 관련 항목의 순위에 초점을 맞추므로, 관련 항목이 한 개로 예상되는 시스템에 적합하다. 그러나 이벤트 추천 시스템에서는 여러 개의 추천 이벤트가 사용자와 관련이 있을 수 있다. MRR은 적합하지 않다.

nDCG는 사용자와 항목 간의 연관성 점수가 이진 형태가 아닌 경우 잘 작동한다. 반면, mAP는 연관성 점수가 이진 형태일 때만 작동한다. 이벤트는 관련성이 있거나(사용자가 이벤트를 등록한 경우) 관련성이 없는(사용자가 이벤트를 보았지만 등록하지 않은) 경우가 많으므로, mAP가 더 적합하다.

온라인 지표

이 경우 비즈니스 목표는 티켓 판매를 늘려 수익을 늘리는 것이다. 시스템이 매출에 미치는 영향을 측정하기 위해 다음 지표를 살펴보겠다.

- ▶ 클릭률
- ▶ 전환율
- ▶ 북마크 비율
- ▶ 수익 증가율

클릭률

추천 이벤트를 본 사용자가 이벤트를 클릭하는 빈도를 보여 주는 비율이다.

$$클릭률 = \frac{클릭\ 이벤트\ 총수}{노출\ 총수}$$

클릭률이 높다는 건 시스템이 사용자가 클릭하는 이벤트를 잘 추천한다는 걸 의미한다. 클릭 수가 많으면 일반적으로 더 많은 이벤트에 등록한다.

그러나 온라인 지표로 클릭률에만 의존하는 건 충분하지 않을 수 있다. 일부 이벤트는 낚시성이다. 이상적으로는 추천 이벤트가 사용자에게 얼마나 관련성이 있는지를 측정하는 것이 좋다. 이 지표를 전환율이라고 하며, 이어서 설명하겠다.

전환율

추천 이벤트를 본 사용자가 해당 이벤트에 등록하는 빈도를 나타내는 비율이다. 공식은 다음과 같다.

$$전환율 = \frac{이벤트\ 등록\ 총수}{노출\ 총수}$$

전환율이 높다는 건 사용자가 추천 이벤트에 더 자주 등록한다는 걸 의미한다. 예를 들어 전환율이 0.3이면 사용자가 평균적으로 추천 이벤트 10개 중 3개의 이벤트에 등록한다는 말이다.

북마크 비율

사용자가 추천 이벤트를 북마크하는 빈도를 나타내는 비율이다. 이는 플랫폼에서 사용자가 이벤트를 저장하거나 북마크할 수 있다는 가정을 기반으로 한다.

수익 증가율

이벤트 추천으로 인한 수익 증가율이다.

서빙

이 절에서는 요청을 처리하는 데 사용할 수 있는 머신러닝 시스템 설계를 제안한다. 그림 7.20에서 볼 수 있듯이 설계에는 두 가지 주요 파이프라인이 있다.

▶ 온라인 학습 파이프라인

▶ 예측 파이프라인

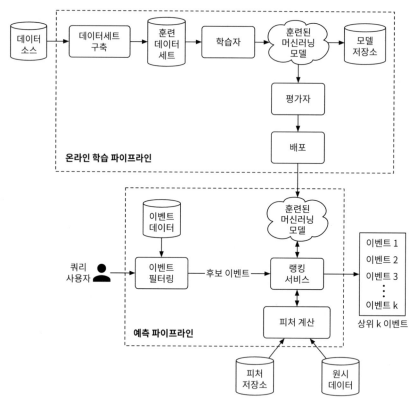

그림 7.20 머신러닝 시스템 설계

온라인 학습 파이프라인

앞서 설명한 바와 같이 이벤트 추천은 본질적으로 콜드 스타트 방식이며, 지속적으로 새로운 항목이 추가되는 문제가 있다. 따라서 새로운 데이터에 적응하기 위해 모델을 계속 미세 조정해야 한다. 이 파이프라인은 새로운 데이터를 통합하여 새로운 모델을 지속적으로 학습시키고, 학습된 모델을 평가하고, 배포하는 역할을 담당한다.

예측 파이프라인

예측 파이프라인은 특정 사용자와 가장 관련성이 높은 상위 k개의 이벤트를 예측하는 역할을 담당한다. 예측 파이프라인의 가장 중요한 몇 가지 구성요소에 대해 살펴보겠다.

이벤트 필터링

이벤트 필터링 컴포넌트는 쿼리 사용자를 입력으로 받아 이벤트의 범위를 100만 개에서 이벤트의 작은 하위 집합으로 좁힌다. 이는 이벤트 위치 또는 기타 유형의 사용자 필터와 같은 간단한 규칙을 기반으로 한다. 예를 들어 사용자가 '콘서트만' 필터를 추가하면 컴포넌트는 후보 이벤트의 하위 집합으로 목록을 빠르게 좁힌다. 이러한 유형의 필터는 이벤트 추천 시스템에서 흔히 사용되므로 수백만 개의 이벤트에서 수백 개의 후보 이벤트로 검색 공간을 크게 줄이는 데 사용할 수 있다.

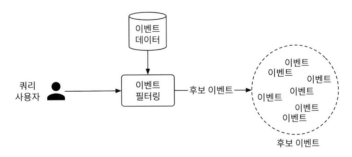

그림 7.21 이벤트 필터링 입력-출력

순위 서비스

이 서비스는 필터링 컴포넌트가 생성한 사용자 및 후보 이벤트를 입력으로 받아 각 〈사용자, 이벤트〉 쌍에 대한 피처를 계산하고 모델에서 예측한 확률에 따라 이벤트를 정렬한 후 사용자에게 가장 관련성이 높은 상위 k개 이벤트의 순위 목록을 출력한다.

순위 서비스는 모델이 기대하는 피처를 계산하는 피처 계산 컴포넌트와 상
호작용한다. 정적 피처는 피처 저장소에서 가져오지만, 동적 피처는 원시 데이
터에서 실시간으로 계산하여 사용한다.

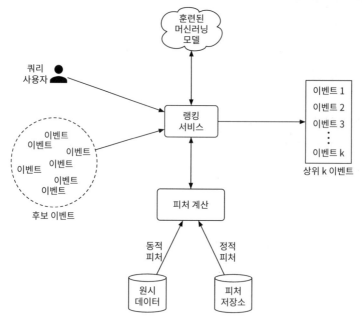

그림 7.22 랭킹 서비스 워크플로

추가 논의 주제

면접이 끝나기 전 시간이 남은 경우 아래와 같은 추가 주제로 대화할 수 있다.

- 이 시스템에서 관찰할 수 있는 편향의 유형은 무엇인가[21].
- 피처 크로싱을 활용하여 표현력을 높이는 방법[22].
- 일부 사용자는 다양한 이벤트 목록을 보고 싶어 한다. 추천 이벤트를 다양
  화하고 최소화하려면 어떻게 해야 할까[23]?
- 사용자의 속성을 활용하여 모델을 학습한다. 또한 사용자의 실제 위치도 활
  용한다. 개인 정보 보호 및 보안과 관련된 추가 고려 사항[24]은 무엇인가?
- 이벤트 관리 플랫폼은 일반적으로 이벤트 주최자가 공급자가 되고 사용자
  가 수요자가 되는 양방향 마켓플레이스이다. 시스템이 한쪽에만 최적화되

지 않도록 하려면 어떻게 해야 할까? 또한, 플랫폼이 여러 호스트에게 공평
하게 유지되도록 하려면 어떻게 해야 할까? 양방향 마켓플레이스의 고유한
과제에 대해 자세히 알아보려면 [25]를 참고하라.

- 데이터세트를 구성할 때 데이터 누수를 방지하는 방법[26].
- 모델 업데이트에 적합한 빈도를 결정하는 방법[27].

요약

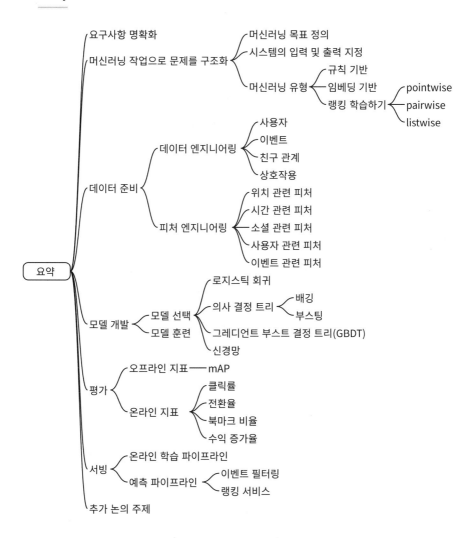

참고 문헌

[1]   Learning to rank methods. *https://livebook.manning.com/book/practical-recommender-systems/chapter-13/53*

[2]   RankNet paper. *https://icml.cc/2015/wp-content/uploads/2015/06/icml_ranking.pdf*

[3]   LambdaRank paper. *https://www.microsoft.com/en-us/research/wp-content/uploads/2016/02/lambdarank.pdf*

[4]   LambdaMART paper. *https://www.microsoft.com/en-us/research/wp-content/uploads/2016/02/MSR-TR-2010-82.pdf*

[5]   SoftRank paper. *https://www.microsoft.com/en-us/research/wp-content/uploads/2016/02/SoftRankWsdm08Submitted.pdf*

[6]   ListNet paper. *https://www.microsoft.com/en-us/research/wp-content/uploads/2016/02/tr-2007-40.pdf*

[7]   AdaRank paper. *https://dl.acm.org/doi/10.1145/1277741.1277809*

[8]   Batch processing vs stream processing. *https://www.confluent.io/learn/batch-vs-real-time-data-processing/#:~:text=Batch%20processing%20is%20when%20the,data%20flows%20through%20a%20system*

[9]   Leveraging location data in ML systems. *https://towardsdatascience.com/leveraging-geolocation-data-for-machine-learning-essential-techniques-192ce3a969bc#:~:text=Location%20data%20is%20an%20important,based%20on%20your%20custome r%20data*

[10]   Logistic regression. *https://www.youtube.com/watch?v=yIYKR4sgzI8*

[11]   Decision tree. *https://careerfoundry.com/en/blog/data-analytics/what-is-a-decisio n-tree/*

[12]   Random forests. *https://en.wikipedia.org/wiki/Random_forest*

[13]   Bias/variance trade-off. *http://www.cs.cornell.edu/courses/cs578/2005fa/CS578.bagging.boosting.lecture.pdf*

[14]   AdaBoost. *https://en.wikipedia.org/wiki/AdaBoost*

[15] XGBoost. *https://xgboost.readthedocs.io/en/stable/*

[16] Gradient boosting. *https://machinelearningmastery.com/gentle-introduc tion-gra dient-boosting-algorithm-machine-learning/*

[17] XGBoost in Kaggle competitions. *https://www.kaggle.com/getting-started/ 145362*

[18] GBDT. *https://blog.paperspace.com/gradient-boosting-for-classification/*

[19] An introduction to GBDT. *https://www.machinelearningplus.com/machine-learning/an-introduction-to-gradient-boosting-decision-trees/*

[20] Introduction to neural networks. *https://www.youtube.com/watch?v=0tw SSFZN9Mc*

[21] Bias issues and solutions in recommendation systems. *https://www.youtube. com/watch?v=pPq9iyGIZZ8*

[22] Feature crossing to encode non-linearity. *https://developers.google.com/ machine-learning/crash-course/feature-crosses/encoding-nonlinearity*

[23] Freshness and diversity in recommendation systems. *https://developers. google.com/machine-learning/recommendation/dnn/re-ranking*

[24] Privacy and security in ML. *https://www.microsoft.com/en-us/research/ blog/privacy-preserving-machine-learning-maintaining-confidentiality-and-preserving-trust/*

[25] Two-sides marketplace unique challenges. *https://www.uber.com/blog/ uber-eats-recommending-marketplace/*

[26] Data leakage. *https://machinelearningmastery.com/data-leakage-machine-learning/*

[27] Online training frequency. *https://huyenchip.com/2022/01/02/real-time-machine-learning-challenges-and-solutions.html#towards-continual-learning*

8장

소셜 플랫폼 광고 클릭 예측

소개

온라인 광고를 통해 광고주는 노출수, 클릭 수, 전환 수 등 측정 가능한 반응을 얻기 위해 플랫폼에 입찰하고 광고를 게재한다. 구글, 메타, 인스타그램과 같이 많은 온라인 플랫폼은 기본적으로 사용자에게 관련성 높은 광고를 표시한다.

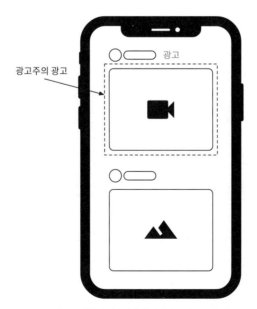

그림 8.1 사용자 타임라인에 게재되는 광고주의 광고

이 장에서는 인기 있는 소셜 미디어 플랫폼과 유사한 광고 클릭 예측(클릭률 예측이라고도 함) 시스템을 설계한다.

요구사항 명확화

다음은 지원자와 면접관 간의 일반적인 대화이다.

지원자: 광고 예측 시스템을 구축하는 비즈니스 목표가 수익 극대화라고 가정해도 되나요?

면접관: 예, 맞습니다.

지원자: 동영상 광고, 이미지 광고 등 다양한 유형이 있습니다. 또한 광고는 사용자의 타임라인, 팝업 광고 등과 같이 다양한 크기와 형식으로 표시될 수 있습니다. 간단하게 하기 위해, 광고는 사용자의 타임라인에만 게재되고 클릭할 때마다 일정한 수익이 발생한다고 가정해도 되나요?

면접관: 좋습니다.

지원자: 시스템에서 한 사용자에게 동일한 광고를 두 번 이상 표시할 수 있나요?

면접관: 예, 광고를 두 번 이상 게재할 수 있습니다. 때로는 광고가 여러 번 노출된 후 클릭으로 전환되는 경우가 있습니다. 실제로 기업들은 '피로 기간(fatigue period)', 즉 사용자가 반복적으로 광고를 무시하는 경우 같은 사용자에게 동일한 광고를 X일 동안 노출하지 않는 기간을 정합니다. 우리는 문제를 간단하게 하기 위해 피로 기간이 없다고 가정하겠습니다.

지원자: '이 광고 숨기기' 기능을 지원하나요? '이 광고 차단'은 어떨까요? 이러한 종류의 부정적인 피드백은 관련 없는 광고를 감지하는 데 도움이 됩니다.

면접관: 좋은 질문입니다. 사용자가 마음에 들지 않는 광고를 숨길 수 있다고 가정해 보죠. '이 광고 차단'은 흥미로운 기능이지만 지금은 지원할 필요가 없습니다.

지원자: 사용자 및 광고 데이터를 사용하여 학습 데이터세트를 구성하고, 라벨

은 사용자-광고 상호작용에 기반한다고 가정해도 괜찮을까요?

면접관: 그렇습니다.

지원자: 사용자 클릭을 통해 포지티브 훈련 데이터 포인트를 구성할 수 있지만 네거티브 데이터 포인트는 어떻게 생성할 수 있나요? 클릭하지 않은 노출은 모두 네거티브 데이터 포인트라고 가정할 수 있나요? 사용자가 빠르게 스크롤 하여 광고를 보지 않는다면 어떻게 해야 할까요? 부정적인 노출로 계산했지만 결국 사용자가 클릭하면 어떻게 해야 할까요?

면접관: 좋은 질문입니다. 어떻게 생각하시나요?

지원자: 사용자 화면에 일정 시간 동안 광고를 표시하였지만, 클릭하지 않는 경우, 이를 네거티브 데이터 포인트로 계산할 수 있습니다. 다른 접근 방식은 클릭을 할 때까지 노출이 네거티브라고 가정하는 것입니다. 그리고 '이 광고 숨기기'와 같은 부정적인 피드백을 사용하여 네거티브 데이터 포인트를 라벨링할 수 있습니다.

면접관: 좋네요! 실제로는 다른 복잡한 기술을 사용하여 네거티브 데이터 포인트에 라벨을 지정할 수도 있습니다[1]. 이번 면접에서는 지원자의 제안에 따라 진행하겠습니다.

지원자: 광고 클릭 예측 시스템에서는 모델이 지속적으로 새로운 상호작용을 학습하는 것이 중요합니다. 이러한 지속적인 학습이 필수라고 가정해도 될까요?

면접관: 좋은 지적입니다. 실험에 따르면 모델 업데이트가 5분만 지연되어도 성능이 저하될 수 있습니다[1].

문제를 요약해 보자. 광고 클릭 예측 시스템을 설계하라는 요청을 받았다. 이 시스템의 비즈니스 목표는 수익을 극대화하는 것이다. 광고는 사용자의 타임라인에만 게재하며 클릭할 때마다 일정한 수익이 발생한다. 새로운 상호작용을 통해 모델을 지속적으로 학습시켜야 한다. 사용자 데이터와 광고 데이터로 데이터세트를 구성하고 상호작용에 따라 라벨을 지정한다. 이 장에서는 머신러닝 면접과 관련이 없으므로 애드테크(AdTech) 관련 주제는 다루지 않는다. 애드테크에 대한 자세한 내용은 [2]를 참고하라.

머신러닝 작업으로 문제를 구조화

머신러닝 목표 정의

광고 클릭 예측 시스템의 목표는 사용자가 클릭할 가능성이 높은 광고를 표시하여 수익을 높이는 것이다. 이는 다음과 같이 광고가 클릭될지 여부를 예측하는 머신러닝 목표로 전환할 수 있다. 클릭 확률을 정확하게 예측하면 시스템이 사용자에게 관련성 높은 광고를 표시할 수 있고, 수익 증가로 이어진다.

시스템의 입력 및 출력 지정

광고 클릭 예측 시스템은 사용자를 입력으로 받아 클릭 확률에 따라 순위가 매겨진 광고 목록을 출력한다.

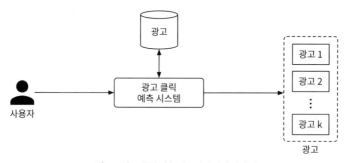

그림 8.2 광고 클릭 예측 시스템의 입력 및 출력

적합한 머신러닝 유형 선택

그림 8.2는 광고 예측을 순위 문제로 구성하는 방법을 보여 준다. 7장 '이벤트 추천 시스템'에서 설명한 바와 같이, Pointwise LTR(Learning to Rank)는 순위 문제를 해결하기 위한 좋은 시작점이다. Pointwise LTR은 〈사용자, 광고〉 쌍을 입력으로 받아 사용자가 광고를 클릭할지 여부를 예측하는 이진 분류 모델을 사용한다. 그림 8.3은 모델의 입력과 출력을 보여 준다.

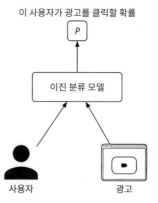

그림 8.3 이진 분류 모델의 입력-출력

데이터 준비

데이터 엔지니어링

다음은 이 시스템에서 사용할 수 있는 몇 가지 원시 데이터이다.

- 광고
- 사용자
- 사용자-광고 상호작용

광고

광고 데이터는 표 8.1에 나와 있다. 실제로는 각 광고와 관련된 수백 개의 속성이 있을 수 있다. 간단하게 설명하기 위해 중요한 속성만 나열했다.

광고 ID	광고주 ID	광고 그룹 ID	캠페인 ID	범주	하위 범주	이미지 또는 동영상(URL 예시)
1	1	4	7	여행	호텔	*http://cdn.mysite.com/u1.jpg*
2	7	2	9	보험	자동차	*http://cdn.mysite.com/t3.mp4*
3	9	6	28	여행	항공기	*http://cdn.mysite.com/t5.jpg*

표 8.1 광고 데이터

사용자

사용자 데이터의 스키마는 아래와 같다.

ID	Username	Age	Gender	City	Country	Language	Time zone

표 8.2 사용자 데이터 스키마

사용자-광고 상호작용

이 테이블에는 노출수, 클릭 수, 전환 수와 같은 사용자-광고 상호작용이 저장된다.

사용자 ID	광고 ID	상호작용 유형	체류 시간[1]	위치(위도, 경도)	타임스탬프
11	6	노출	5초	38.8951, -77.0364	165845053
11	7	노출	0.4초	41.9241, -89.0389	1658451365
4	20	클릭	-	22.7531, 47.9642	1658435948
11	6	전환	-	22.7531, 47.9642	1658451849

표 8.3 사용자-광고 상호작용 데이터

피처 엔지니어링

이 절의 목표는 사용자 클릭을 예측하는 데 도움이 되는 피처를 설계하는 것이다.

광고 피처

광고 피처에는 다음이 포함된다.

- ID
- 이미지/동영상
- 광고 범주 및 하위 범주
- 노출수와 클릭 수

각각을 더 자세히 살펴보겠다.

ID

광고주 ID, 캠페인 ID, 광고 그룹 ID, 광고 ID 등이 이에 해당한다.

- 왜 중요한가? ID는 광고주, 캠페인, 광고 그룹 및 광고 자체를 나타낸다. 이러한 ID는 다양한 광고주, 캠페인, 광고 그룹 및 광고의 고유한 특성을 파악하기 위한 예측 피처로 사용한다.

- 어떻게 준비하나? 임베딩 계층은 ID와 같은 희박한 피처를 조밀한 피처 벡터로 변환한다. 각 ID 유형에는 고유한 임베딩 계층이 있다.

---

1 체류 시간은 광고가 사용자 화면에 표시되는 총시간을 의미한다.

이미지/동영상

- **왜 중요한가?** 게시물의 동영상이나 이미지는 광고 주제를 예측하는 데 도움이 되는 또 다른 정보이다. 예를 들어 비행기 이미지가 있으면 해당 광고가 여행과 관련이 있음을 알 수 있다.

- **어떻게 준비하나?** 먼저 이미지나 동영상을 전처리한다. 그런 다음 SimCLR[3]과 같은 사전 학습된 모델을 사용하여 비정형 데이터를 피처 벡터로 변환한다.

광고 범주 및 하위 범주

광고주가 제공한 광고의 범주 및 하위 범주이다. 예를 들어, 예술 및 엔터테인먼트, 자동차 및 차량, 뷰티 및 피트니스 등은 타기팅할 수 있는 광범위한 유형의 범주 목록이다.

- **왜 중요한가?** 광고가 속하는 범주를 모델이 이해하는 데 도움이 된다.

- **어떻게 준비하나?** 사전 정의된 범주 및 하위 범주 목록에 따라 광고주가 수작업으로 제공한다. 텍스트 데이터 준비에 대해 자세히 알아보려면 4장 '유튜브 동영상 검색'을 참고하라.

노출수 및 클릭 수

- 광고의 노출/클릭 총수
  광고주가 제공한 광고의 노출/클릭 총수
  캠페인의 노출 총수

- **왜 중요한가?** 이 숫자는 다른 사용자가 이 광고에 어떻게 반응했는지를 나타낸다. 예를 들어, 사용자는 클릭률(CTR)이 높은 광고를 클릭할 가능성이 더 높다.

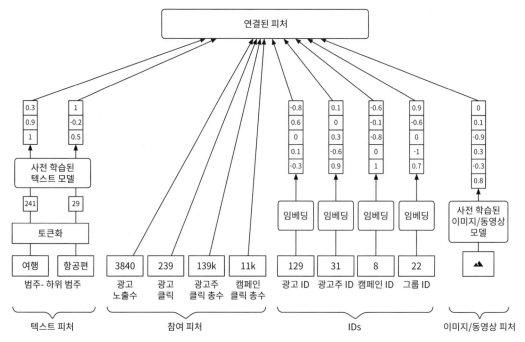

그림 8.4 광고 관련 피처 준비 요약

사용자 피처

이전 장과 마찬가지로 다음과 같은 피처를 선택한다.

- **인구통계학적 정보:** 연령, 성별, 도시, 지역 등

- **상황별 정보:** 단말, 시간 등

- **상호작용 관련 피처:** 클릭한 광고, 사용자의 과거 참여 통계 등 상호작용 관련 피처에 대해 자세히 살펴본다.

클릭한 광고

사용자가 이전에 클릭한 광고이다.

- **왜 중요한가?** 이전 클릭은 사용자의 관심사를 나타낸다. 예를 들어, 사용자가 보험 관련 광고를 많이 클릭했다면 유사한 광고를 다시 클릭할 가능성이 높다는 의미이다.

- 어떻게 준비하나? '광고 피처'에서의 설명과 동일한 방법으로 작성한다.

사용자의 과거 상호작용(engagement) 통계

광고 조회 총수 및 광고 클릭률과 같은 사용자의 과거 상호작용 수치이다.

- 왜 중요한가? 사용자의 과거 광고 상호작용 통계는 앞으로의 참여를 예측할 수 있는 좋은 지표이다. 일반적으로 사용자가 지금까지 광고를 자주 클릭했다면 향후에도 광고를 클릭할 가능성이 높다.

- 어떻게 준비하나? 상호작용 통계는 숫자 값으로 표시한다. 이를 준비하기 위해 비슷한 범위로 값을 조정한다.

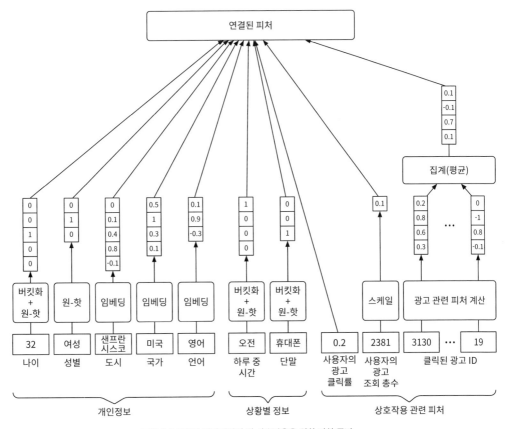

그림 8.5 사용자 메타데이터 및 상호작용을 위한 피처 준비

'데이터 준비' 절을 마무리하기 전에 광고 클릭 예측 시스템에서 흔히 발생하는 문제를 살펴보겠다. 대부분의 경우, 이러한 시스템은 카디널리티(cardinality)[2]가 높은 범주형 피처를 많이 처리한다. 예를 들어, '광고 범주'는 가능한 모든 범주의 방대한 목록에서 값을 가져온다. 마찬가지로 '광고주 ID'와 '사용자 ID'는 플랫폼에서 활동 중인 사용자 또는 광고주 수에 따라 잠재적으로 수백만 개의 고유 값을 사용한다. 간혹 거대한 피처 공간이 생긴다는 점을 고려할 때, 수천 또는 수백만 개의 피처가 대부분 0으로 채워진다. 모델 선택에서는 이런 독특한 문제 해결법에 관해 다룬다.

모델 개발

모델 선택

'머신러닝 작업으로 문제를 구조화' 절에 설명된 대로 순위 문제를 해결하기 위해 이진 분류 모델을 선택한다. 이진 분류는 여러 가지 방법으로 모델링할 수 있다. 다음은 광고 클릭 예측 시스템에서 자주 선택하는 방법이다.

- ▶ 로지스틱 회귀
- ▶ 피처 크로싱(feature crossing) + 로지스틱 회귀
- ▶ 그레디언트 부스트 결정 트리(GBDT)
- ▶ GBDT + 로지스틱 회귀
- ▶ 신경망
- ▶ Deep & Cross networks
- ▶ Factorization Machines
- ▶ Deep Factorization Machines(DeepFM)

로지스틱 회귀

로지스틱 회귀는 하나 또는 여러 피처의 선형 조합을 사용하여 이진 결과의 확률을 모델링한다. 로지스틱 회귀는 학습 속도가 빠르고 구현이 쉽다. 하지만

---

2 (옮긴이) 카디널리티는 데이터의 다양성을 나타내는 지표로 사용하며, 특정 변수의 카디널리티가 높을수록 해당 변수가 다양한 값을 가지는 것을 의미한다.

로지스틱 회귀 기반 광고 클릭 예측 시스템에는 다음과 같은 단점이 있다.

- **비선형 문제는 로지스틱 회귀로 해결할 수 없다.** 로지스틱 회귀는 입력 피처의 선형 조합을 사용하여 작업을 해결하므로 선형적인 의사 결정 경계로 이어진다. 광고 클릭 예측 시스템에서 데이터는 대부분 선형적으로 분리할 수 없으므로 로지스틱 회귀의 성능이 저하될 수 있다.

- **피처 상호작용을 식별할 수 없다.** 로지스틱 회귀는 피처 상호작용을 식별할 수 없다. 광고 예측 시스템에서는 피처들 간에 다양한 상호작용이 자주 발생한다. 피처가 상호작용하는 경우, 한 피처의 효과는 다른 피처의 값에 따라 달라지기 때문에 출력 확률을 피처 효과의 합으로 표현할 수 없다.

이러한 두 가지 단점을 고려할 때, 광고 예측 시스템에 로지스틱 회귀는 최적의 선택은 아니다. 하지만 구현이 빠르고 훈련이 쉽기 때문에 많은 기업이 기준 모델을 만드는 데 사용하고 있다.

피처 크로싱 + 로지스틱 회귀

피처 상호작용을 더 잘 식별하기 위해 피처 크로싱이라는 기술을 사용한다.

피처 크로싱이란 무엇인가?

피처 크로싱은 머신러닝에서 기존 피처에서 새로운 피처를 만들 때 사용하는 기법이다. 두 개 이상의 기존 피처를 곱, 합계 또는 다른 조합을 사용하여 하나의 새로운 피처로 결합하는 방법이다. 이러한 방식으로 원래 피처 간의 비선형 상호작용을 식별할 수 있으므로 머신러닝 모델의 성능을 향상할 수 있다. 예를 들어, '젊은이와 농구' 또는 '미국과 풋볼'과 같은 상호작용은 클릭 확률을 예측하는 모델의 성능에 긍정적인 영향을 줄 수 있다.

피처 크로스는 어떻게 만드나?

피처 크로싱에서는 사전 지식을 기반으로 기존 피처에 새로운 피처를 수동으로 추가한다. 그림 8.6에서 볼 수 있듯이 '국가'와 '언어'와 같은 두 개의 피처를 교차하면 기존 피처 공간에 6개의 새로운 피처가 추가된다. 교차에 대한 자세한 내용은 [4]를 참고하라.

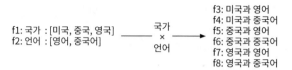

f1: 국가 : [미국, 중국, 영국]
f2: 언어 : [영어, 중국어]   —— 국가 × 언어 ——→

f3: 미국과 영어
f4: 미국과 중국어
f5: 중국과 영어
f6: 중국과 중국어
f7: 영국과 영어
f8: 영국과 중국어

그림 8.6 국가와 언어라는 두 가지 피처의 교차점

피처 크로싱 + 로지스틱 회귀는 어떻게 사용하나?

그림 8.7에서 볼 수 있듯이 피처 크로싱 + 로지스틱 회귀는 다음과 같이 작동한다.

1. 원래 피처 집합에서 피처 크로싱을 사용하여 새로운 피처(교차한 피처)를 만든다.
2. 원본과 교차한 피처를 로지스틱 회귀 모델의 입력으로 사용한다.

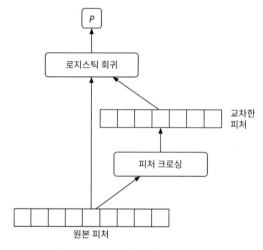

그림 8.7 원본 피처에서 수행된 피처 크로싱

이 방법을 사용하면 모델이 특정 쌍별(2차) 피처 상호작용을 식별할 수 있다. 하지만 이 방법에는 네 가지 단점이 있다.

- **수동 프로세스**: 교차할 피처를 선택하려면 사람이 개입해야 하므로 시간과 비용이 많이 든다.
- **도메인 지식이 필요**: 피처 크로싱에는 도메인 전문 지식이 필요하다. 피처 간

의 어떤 상호작용이 모델에 대한 예측 신호인지 결정하려면 문제와 피처 공간을 미리 이해해야 한다.

- **복잡한 상호작용을 식별할 수 없다:** 교차한 피처가 충분하지 않아, 흩어져 있는 수천 개의 피처에서 발생하는 복잡한 상호작용을 모두 찾아내지 못할 수 있다.
- **희소성(sparsity):** 원본 피처가 희소할 수 있다. 피처 크로싱을 사용하면 교차한 피처의 카디널리티가 훨씬 커져 희소성이 높아질 수 있다.

이러한 단점을 고려할 때, 이 방법은 광고 예측 시스템에 이상적인 방식은 아니다.

그레디언트 부스트 결정 트리(GBDT)

7장 '이벤트 추천 시스템'에서 GBDT에 대해 살펴보았다. 여기서는 광고 클릭 예측 시스템에 적용했을 때 GBDT의 장단점에 대해서만 살펴보겠다.

[장점]
- GBDT는 해석이 가능하고(interpretable) 이해하기 쉽다.

[단점]
- **지속적인 학습에 비효율적이다.** 광고 클릭 예측 시스템은 사용자, 광고, 상호작용 데이터 등 새로운 데이터를 지속해 수집한다. 새로운 데이터로 모델을 지속해 학습시키기 위해서는 일반적으로 두 가지 옵션이 있다. 1) 처음부터 학습하거나 2) 새로운 데이터에 대해 모델을 미세 조정하는 방식이다. GBDT는 새로운 데이터로 미세 조정할 수 있도록 설계되지 않았다. 따라서 일반적으로 처음부터 모델을 학습시켜야 하는데, 이는 대규모 시스템에서는 비효율적이다.
- **임베딩 계층을 학습할 수 없다.** 광고 예측 시스템에는 대부분 희박한 범주형 피처가 많으며, 임베딩 계층은 이러한 피처를 효과적으로 표현할 수 있는 방법이다. 그러나 GBDT는 임베딩 계층의 이점을 누릴 수 없다.

GBDT + 로지스틱 회귀

이 접근 방식에는 두 단계가 있다.

1. GBDT 모델을 훈련하여 작업을 학습한다.
2. 학습된 모델을 사용하여 예측을 수행하는 대신 새로운 예측 피처를 선택하고 추출하는 데 사용한다. 새로 생성된 피처와 원래 피처를 클릭을 예측하기 위한 로지스틱 회귀 모델의 입력으로 사용한다.

피처 선택에 GBDT 사용

피처 선택은 입력된 피처의 수를 가장 유용하고 유익한 정보로만 줄이기 위해 사용한다. 의사 결정 트리를 사용하면 중요도에 따라 피처의 하위 집합을 선택할 수 있다. 의사 결정 트리가 피처 생성에 어떻게 사용되는지 더 잘 이해하려면 [5]를 참고하라.

피처 추출에 GBDT 사용

피처 추출의 목적은 기존 피처에서 새로운 피처를 생성하여 피처의 수를 줄이는 것이다. 새로 추출된 피처는 예측 성능을 향상시킬 것으로 기대된다. 그림 8.8은 GBDT를 사용하여 피처를 추출하는 방법을 설명한다.

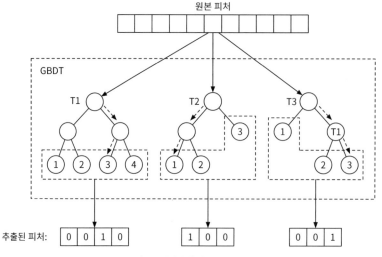

그림 8.8 피처 추출에 GBDT 사용

그림 8.9에는 사용 중인 GBDT와 로지스틱 회귀에 대한 개요가 나와 있다.

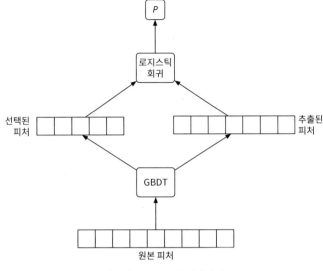

그림 8.9 GBDT + 로지스틱 회귀 개요

이 접근 방식의 장단점을 살펴보겠다.

장점

- 기존 피처와 달리 GBDT에서 새로 생성된 피처는 예측성이 뛰어나 로지스틱 회귀 모델이 작업을 더 쉽게 학습할 수 있다.

단점

- 복잡한 상호작용을 식별할 수 없다. 로지스틱 회귀와 유사하게 이 접근 방식은 쌍별(pairwise) 피처 상호작용을 학습할 수 없다.
- 지속적인 학습이 느리다. 새 데이터에 대한 GBDT 모델을 미세 조정하는 데는 시간이 걸리므로 전체적으로 지속적인 학습 속도가 느려진다.

신경망

신경망(neural network, NN)은 광고 클릭 예측 시스템을 구축하기 위한 또 다른 후보이다. 신경망을 사용하여 클릭 확률을 예측하려면 두 가지 아키텍처 옵션이 있다.

▸ 단일 신경망

▸ 투-타워 아키텍처

- **단일 신경망:** 신경망은 원본 피처를 입력으로 사용하여 클릭 확률을 출력한다 (그림 8.10).

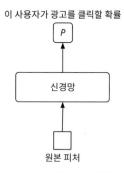

이 사용자가 광고를 클릭할 확률

그림 8.10 신경망 아키텍처

- **투-타워 아키텍처:** 이 옵션에서는 사용자 인코더와 광고 인코더의 두 가지 인코더를 사용한다. 광고와 사용자 임베딩 간의 유사성은 관련성, 즉 클릭 확률을 결정하는 데 사용한다. 그림 8.11은 이 아키텍처의 개요를 보여 준다.

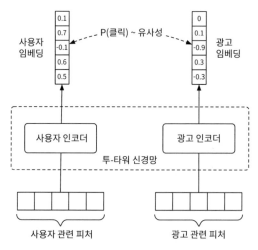

그림 8.11 임베딩 기반 신경망

신경망에는 많은 장점이 있지만, 다음과 같은 이유로 광고 클릭 예측 시스템에는 적합하지 않을 수 있다.

- 희소성: 피처 공간은 일반적으로 거대하고 희박하기 때문에 대부분의 피처는 0으로 채워진다. 충분한 데이터 포인트에 액세스할 수 없어서 신경망이 작업을 효과적으로 학습하지 못할 수 있다.
- 피처 수가 많기 때문에 모든 쌍별 피처 상호작용을 식별하기 어렵다.

이러한 한계를 고려하여 신경망은 사용하지 않겠다.

DCN(Deep & Cross Network)

2017년, 구글은 피처 상호작용을 자동으로 찾기 위해 DCN[6]이라는 아키텍처를 제안했다. 이는 수동 피처 크로싱 방법의 문제점을 해결한다. 이 방법에서는 다음 두 가지 병렬 네트워크를 사용한다.

- deep network: 심층 신경망(Deep Neural Network, DNN) 아키텍처를 사용하여 복잡하고 일반화할 수 있는 피처를 학습한다.
- cross network: 피처 상호작용을 자동으로 식별하고 피처 크로싱을 잘 학습한다.

deep network와 cross network의 출력을 연결하여 최종 예측을 수행한다.

DCN 아키텍처에는 스택형과 병렬형 두 가지 유형이 있다. 그림 8.12는 병렬 DCN의 아키텍처를 보여 준다. 스택형 아키텍처에 대한 자세한 내용은 [7]을 참고하라. 일반적으로 머신러닝 시스템 설계 면접에서는 DCN에 대한 세부 정보는 요구하지 않는다. DCN 네트워크에 대해 자세히 알아보려면 [7][8]을 참고하라.

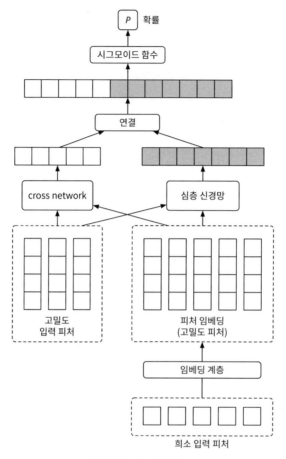

그림 8.12 DCN 아키텍처

DCN 아키텍처는 피처 크로싱을 암시적으로 학습하기 때문에 신경망보다 더 효과적이다. 그러나 cross network는 특정 피처 상호작용만 모델링하므로 cross network 모델의 성능에 부정적인 영향을 줄 수 있다.

Factorization Machines(FM)

임베딩 기반 모델로, 모든 쌍별 피처 상호작용을 자동으로 모델링하여 로지스틱 회귀를 개선한다. 광고 클릭 예측 시스템에서 FM은 피처 간의 복잡한 상호작용을 효율적으로 모델링할 수 있기 때문에 널리 사용된다.

이제 FM의 작동 원리를 이해해 보자. FM은 각 피처에 대한 임베딩 벡터를 학습하여 모든 쌍별 피처 상호작용을 자동으로 모델링한다. 두 피처 간의 상호 작용을 임베딩의 스칼라곱을 사용하여 결정한다. 이를 더 잘 이해하기 위해 공 식을 살펴보겠다.

$$\hat{y}(x) = w_0 + \sum_i w_i x_i + \sum_i \sum_j \langle v_i, v_j \rangle x_i x_j$$

여기서 x_i는 i번째 피처를, w_i은 학습된 가중치, v_i는 i번째 피처의 임베딩을 나 타낸다. $\langle v_i, v_j \rangle$는 두 임베딩 사이의 스칼라곱을 나타낸다.

이 공식은 복잡해 보일 수 있지만 실제로는 이해하기 쉽다. 처음 두 항은 로 지스틱 회귀가 작동하는 방식과 유사하게 피처의 선형 조합을 계산한다. 세 번 째 항은 쌍별 피처 상호작용을 모델링한다. 그림 8.13은 FM에 대한 개요를 보 여 준다. FM에 대한 자세한 내용은 [9]를 참고하라.

$$\hat{y}(x) = w_0 + \underbrace{\sum_i w_i x_i}_{\text{로지스틱 회귀}} + \underbrace{\sum_i \sum_j \langle v_i, v_j \rangle x_i x_j}_{\text{쌍별 상호작용}}$$

FM과 그 변형인 FFM(Field-aware Factorization Machine)은 피처 간의 쌍별 상 호작용을 효과적으로 포착한다. FM은 신경망과 달리 피처로부터 정교한 고차 원 상호작용을 학습할 수 없다. 다음 방법에서는 이를 극복하기 위해 FM과 심 층 신경망을 결합한다.

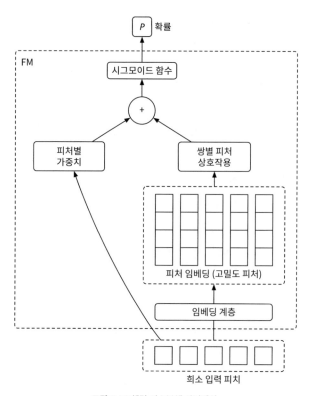

그림 8.13 행렬 인수분해 아키텍처

DeepFM(Deep Factorization Machines)

DeepFM은 신경망과 FM의 강점을 모두 합친 머신러닝 모델이다. 심층 신경망 네트워크는 정교한 고차(higher-order) 피처를 포착하고 FM은 저수준의 쌍별 피처 상호작용을 포착한다. 그림 8.14는 DeepFM의 개략적인 아키텍처를 보여준다. DeepFM에 대한 자세한 내용은 [10]을 참고하라.

한 가지 가능한 개선 방안은 GBDT와 DeepFM을 결합하는 것이다. GBDT는 원본 피처를 더 많은 예측 피처로 변환하고, DeepFM은 새로운 피처에서 작동한다. 이 방법은 다양한 광고 예측 시스템 경연 대회에서 우승한 바 있다[11]. 그러나 DeepFM에 GBDT를 추가하면 학습 및 추론 속도에 부정적인 영향을 주고 지속적인 학습 프로세스가 느려진다.

실제로는 보통 실험을 통해 올바른 모델을 선택한다. 우리의 경우에는, 우선

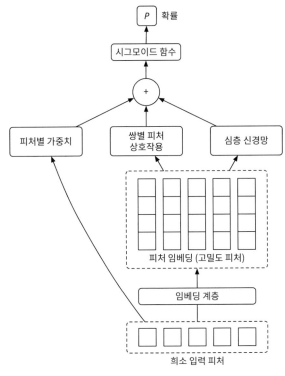

그림 8.14 DeepFM 개요

적으로 간단한 로지스틱 회귀를 사용하여 기준선을 만든다. 그다음으로, DCN과 DeepFM을 실험해 보는데, 이 두 모델은 기술 산업에서 널리 사용되는 모델이다.

모델 훈련

데이터세트 구성

모든 광고 노출에 대해 새로운 데이터 포인트를 생성한다. 입력 피처는 사용자와 광고로 계산한다. 다음 전략에 따라 데이터 포인트에 라벨을 할당한다.

- **포지티브 라벨**: 사용자가 광고가 표시된 후 t초 이내에 광고를 클릭하면 데이터 포인트에 '포지티브'라는 라벨을 지정한다. t는 하이퍼파라미터이며 실험을 통해 조정할 수 있다.

- **네거티브 라벨**: 사용자가 t초 이내에 광고를 클릭하지 않으면 해당 데이터 포인트에 '네거티브'라는 라벨을 지정한다.

실제로, 기업들은 네거티브 데이터 포인트를 라벨링하는 최적 전략을 찾기 위해 더 복잡한 방법을 사용한다. 자세한 내용은 [1]을 참고하라.

#	사용자 및 상호작용 피처							광고 피처						라벨
1	1	0	1	0.8	0.1	1	0	0	1	1	0.4	0.9	0	포지티브
2	1	1	0	-0.6	0.9	1	1	1	1	0	0.2	0.7	1	네거티브

그림 8.15 구축된 데이터세트

모델이 새로운 데이터에 적응할 수 있도록 하려면 지속적으로 학습해야 한다. 따라서 새로운 상호작용을 사용하여 새로운 학습 데이터 포인트를 지속해 생성해야 한다. 지속적인 학습에 대해서는 '서빙' 절에서 자세히 설명하겠다.

손실 함수 선택

이진 분류 모델을 훈련하기 때문에 분류 손실 함수로 크로스 엔트로피(cross-entropy)를 선택한다.

평가

오프라인 지표

일반적으로 광고 클릭 예측 시스템을 평가하는 데는 두 가지 지표가 사용된다.

- ▸ 크로스 엔트로피(cross-entropy, CE)
- ▸ NCE(normalized cross-entropy)

크로스 엔트로피(CE)

이 지표는 모델의 예측 확률이 ground truth 라벨에 얼마나 가까운지를 측정한다. 네거티브 클래스에 대해 0을, 포지티브 클래스에 대해 1을 예측하는 이상적인 시스템이 있다면 CE는 0이다. CE가 낮을수록 예측의 정확도가 높다. 공식은 다음과 같다.

$$H(p, q) = -\sum_{c=1}^{C} p_c \log q_c$$

여기서 p는 ground truth, q는 예측 확률, C는 클래스 총수이다.

이진 분류의 경우 CE 공식을 다음과 같이 다시 작성할 수 있다.

$$H(p, q) = -\sum_i p_i \log q_i = -\sum_i \left(y_i \log \hat{y}_i + (1 - y_i) \log (1 - \hat{y}_i) \right)$$

여기서 y_i는 i번째 데이터 포인트의 ground truth 라벨이고, $\hat{y}_i$는 i번째 데이터 포인트의 예측 확률이다.

그림 8.16과 같이 구체적인 예를 살펴보겠다.

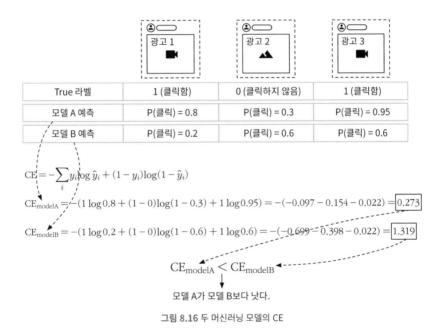

그림 8.16 두 머신러닝 모델의 CE

CE를 지표로 사용하지만, 모델 학습 중 분류 작업에서 표준 손실 함수로도 많이 사용한다.

NCE(normalized cross-entropy)

NCE는 모델의 CE와 백그라운드 클릭률(학습 데이터의 평균 클릭률)의 CE 사이의 비율이다. 즉, NCE는 모델을 백그라운드 클릭률을 예측하는 단순 기준선과 항상 비교한다. NCE가 낮을수록 모델이 단순 기준선보다 성능이 뛰어나다는 걸 나타낸다. NCE≥1은 모델이 단순 기준선보다 성능이 좋지 않다는 의미이다.

$$NCE = \frac{CE(\text{머신러닝 모델})}{CE(\text{단순 기준선})}$$

NCE를 어떻게 계산하는지 더 잘 이해하기 위해 구체적인 예를 살펴보자. 그림 8.17에서 볼 수 있듯이 단순 기준 모델은 항상 0.6(훈련 데이터의 CTR)을 예측한다. 이 경우 NCE 값은 0.324(1보다 작음)로, 모델 A가 단순 기준선보다 성능이 뛰어남을 나타낸다.

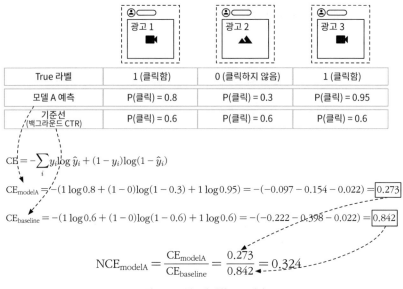

	광고 1 ▶️	광고 2 🏔️	광고 3 ▶️
True 라벨	1 (클릭함)	0 (클릭하지 않음)	1 (클릭함)
모델 A 예측	P(클릭) = 0.8	P(클릭) = 0.3	P(클릭) = 0.95
기준선 (백그라운드 CTR)	P(클릭) = 0.6	P(클릭) = 0.6	P(클릭) = 0.6

$$CE = -\sum_i y_i \log \hat{y}_i + (1 - y_i)\log(1 - \hat{y}_i)$$

$$CE_{modelA} = -(1\log 0.8 + (1 - 0)\log(1 - 0.3) + 1\log 0.95) = -(-0.097 - 0.154 - 0.022) = \boxed{0.273}$$

$$CE_{baseline} = -(1\log 0.6 + (1 - 0)\log(1 - 0.6) + 1\log 0.6) = -(-0.222 - 0.398 - 0.022) = \boxed{0.842}$$

$$NCE_{modelA} = \frac{CE_{modelA}}{CE_{baseline}} = \frac{0.273}{0.842} = 0.324$$

그림 8.17 모델 A에 대한 NCE 계산

온라인 지표

온라인 평가 시 사용할 수 있는 몇 가지 지표를 살펴보겠다.

▸ CTR

▸ 전환율

▸ 수익 증가율

▸ 숨기기 비율

CTR

이 지표는 클릭된 광고와 노출된 광고 총수 사이의 비율이다.

$$CTR = \frac{\text{클릭한 광고 수}}{\text{노출된 광고 수}}$$

광고에 대한 사용자 클릭을 극대화하는 것은 수익 증가와 직결되므로 CTR은 광고 클릭 예측 시스템을 위한 훌륭한 온라인 측정 지표이다.

전환율

이 지표는 전환 수와 게재된 광고 총수 간의 비율을 측정한다.

$$\text{전환율} = \frac{\text{전환 수}}{\text{노출수}}$$

이 지표는 광고주가 실제로 시스템에서 광고 효과를 본 횟수를 나타내므로 중요한 지표로 추적해야 한다. 광고가 전환으로 이어지지 않으면 광고주는 결국 흥미를 잃고 광고 지출을 중단하게 되므로 이 지표가 중요하다.

수익 증가율

시간 경과에 따른 매출 증가율을 측정한다.

숨기기 비율

이 지표는 표시된 광고 중 사용자가 숨긴 광고 비율을 측정한다.

$$\text{숨기기 비율} = \frac{\text{사용자가 숨긴 광고 수}}{\text{노출된 광고 수}}$$

이 측정 항목은 시스템이 사용자에게 표시한 관련 없는 광고(오탐이라고도 함)의 수를 파악하는 데 유용하다.

서빙

게재 시점에 시스템은 클릭 확률에 따라 순위가 매겨진 광고 목록을 출력한다. 그림 8.18에 제안하는 머신러닝 시스템 설계가 나와 있다. 다음 각 파이프라인을 살펴보겠다.

- ▶ 데이터 준비 파이프라인
- ▶ 지속적인 학습 파이프라인
- ▶ 예측 파이프라인

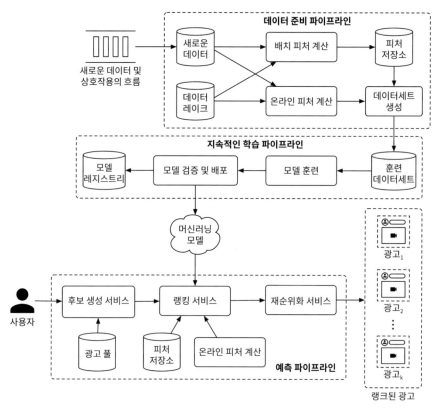

그림 8.18 머신러닝 시스템 설계

데이터 준비 파이프라인

데이터 준비 파이프라인은 다음 두 가지 작업을 수행한다.

1. 온라인 및 배치의 피처 계산
2. 새로운 광고와 상호작용으로부터 지속적인 훈련 데이터 생성

피처를 계산하기 위해 배치 피처 계산과 온라인 피처 계산이라는 두 가지 옵션을 사용한다. 두 옵션이 서로 무엇이 다른지 살펴보겠다.

배치 피처 계산

우리가 선택한 피처 중 일부는 정적 피처로, 거의 변하지 않는다. 예를 들어, 광고의 이미지와 범주는 정적 피처이다. 이 컴포넌트는 배치 작업을 통해 정적 피처를 주기적으로(예: 며칠 또는 몇 주마다) 계산한 다음 피처를 피처 저장소에 저장한다. 이렇게 하면 피처가 미리 계산되므로 게재하는 동안 시스템 성능이 향상된다.

온라인 피처 계산

일부 피처는 자주 변경되므로 동적이다. 예를 들어 광고 노출수와 클릭 수가 동적 피처의 예이다. 이러한 피처는 쿼리 시점에 계산되어야 하며, 이 구성요소는 동적 피처를 계산하는 데 사용된다.

지속적인 학습 파이프라인

요구사항대로, 모델의 지속적인 학습이 중요하다. 이 파이프라인은 새로운 학습 데이터에 대해 모델을 미세 조정하고, 새 모델을 평가하고, 지표가 개선된 경우 모델을 배포하는 역할을 담당한다. 예측 파이프라인이 항상 최신 데이터에 맞게 조정된 모델을 사용하도록 보장한다.

예측 파이프라인

예측 파이프라인은 쿼리 사용자를 입력으로 받아 클릭 확률에 따라 순위가 매겨진 광고 목록을 출력한다. 모델이 의존하는 일부 피처는 동적이기 때문에 배치 예측을 사용할 수 없다. 대신, 온라인 예측을 사용하여 요청이 도착하는 대로 게재한다.

이전 장에서 살펴보았듯이 예측 파이프라인에는 2단계 아키텍처가 사용된다. 먼저, 후보 생성 서비스로 사용할 수 있는 광고 풀을 소규모 광고 하위 집합으로 효율적으로 좁힌다. 이 경우 대상 연령, 성별, 국가 등 광고주가 자주 제공하는 광고 대상 기준을 사용한다.

다음으로, 후보 생성 서비스에서 후보 광고를 가져와 클릭 확률에 따라 순위를 매긴 후, 상위 광고를 출력하는 순위 모델을 사용한다. 이 컴포넌트는 동일한 피처 저장소 및 온라인 피처 계산 컴포넌트와 상호작용한다. 정적 및 동적 피처가 확보되면, 순위 서비스는 모델을 사용하여 각 후보 광고에 대한 예측 클릭 확률을 얻는다. 이 확률로 광고의 순위를 매기고 클릭 확률이 가장 높은 광고를 내보내는 데 사용한다.

마지막으로, 재순위화 서비스는 추가 로직과 휴리스틱을 통합하여 광고 목록을 수정한다. 예를 들어, 흡사한 광고를 목록에서 지워 다양한 광고가 노출되도록 만들 수 있다.

추가 논의 주제

면접이 끝나기 전 시간이 남는 경우 다음과 같은 주제로 얘기를 더 나눌 수 있다.

- 랭킹 및 추천 시스템에서는 데이터 누수(data leakage) 방지가 중요하다[12][13].
- 광고 클릭 예측 시스템에서 모델을 보정해야 한다. 모델 보정 및 모델 보정 기법에 대해 논의하자[14].
- FM의 일반적인 변형은 FFM(Field-aware Factorization Machine)이다. FFM 과 FM과의 차이점에 대해 이야기하는 것이 좋다[15].
- DeepFM의 일반적인 변형은 XDeepFM이다. XDeepFM에 대해 알아보고 DeepFM과 어떻게 다른지 알아보자[10].
- 광고 클릭 예측 시스템에 지속적인 학습이 필요한 이유에 대해 설명했다. 그러나 새로운 데이터에 대한 지속적인 학습은 파괴적인 망각(catastrophic forgetting)[3]으로 이어질 수 있다. 파괴적 망각이 무엇이며 일반적인 해결책 은 무엇인지 논의하자[16].

---

3 (옮긴이) 이전에 학습한 정보나 지식이 새로운 정보를 학습하면서 완전히 잊혀지는 현상을 말한다. 즉, 이전에 학습한 패턴이나 관계가 새로운 학습에 의해 덮어씌워지는 것을 의미한다.

요약

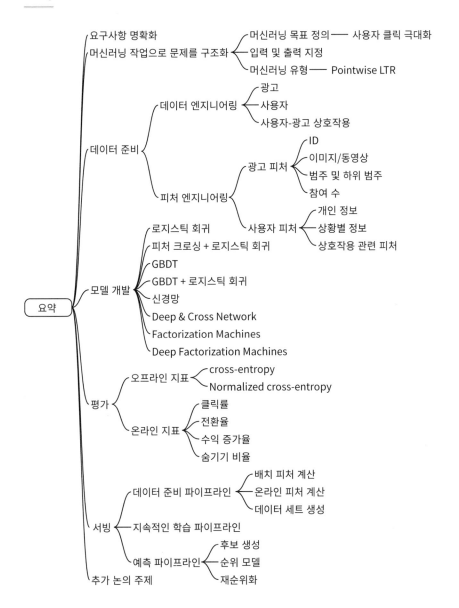

요구사항 명확화

머신러닝 작업으로 문제를 구조화
- 머신러닝 목표 정의 —— 사용자 클릭 극대화
- 입력 및 출력 지정
- 머신러닝 유형 —— Pointwise LTR

데이터 준비
- 데이터 엔지니어링
  - 광고
  - 사용자
  - 사용자-광고 상호작용
- 피처 엔지니어링
  - 광고 피처
    - ID
    - 이미지/동영상
    - 범주 및 하위 범주
    - 참여 수
  - 사용자 피처
    - 개인 정보
    - 상황별 정보
    - 상호작용 관련 피처

모델 개발
- 로지스틱 회귀
- 피처 크로싱 + 로지스틱 회귀
- GBDT
- GBDT + 로지스틱 회귀
- 신경망
- Deep & Cross Network
- Factorization Machines
- Deep Factorization Machines

평가
- 오프라인 지표
  - cross-entropy
  - Normalized cross-entropy
- 온라인 지표
  - 클릭률
  - 전환율
  - 수익 증가율
  - 숨기기 비율

서빙
- 데이터 준비 파이프라인
  - 배치 피처 계산
  - 온라인 피처 계산
  - 데이터 세트 생성
- 지속적인 학습 파이프라인
- 예측 파이프라인
  - 후보 생성
  - 순위 모델
  - 재순위화

추가 논의 주제

요약

참고 문헌

[1] Addressing delayed feedback. *https://arxiv.org/pdf/1907.06558.pdf*

[2] AdTech basics. *https://advertising.amazon.com/library/guides/what-is-adtech*

[3] SimCLR paper. *https://arxiv.org/pdf/2002.05709.pdf*

[4] Feature crossing. *https://developers.google.com/machine-learning/crash-course/feature-crosses/video-lecture*

[5] Feature extraction with GBDT. *https://towardsdatascience.com/feature-generation-with-gradient-boosted-decision-trees-21d4946d6ab5*

[6] DCN paper. *https://arxiv.org/pdf/1708.05123.pdf*

[7] DCN V2 paper. *https://arxiv.org/pdf/2008.13535.pdf*

[8] Microsoft's deep crossing network paper. *https://www.kdd.org/kdd2016/papers/files/adf0975-shanA.pdf*

[9] Factorization Machines. *https://www.jefkine.com/recsys/2017/03/27/factorization-machines/*

[10] Deep Factorization Machines. *https://d2l.ai/chapter_recommender-systems/deepfm.html*

[11] Kaggle's winning solution in ad click prediction. *https://www.youtube.com/watch?v=4Go5crRVyuU*

[12] Data leakage in ML systems. *https://machinelearningmastery.com/data-leakage-machine-learning/*

[13] Time-based dataset splitting. *https://www.linkedin.com/pulse/time-based-splitting-determining-train-test-data-come-manraj-chalokia/?trk=public_profile_article_view*

[14] Model calibration. *https://machinelearningmastery.com/calibrated-classification-model-in-scikit-learn/*

[15] Field-aware Factorization Machines. *https://www.csie.ntu.edu.tw/~cjlin/papers/ffm.pdf*

[16] Catastrophic forgetting problem in continual learning. *https://www.cs.uic.edu/~liub/lifelong-learning/continual-learning.pdf*

9장

Machine Learning System Design Interview

여행 예약 플랫폼의
유사 상품 추천

사용자가 현재 보고 있는 항목과 유사한 항목을 추천하는 것은 대형 플랫폼에서 잠재적으로 관련성이 높은 콘텐츠를 발견할 수 있게 하는 핵심 기술이다. 예를 들어, 에어비앤비는 유사한 숙박 리스팅[1]을 추천하고, 아마존은 유사한 상품을 추천하며, 익스피디아는 사용자에게 유사한 경험을 추천한다.

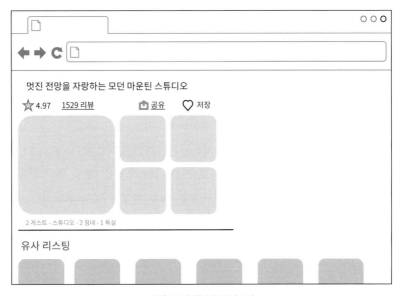

그림 9.1 추천된 유사 리스팅

---

1 (옮긴이) 에어비앤비에서 숙소 및 체험을 통칭해서 리스팅(listing)이라고 한다.

이 장에서는 에어비앤비나 Vrbo와 같은 여행 예약 웹사이트에서 많이 사용하는 '유사 리스팅' 피처를 설계한다. 사용자가 특정 리스팅을 클릭하면 유사한 리스팅을 추천받는다.

요구사항 명확화

다음은 지원자와 면접관 간의 일반적인 대화이다.

지원자: 비즈니스 목표가 예약 건수의 증가라고 가정해도 되나요?

면접관: 예.

지원자: '유사성'의 정의는 무엇인가요? 추천 리스팅은 사용자가 현재 보고 있는 리스팅과 유사하다고 예상하면 되나요?

면접관: 예, 맞습니다. 두 리스팅이 같은 지역, 도시, 가격대 등이라면 둘은 유사한 리스팅으로 간주합니다.

지원자: 추천 리스팅이 사용자에게 개인화되어 있나요?

면접관: 로그인한 사용자와 익명 사용자 모두에게 이 기능을 적용하였으면 합니다. 실제로는 두 그룹을 다르게 취급하고 로그인한 사용자에게만 개인화를 적용합니다. 하지만 간단하게 하기 위해 로그인한 사용자와 익명 사용자를 동일하게 취급한다고 가정하시죠.

지원자: 플랫폼에서 제공하는 리스팅은 몇 개인가요?

면접관: 5백만 개입니다.

지원자: 학습 데이터세트는 어떻게 구성하나요?

면접관: 좋은 질문입니다. 이 면접에서는 사용자와 리스팅 간의 상호작용 데이터만 사용한다고 가정해 보겠습니다. 이 모델은 연령, 위치 같은 사용자 속성이나 가격, 위치 같은 리스팅의 속성을 전혀 활용하지 않습니다.

지원자: 신규 리스팅이 유사 리스팅 검색 결과에 나오려면 얼마나 걸리나요?

면접관: 신규 리스팅이 게시된 후 하루가 지나면 추천 리스팅으로 표시된다고 가정해 보겠습니다. 이 기간에 시스템은 신규 리스팅에 대한 상호작용 데이터를 수집합니다.

문제 상황을 요약해 보겠다. 여행 예약 플랫폼의 '유사한 리스팅' 피처를 설계하라는 요청을 받았다. 입력은 사용자가 현재 보고 있는 특정 리스팅이고, 출력은 사용자가 다음에 클릭할 가능성이 높은 유사한 리스팅의 순위가 매겨진 목록이다. 추천 리스팅은 익명 사용자와 로그인한 사용자 모두에게 동일하게 표시한다. 플랫폼에는 약 5백만 개의 리스팅이 있으며, 하루가 지나면 새로운 리스팅이 추천 리스팅에 표시될 수 있다. 이 시스템의 비즈니스 목표는 예약 건수 증가이다.

머신러닝 작업으로 문제를 구조화

머신러닝 목표 정의

일반적으로 사용자가 클릭하는 일련의 리스팅은 같은 도시에 있거나 가격대가 비슷하다는 것처럼 유사한 특성을 갖는다. 머신러닝의 목표는 사용자가 현재 보고 있는 리스팅을 고려하여 다음으로 선택할 리스팅을 정확하게 예측하는 것이고, 목표를 이루기 위해 이 특성을 활용한다.

시스템의 입력 및 출력 지정

그림 9.2에서 볼 수 있듯이 '유사 리스팅' 시스템은 사용자가 현재 보고 있는 리

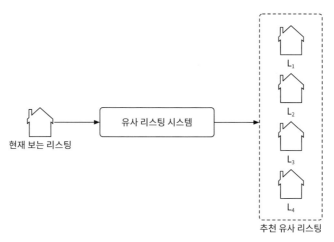

그림 9.2 유사 리스팅 시스템의 입력-출력

스팅을 입력으로 받은 다음, 이 사용자가 클릭할 확률에 따라 정렬된 리스팅의 순위를 출력한다.

적합한 머신러닝 유형 선택

대부분의 추천 시스템은 사용자의 장기적인 관심사를 파악하기 위해 사용자의 과거 상호작용 정보를 활용한다. 하지만 이러한 추천 시스템은 유사한 리스팅 문제를 해결하는 데 효과적이지 않을 수 있다. 현실에서는 최근에 본 리스팅이 오래 전에 본 리스팅보다 더 많은 정보를 제공한다. 이 경우 일반적으로 세션 기반 추천 시스템을 사용한다.

에어비앤비처럼 많은 이커머스 및 여행 예약 플랫폼은 추천을 위해 최근 관심사를 더 많이 활용한다. 더 정확하게 추천하기 위해 오래 전 관심사보다 최근의 상호작용을 더 활용하는 시스템에서는 기존 추천 방식보다 세션 기반 추천 방식을 선호한다. 세션 기반 추천은 사용자의 현재 브라우징 세션을 기반으로 추천한다. 이제 세션 기반 추천 시스템에 대해 자세히 살펴보겠다.

세션 기반 추천 시스템

세션 기반 추천 시스템의 목표는 사용자가 최근 검색한 일련의 항목을 기반으로 다음 항목을 예측하는 것이다. 이 시스템에서 사용자의 관심사는 상황에 따라 달라지며 빠르게 변화한다. 일반적인 관심사가 아닌 사용자의 가장 최근 상호작용이 더 좋은 추천 결과를 만든다.

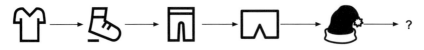

그림 9.3 제품 검색 세션

세션 기반 추천 시스템과 기존 추천 시스템은 어떻게 비교되나?

기존 추천 시스템에서는 사용자의 관심사가 상황에 영향을 받지 않고 너무 자주 바뀌지 않는다. 세션 기반 추천에서는 사용자의 관심사가 동적이며 빠르게 변화한다. 기존 추천 시스템의 목표는 사용자의 일반적인 관심사를 학습하는 것이다. 반면 세션 기반 추천 시스템은 최근 검색 기록을 기반으로 사용자의 최근 관심사를 파악하는 것이 목표이다.

세션 기반 추천 시스템을 구축할 때는 사용자의 검색 기록에서 항목의 동시 등장을 감지하여 항목 임베딩을 학습하는 방식을 사용한다. 예를 들어, 인스타그램은 계정 임베딩을 학습하여 '검색' 피처[1]를 강화하고, 에어비앤비는 리스팅 임베딩을 학습하여 유사한 리스팅 피처[2]를 강화하며, 워드투벡터(word-2vec)[3]는 유사한 접근 방식을 사용하여 의미 있는 단어 임베딩을 학습한다.

이 장에서는 '유사한 리스팅' 문제를 세션 기반 추천 작업으로 다루겠다. 각 리스팅을 임베딩 벡터에 매핑하는 모델을 훈련하여 시스템을 구축함으로써, 사용자의 검색 기록에서 두 리스팅이 자주 등장하는 경우 임베딩 벡터가 임베딩 공간에서 근접하게 위치하도록 한다.

유사한 리스팅을 추천하기 위해 현재 보고 있는 리스팅과 가장 가까운 리스팅을 임베딩 공간에서 검색한다. 이에 대한 예를 살펴보겠다. 그림 9.4에서 각 리스팅은 2D 공간에 매핑되어 있다. L_t와 유사한 리스팅을 추천하기 위해 가장 가까운 임베딩을 가진 상위 3개의 리스팅을 선택한다.

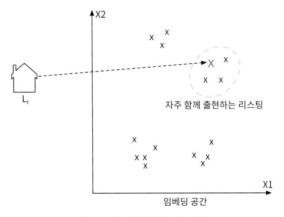

그림 9.4 임베딩 공간의 유사한 리스팅

데이터 준비

데이터 엔지니어링

다음 데이터를 사용할 수 있다.

- ▶ 사용자
- ▶ 리스팅
- ▶ 사용자-리스팅 상호작용

사용자

단순화된 사용자 데이터 스키마는 아래와 같다.

ID	Username	Age	Gender	City	Country	Language	Time zone

표 9.1 사용자 데이터 스키마

리스팅

리스팅 데이터에는 가격, 침대 수, 호스트 ID 등 각 리스팅과 관련된 속성이 포함된다. 표 9.2는 리스팅 데이터의 간단한 예시이다.

ID	호스트 ID	가격	평방 피트	평가	유형	도시	침대	최대 게스트 수
1	135	135	1060	4.97	단독 사용	뉴욕	3	4
2	81	80	830	4.6	개인실	샌프란시스코	1	2
3	64	65	2540	5.0	공유 객실	보스턴	4	6

표 9.2 리스팅 데이터

사용자-리스팅 상호작용

표 9.3은 노출수, 클릭 수, 예약 수와 같은 사용자-리스팅 상호작용의 예이다.

ID	사용자 ID	리스팅 ID	표시된 목록에서 리스팅의 위치	상호작용 유형	출처	타임스탬프
2	18	26	2	클릭	검색 피처	1655121925
3	5	18	5	북마크	유사 리스팅 피처	1655135257

표 9.3 사용자-리스팅 상호작용 데이터

피처 엔지니어링

'머신러닝 작업으로 문제를 구조화' 절에서 설명한 대로 모델은 학습 중에 사용자의 검색 기록만 활용한다. 가격, 사용자의 나이 등과 같은 다른 정보는 사용하지 않는다.

이 절에서는 검색 기록을 '검색 세션'이라고 한다. 검색 세션은 클릭된 숙소 ID의 순서이며, 중단 없이 최종적으로 예약된 리스팅으로 이어진다. 그림 9.5는 사용자가 L_1을 클릭했을 때 사용자의 세션이 시작되고, 사용자가 결국 L_{20}을 예약했을 때 종료되는 검색 세션의 예시를 보여 준다.

그림 9.5 검색 세션

그림 9.5 검색 세션 피처 엔지니어링 단계에서는 상호작용 데이터에서 검색 세션을 추출한다. 표 9.4는 검색 세션의 간단한 예를 보여 준다.

세션 ID	클릭한 리스팅 ID	최종적으로 예약한 리스팅 ID
1	1, 5, 4, 9	26
2	6, 8, 9, 21, 6, 13, 6	5
3	5, 9	11

표 9.4 세션 데이터 검색

모델 개발

모델 선택

신경망은 임베딩을 학습하는 표준 방법이다. 신경망에 적합한 아키텍처의 선택은 작업의 복잡성, 훈련 데이터의 양 등 다양한 요인에 따라 달라진다. 뉴런수, 계층, 활성화 함수 등 신경망 아키텍처와 관련된 하이퍼파라미터는 일반적으로 실험을 하여 선택한다. 실험을 통해 가장 성능이 좋은 아키텍처를 선택한다는 의미이다. 여기서는 리스팅 임베딩을 학습하기 위해 얕은 신경망 아키텍처를 선택한다.

모델 훈련

그림 9.6과 같이, 모델은 입력 리스팅의 맥락 내에서 리스팅을 예측하는 역할을 한다.

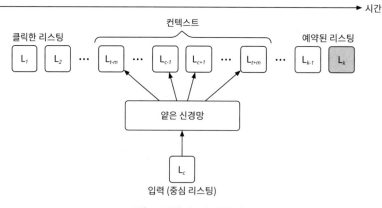

그림 9.6 인접 리스팅 예측하기

학습 프로세스는 시작 시점에 무작위 벡터에 대한 리스팅 임베딩을 초기화한다. 이러한 임베딩은 슬라이딩 윈도(sliding window)² 방식을 사용하여 검색 세션을 읽으면서 점진적으로 학습한다. 윈도가 이동하면 윈도 내 중심 리스팅의 임베딩은 윈도 내 다른 목록의 임베딩과 유사하게 업데이트되고, 윈도 밖의 리스팅과는 유사하지 않도록 업데이트된다. 그런 다음 모델은 이러한 임베딩을 사용하여 주어진 리스팅의 컨텍스트(context)를 예측한다.

새로운 리스팅에 모델을 적응시키기 위해 매일 새로 생성된 훈련 데이터로 모델을 훈련한다.

데이터세트 구성

데이터세트를 구성하는 방법에는 여러 가지가 있다. 여기서는 임베딩 학습에 흔히 사용되는 '네거티브 샘플링'[4]이라는 기법을 선택한다.

학습 데이터를 구축하기 위해 검색 세션에서 포지티브 쌍과 네거티브 쌍을 생성한다. 포지티브 쌍은 유사한 임베딩이 있을 것으로 예상되는 리스팅이고,

---

2 (옮긴이) 이미지에 사각형 상자 모양의 윈도를 슬라이딩 시키며 객체를 찾는 방식을 의미한다.

네거티브 쌍은 서로 다른 임베딩이 있을 것으로 예상되는 리스팅이다.

더 정확히 말하면, 각 세션에 대해 우리는 슬라이딩 윈도 방법으로 리스팅을 읽는다. 윈도가 이동함에 따라 윈도 내의 중심 리스팅(central listing)과 그 리스팅의 컨텍스트 리스팅(context listing)을 사용하여 포지티브 쌍을 만든다. 중심 리스팅과 무작위로 샘플링된 리스팅을 사용하여 네거티브 쌍을 만든다. 포지티브 쌍은 ground truth 라벨 1을, 네거티브 쌍은 라벨 0을 지정한다.

그림 9.7은 검색 세션을 슬라이딩하여 포지티브 및 네거티브 쌍을 생성하는 방법을 보여 준다.

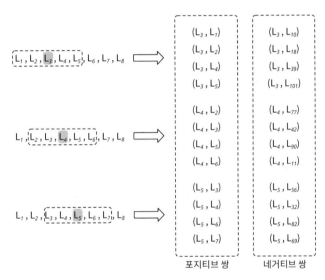

그림 9.7 구성된 포지티브 및 네거티브 리스팅 쌍

손실 함수 선택

손실 함수는 ground truth와 예측 확률 간의 일치도를 측정한다. 두 리스팅이 포지티브 쌍을 형성하는 경우 임베딩은 가까워야 하고, 두 리스팅이 네거티브 쌍을 형성하는 경우 임베딩은 멀리 떨어져 있어야 한다. 다음은 원칙적으로 손실을 계산하는 단계이다.

1. 두 임베딩 사이의 거리(예: 스칼라곱)를 계산한다.
2. 시그모이드 함수를 사용하여 계산된 거리를 0과 1 사이의 확률 값으로 변환한다.

3. 크로스 엔트로피를 표준 분류 손실로 사용하여 예측 확률과 정답 라벨 사이의 손실을 측정한다.

그림 9.8은 손실 계산 단계를 보여 준다.

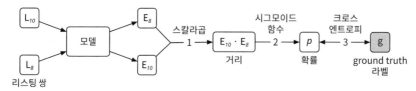

그림 9.8 손실 계산 단계

손실은 다음 공식으로 표현할 수 있다.

$$\text{손실} = \sum_{(c,p)\in D_p} \log \frac{1}{1+e^{-E_p \cdot E_c}} + \sum_{(c,n)\in D_n} \log \frac{1}{1+e^{E_n \cdot E_c}}$$

- c는 중심 리스팅, p는 포지티브 리스팅(컨텍스트에서 c와 함께 발생), n은 네거티브 리스팅(c와 함께 발생하지 않음)이다.
- E_c는 중심 리스팅 c의 임베딩 벡터를 나타낸다.
- E_n는 네거티브 리스팅 n의 임베딩 벡터를 나타낸다.
- E_p는 포지티브 리스팅 p의 임베딩 벡터를 나타낸다.
- D_p는 벡터가 서로에게 접근하도록 밀어주는 (중심 리스팅, 컨텍스트 리스팅) 튜플을 나타내는 포지티브 쌍 $\langle c, n \rangle$이다.
- D_n은 벡터가 서로에게서 멀어지도록 밀어주는 (중심 리스팅, 무작위 리스팅) 튜플을 나타내는 네거티브 쌍 $\langle c, n \rangle$이다.

첫 번째 합계는 포지티브 쌍에 대한 손실을 계산하고 두 번째 합계는 네거티브 쌍에 대한 손실을 계산한다.

더 나은 임베딩 학습을 위해 손실 함수를 개선할 수 있나?

앞에서 설명한 손실 함수는 좋은 출발점이지만 두 가지 단점이 있다. 첫째, 훈련 과정에서 중심 리스팅의 임베딩은 그 컨텍스트에 있는 임베딩에 가까워지지만, 최종적으로 예약된 리스팅의 임베딩으로는 가까워지지 않는다.

이로 인해 클릭된 주변 리스팅을 예측하는 데는 효과적이지만 결국 예약된 리스팅은 예측하지 못하는 임베딩이 된다. 이는 사용자가 예약으로 이어지는 리스팅을 찾는 데 도움이 되는 최적의 방법이 아니다.

둘째, 앞서 생성된 네거티브 쌍은 무작위로 샘플링했기 때문에 주로 다른 지역의 리스팅으로 구성된다. 그러나 사용자는 일반적으로 샌프란시스코와 같은 특정 지역 내에서만 검색한다. 이에 따라 동일한 지역 리스팅에 대해 제대로 작동하지 않는 임베딩, 즉 컨텍스트상 함께 등장하지는 않았지만 동일한 지역에서 발생한 임베딩이 생길 수 있다.

이러한 단점을 해결해 보겠다.

최종 예약된 리스팅을 전역 컨텍스트로 사용

최종적으로 예약된 리스팅을 잘 예측하는 임베딩을 학습하기 위해, 훈련 단계에서 최종적으로 예약된 리스팅을 전역 컨텍스트로 사용한다. 윈도가 이동함에 따라 일부 리스팅은 컨텍스트 집합에 속하거나 제외되지만 최종적으로 예약된 리스팅은 항상 전역 컨텍스트에 남아 있으며 중심 리스팅 벡터를 업데이트하는 데 사용된다.

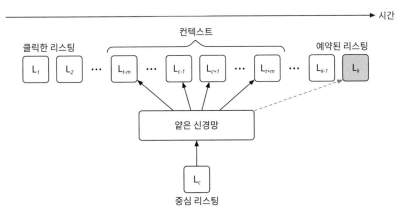

그림 9.9 최종적으로 예약된 리스팅을 포지티브 쌍에 추가하기

훈련 중에 최종 예약된 리스팅을 전역 컨텍스트로 사용하기 위해, 〈중심 리스팅, 최종 예약된 리스팅〉 쌍을 훈련 데이터에 추가하고 이를 포지티브 라벨로 지정한다. 이렇게 하면 그림 9.9에서 보듯이 모델은 훈련 중에 세션에서 클릭된 각 리스팅과 최종 예약된 리스팅의 임베딩이 서로 가까이 위치하도록 유도한다.

같은 지역의 네거티브 쌍을 학습 데이터에 추가

윈도가 이동함에 따라 중심 리스팅의 이웃이지만 같은 컨텍스트 내에 있지 않은 리스팅을 선택한다. 이 쌍을 네거티브로 라벨링하고 훈련 데이터에 추가한다.

새로 추가된 학습 데이터를 반영하여 업데이트한 손실 함수를 살펴보겠다.

$$
\text{손실} = \sum_{(c,p) \in D_p} \log \frac{1}{1 + e^{-E_c \cdot E_p}} + \sum_{(c,n) \in D_n} \log \frac{1}{1 + e^{E_c \cdot E_n}} + \\
\sum_{(c,b) \in D_{\text{booked}}} \log \frac{1}{1 + e^{-E_c \cdot E_b}} + \sum_{(c,n) \in D_{\text{hard}}} \log \frac{1}{1 + e^{E_c \cdot E_n}}
$$

- E_b는 최종 예약된 리스팅 b의 임베딩 벡터를 나타낸다.
- D_{booked}는 벡터가 서로에게 가까이 접근하도록 밀어주는 (중심 리스팅, 예약된 리스팅) 튜플을 나타내는 〈c, b〉의 쌍이다.
- D_{hard}는 벡터가 서로에게서 멀어지도록 밀어주는 (중앙 목록, 동일 지역의 네거티브 리스팅) 튜플을 나타내는 하드 네거티브(hard negative) 쌍 〈c, n〉이다.

앞에서 처음 두 합계를 설명했다. 세 번째 합계는 전역 컨텍스트를 포함하는 새로 추가된 포지티브 쌍에 대한 손실을 계산한다. 이는 모델이 중심 리스팅의 임베딩을 최종적으로 예약된 리스팅의 임베딩과 가까이 위치시키는 데 도움이 된다.

네 번째 합계는 같은 지역에서 새로 추가된 네거티브 쌍에 대한 손실을 계산한다. 이는 모델이 그들의 임베딩을 서로에게서 멀어지게 만든다.

평가

오프라인 지표

모델 개발 단계에서는 오프라인 지표를 사용해 모델의 출력 품질을 측정하고 새로 개발된 모델을 이전 모델과 비교한다. 학습된 임베딩을 평가하기 위해 최근 사용자 클릭을 기준으로 최종적으로 예약된 리스팅을 얼마나 잘 예측하는지 테스트해 본다. '최종 예약된 리스팅의 평균 순위'라는 지표를 생성하여 이에 대해 자세히 살펴보겠다.

최종 예약된 리스팅의 평균 순위

이 지표를 이해하기 위해 예시를 살펴보겠다. 그림 9.10은 사용자의 검색 세션을 보여 준다. 보다시피 검색 세션은 총 7개의 리스팅으로 구성되어 있다. 첫 번째 리스팅은 사용자가 가장 먼저 본 리스팅(L_0)이다. 다음 5개는 사용자가 순차적으로 클릭한 리스팅이다. 마지막 리스팅(L_6)은 사용자가 최종적으로 예약한 리스팅이다.

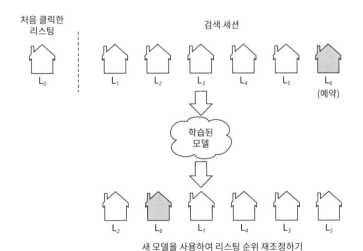

그림 9.10 모델에 의해 순위가 재조정된 세션

이 모델을 사용하여 처음 클릭한 리스팅과 임베딩 공간에 있는 다른 리스팅 간의 유사도를 계산한다. 유사도를 계산하고 나면 리스팅의 순위를 매긴다. 최종적으로 예약한 리스팅의 순위는 새 모델을 사용했을 때 추천할 수 있는 순위(L_6)가 얼마나 높은지를 나타낸다. 그림 9.10에서 볼 수 있듯이, 새 모델(두 번째 줄)은 최종적으로 예약한 리스팅(L_6)의 순위를 2위로 지정할 수 있었다.

모델이 최종적으로 예약된 리스팅의 순위를 높게 매긴다면, 학습된 임베딩이 최종적으로 예약된 리스팅을 추천 리스팅의 앞쪽에 배치할 수 있음을 의미한다. 에어비앤비는 유효성 검사 데이터세트의 모든 세션에서 최종 예약된 리스팅의 순위를 평균하여 이 지표의 값을 계산한다.

온라인 지표

요구사항에 따르면 비즈니스 목표는 예약 수 증가이다. 다음은 온라인 지표를 위한 몇 가지 옵션이다.

- 클릭률(CTR)
- 세션 예약 비율

클릭률(CTR)

추천 리스팅을 본 사람들이 해당 리스팅을 클릭하는 빈도를 나타내는 비율이다.

$$CTR = \frac{\text{클릭된 리스팅 수}}{\text{추천 리스팅 수}}$$

이 지표는 사용자 참여도를 측정하는 데 사용한다. 예를 들어, 사용자가 리스팅을 더 자주 클릭하면 클릭한 리스팅 중 일부가 예약으로 이어질 확률이 높아진다. 하지만 클릭률은 플랫폼에서 이루어진 실제 예약 건수를 측정하지 않기 때문에, 에어비앤비는 '세션 예약률' 지표를 사용해 클릭률을 보완한다.

세션 예약률

검색 세션에서 예약으로 전환된 비율을 나타낸다.

$$\text{세션 예약률} = \frac{\text{예약으로 이어진 세션 수}}{\text{세션 총수}}$$

이 지표는 예약 수를 늘리려는 에어비앤비의 비즈니스 목표와 직접적으로 관련
이 있다. '세션 예약률'이 높을수록 플랫폼에서 더 많은 수익을 창출할 수 있다.

서빙

서빙 시점에 시스템은 사용자가 현재 보고 있는 리스팅과 유사한 리스팅을 추
천한다. 그림 9.11은 머신러닝 시스템 설계의 개요를 보여 준다.

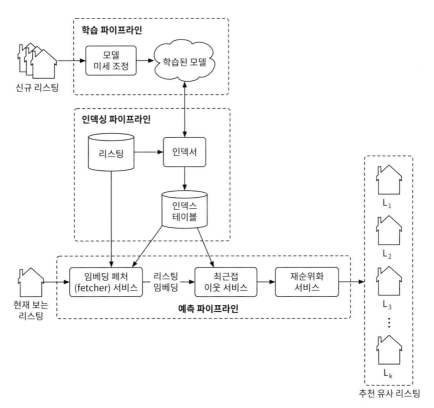

그림 9.11 머신러닝 시스템 설계

주요 구성요소를 자세히 살펴보자.

학습 파이프라인

학습 파이프라인은 신규 리스팅과 사용자 리스팅 상호작용 데이터를 사용하여

모델을 미세 조정한다. 이렇게 하여 모델을 항상 새로운 상호작용과 리스팅에 맞춘다.

인덱싱 파이프라인

학습된 모델을 사용하면 플랫폼에 있는 모든 리스팅의 임베딩을 미리 계산하여 인덱스 테이블에 저장할 수 있다. 이렇게 하면 예측 파이프라인의 속도가 크게 향상된다.

　인덱싱 파이프라인은 인덱스 테이블을 만들고 유지 관리한다. 예를 들어, 신규 리스팅 임베딩을 사용할 수 있게 되면 파이프라인은 해당 임베딩을 인덱스 테이블에 추가한다. 또한 새로 학습된 모델을 사용할 수 있게 되면 파이프라인은 새 모델을 사용하여 모든 임베딩을 다시 계산하고 인덱스 테이블을 업데이트한다.

예측 파이프라인

예측 파이프라인은 사용자가 현재 보고 있는 리스팅과 유사한 리스팅을 추천한다. 그림 9.11에서 볼 수 있듯이 예측 파이프라인은 다음과 같이 구성된다.

- ▶ 임베딩 페처 서비스
- ▶ 최근접 이웃 서비스
- ▶ 재순위화 서비스

각 구성요소를 살펴보자.

임베딩 페처(fetcher) 서비스

이 서비스는 현재 보고 있는 리스팅을 입력으로 받아 학습 중에 모델이 해당 리스팅을 보았는지 여부에 따라 다르게 작동한다.

- • **훈련 중에 모델이 본 입력 리스팅**
  학습 중에 리스팅을 본 경우, 해당 임베딩 벡터를 이미 학습하여 인덱스 테이블에서 사용할 수 있다. 이 경우 임베딩 페처 서비스는 인덱스 테이블에서 리스팅 임베딩을 직접 가져온다.

- 훈련 중에 모델이 보지 못한 입력 리스팅

입력 리스팅이 신규 리스팅인 경우 모델은 학습 중에 해당 리스팅을 본 적이 없다. 이는 주어진 리스팅의 임베딩이 없으면 유사한 리스팅을 찾을 수 없기 때문에 문제가 된다.

이 문제를 해결하기 위해 임베딩 페처는 휴리스틱을 사용하여 신규 리스팅을 처리한다. 예를 들어, 신규 리스팅이 있을 때 지리적으로 가까운 리스팅의 임베딩을 사용할 수 있다. 신규 리스팅에 대한 충분한 상호작용 데이터가 수집되면 학습 파이프라인은 모델을 미세 조정하여 임베딩을 학습한다.

최근접 이웃 서비스

유사한 리스팅을 추천하려면 현재 보고 있는 리스팅의 임베딩과 플랫폼에 있는 다른 리스팅의 임베딩 간의 유사성을 계산해야 한다. 이때 최근접 이웃 서비스를 활용한다. 이 서비스는 이러한 유사성을 계산하여 임베딩 공간에서 최근접 이웃 리스팅을 출력한다.

플랫폼에는 리스팅이 5백만 개 있다는 요구사항을 기억하라. 이렇게 많은 리스팅의 유사성을 계산하는 데는 시간이 걸리고 서비스 속도가 느려질 수 있다. 따라서 검색 속도를 높이기 위해 근사 근접 이웃 방법을 사용한다.

재순위화 서비스

이 서비스는 사용자 필터와 특정 제약 조건을 적용하여 리스팅을 수정한다. 예를 들어, 사용자가 설정한 특정 가격 필터보다 높은 가격의 리스팅은 이 계층에서 제거된다. 또한, 현재 보고 있는 리스팅과 다른 도시에 속하는 리스팅은 사용자에게 표시되기 전에 목록에서 삭제할 수 있다.

추가 논의 주제

면접이 끝나기 전 시간이 남아 있는 경우 아래와 같은 추가 주제로 대화할 수 있다.

- 위치 편향(positional bias)이란 무엇이며 이를 해결하는 방법[5].

- 세션 기반 접근 방식은 랜덤 워크(random walk)와 어떻게 다른지[6], 재시작 랜덤 워크(random walk with restart, RWR)를 사용하여 유사한 리스팅을 추천하는 방법은 무엇인지[7] 알아보자.
- 사용자의 장기적인 관심사를 고려하여 세션 기반 추천 시스템의 결과를 개인화하는 방법(세션 내 개인화)[2].
- 계절 요인이 여행 예약에 큰 영향을 미친다는 점을 고려할 때, 유사한 리스팅 등록 시스템에 계절 요인을 어떻게 통합해야 할까[8].

요약

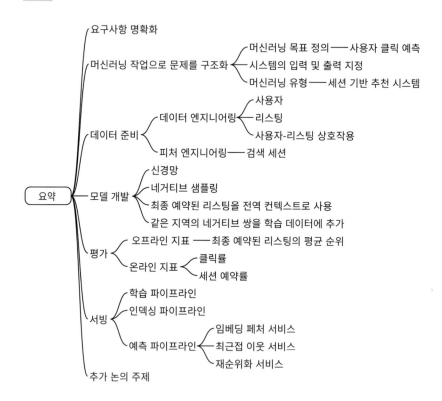

참고 문헌

[1]   Instagram's Explore recommender system. *https://ai.facebook.com/blog/powered-by-ai-instagrams-explore-recommender-system*

[2]   Listing embeddings in search ranking. *https://medium.com/airbnb-engineering/listing-embeddings-for-similar-listing-recommendations-and-real-time-personalization-in-search-601172f7603e*

[3]   Word2vec. *https://en.wikipedia.org/wiki/Word2vec*

[4]   Negative sampling technique. *https://www.baeldung.com/cs/nlps-word2vec-negative-sampling*

[5]   Positional bias. *https://eugeneyan.com/writing/position-bias/*

[6]   Random walk. *https://en.wikipedia.org/wiki/Random_walk*

[7]   Random walk with restarts. *https://www.youtube.com/watch?v=HbzQzUaJ_9I*

[8]   Seasonality in recommendation systems. *https://www.computer.org/csdl/proceedings-article/big-data/2019/09005954/1hJsfgT0qL6*

10장

맞춤형 뉴스 피드

소개

뉴스 피드(news feed)는 타임라인에 친구의 최근 활동을 표시하여 사용자의 참여를 유도하는 소셜 네트워크 플랫폼 기능이다. 메타[1], X[2], 링크드인[3] 등 대부분의 소셜 네트워크는 사용자 참여를 유지하기 위해 개인화된 뉴스 피드를 제공한다.

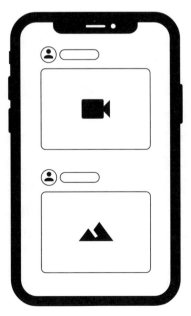

그림 10.1 개인화된 피드가 포함된 사용자 타임라인

이 장에서는 개인화된 뉴스 피드 시스템을 설계하라는 요청을 받았다.

요구사항 명확화

다음은 지원자와 면접관 간의 일반적인 대화이다.

지원자: 개인 맞춤형 뉴스 피드의 목적은 사용자들이 플랫폼에 계속 머무르게 하는 것으로 봐도 될까요?

면접관: 예, 게시물 사이에 광고주의 광고를 표시하고 참여도가 높을수록 수익이 증가합니다.

지원자: 사용자가 타임라인을 새로 고치면 새로운 게시물이 사용자에게 표시됩니다. 이 활동에는 보이지 않는 게시물과 댓글이 보이지 않는 게시물을 모두 포함된다고 가정해도 될까요?[1]

면접관: 그렇습니다.

지원자: 게시물이 텍스트 콘텐츠, 이미지, 동영상 또는 어떤 조합이든 상관 없나요?

면접관: 어떤 조합이든 가능합니다.

지원자: 사용자들이 지속적으로 이용하도록 하려면, 시스템은 가장 매력적인 콘텐츠를 타임라인의 상단에 배치해야 합니다. 사람들은 처음 게시물 몇 개에 더 많이 상호작용하는 경향이 있기 때문입니다. 맞나요?

면접관: 예, 맞습니다.

지원자: 최적화하고자 하는 특정 참여 유형이 있나요? 클릭, 좋아요, 공유 등 다양한 유형의 참여가 예상됩니다.

면접관: 좋은 질문입니다. 우리 플랫폼에서는 사용자의 반응마다 각각 다른 가치를 갖습니다. 예를 들어, 게시물을 단순히 클릭하는 것보다 '좋아요'를 누르는 것이 더 가치가 높습니다. 이상적으로, 우리 시스템은 게시물의 순위를 매길 때 주요한 반응들을 고려합니다. 이런 내용을 고려해서 '참여'를 정의하고 모델이 어떤 것을 최적화해야 할지 선택해주세요.

---

1 (옮긴이) 새로 고침할 때의 데이터 쿼리 방식을 확인하는 질문이다.

지원자: 플랫폼에서 사용할 수 있는 주요 반응은 무엇인가요? 사용자는 클릭, 좋아요, 공유, 댓글, 숨기기, 다른 사용자 차단, 연결 요청을 할 수 있다고 생각합니다. 고려해야 할 다른 반응이 있나요?

면접관: 주요 반응들을 말씀해 주셨습니다. 말씀하신 반응에 집중하면 되겠습니다.

지원자: 시스템은 얼마나 빠르게 작동해야 하나요?

면접관: 사용자가 타임라인을 새로고침하거나 애플리케이션을 열었을 때 순위가 매겨진 게시물이 빠르게 표시되었으면 합니다. 너무 오래 걸리면 사용자들은 지루함을 느끼고 떠날 겁니다. 시스템이 200밀리초(ms) 이내에 순위가 매겨진 게시물을 표시한다고 가정해 봅시다.

지원자: 일간 능동 사용자(DAU) 수는 몇 명인가요? 하루에 타임라인 업데이트가 몇 번 예상되나요?

면접관: 우리는 총 30억 명에 가까운 사용자를 보유하고 있습니다. 약 20억 명의 일간 능동 사용자가 하루에 두 번씩 피드를 확인합니다.

문제를 요약해 보겠다. 개인화된 뉴스 피드 시스템을 설계하라는 요청을 받았다. 이 시스템은 보이지 않는 게시물이나 댓글이 있는 게시물을 검색하고 사용자의 참여도에 따라 순위를 매긴다. 이 작업은 200밀리초 이상 걸리지 않아야 한다. 이 시스템의 목적은 사용자 참여를 높이는 것이다.

머신러닝 작업으로 문제를 구조화

머신러닝 목표 정의

가능한 머신러닝 목표 세 가지를 살펴보겠다.

▶ 사용자의 체류 시간이나 클릭 수와 같은 구체적인 암시적 반응 수를 극대화한다.
▶ 좋아요 또는 공유와 같은 구체적인 명시적 반응 수를 극대화한다.
▶ 암시적 반응과 명시적 반응 모두를 기반으로 한 가중 점수를 극대화한다.

각 옵션에 대해 더 자세히 논의해 보겠다.

- 옵션 1: 체류 시간 또는 사용자 클릭과 같은 구체적인 암시적 반응 수를 극대화한다.

  이 옵션에서는 사용자 참여를 파악하기 위해 암시적 반응을 사용한다. 예를 들어, 사용자 클릭을 극대화하기 위해 머신러닝 시스템을 최적화한다.

  암시적 반응 데이터가 명시적 반응보다 더 많다는 장점이 있다. 일반적으로 학습 데이터가 많을수록 더 정확한 모델을 만들 수 있다.

  단점은 암시적 반응이 게시물에 대한 사용자의 실제 의견을 항상 반영하지는 못한다는 점이다. 예를 들어 사용자가 게시물을 클릭했지만 읽을 가치가 없다고 판단할 수 있다.

- 옵션 2: 좋아요, 공유, 숨기기와 같은 구체적인 명시적 반응 수를 극대화한다.

  이 옵션을 사용하면 게시물에 대한 사용자 의견의 대리로 명시적 반응을 선택할 수 있다.

  이 접근 방식의 장점은 명시적 반응이 일반적으로 암시적 반응보다 더 비중이 크다는 점이다. 예를 들어, 사용자가 게시물에 '좋아요'를 누르는 것은 단순한 게시물 클릭보다 더 강력한 참여 신호이다.

  주요한 단점은 실제로 매우 적은 사용자들이 명시적 반응으로 자신의 의견을 표현한다는 점이다. 예를 들어, 사용자는 게시물이 흥미로워도 반응을 보이지 않을 수 있다. 이러한 상황에서는 제한된 학습 데이터로 정확히 예측하는 게 어려울 수 있다.

- 옵션 3: 암시적 반응과 명시적 반응 모두를 기반으로 한 가중치 점수를 극대화한다.

  이 옵션에서는 암시적 반응과 명시적 반응을 모두 사용하여 사용자가 게시물에 얼마나 참여하고 있는지 파악한다. 특히 반응이 얼마나 가치 있는지에 따라 각 반응에 가중치를 부여한다. 그런 다음 반응의 가중치 점수를 극대화하기 위해 머신러닝 시스템을 최적화한다.

  표 10.1은 다양한 반응과 가중치 간의 매핑을 보여 준다. 보다시피 '좋아요' 누르기는 게시물 클릭보다 가중치가 높고, 공유는 '좋아요'보다 더 가치

반응	클릭	좋아요	댓글	공유	친구 요청	숨기기	차단
가중치	1	5	10	20	30	-20	-50

표 10.1 다양한 반응의 가중치

가 있다. 또한 숨기기 및 차단과 같은 부정적인 반응은 네거티브 가중치를 갖는다. 이러한 가중치는 비즈니스 요구에 따라 선택할 수 있다.

어떤 옵션을 선택해야 하나?

우리가 혼합 옵션을 선택하는 이유는 다른 반응에 다른 가중치를 줄 수 있기 때문이다. 이는 비즈니스에 중요한 요소에 따라 시스템을 최적화할 수 있기 때문에 중요하다.

시스템의 입력 및 출력 지정

그림 10.2에서 볼 수 있듯이 개인화된 뉴스 피드 시스템은 사용자를 입력으로 받아 보이지 않는 게시물 또는 댓글이 있는 게시물의 순위를 참여 점수별로 정렬한 목록을 출력한다.

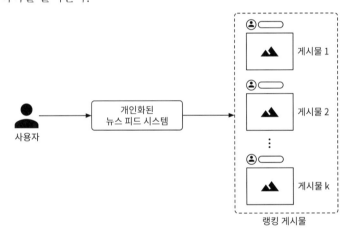

그림 10.2 개인화된 뉴스 피드 시스템의 입력-출력

적합한 머신러닝 유형 선택

개인화된 뉴스 피드 시스템은 게시물이 사용자의 관심을 얼마나 끌었는지에 따라 게시물의 순위 목록을 만든다. Pointwese LTR(Learning to Rank)은 참여 점수를 기반으로 게시물의 순위를 매겨 뉴스 피드를 개인화하는 간단하면서도 효과적인 접근 방식이다. 사용자의 게시물 참여 점수를 계산하는 방법을 이해하기 위해 구체적인 예를 살펴보겠다.

　　그림 10.3에서 볼 수 있듯이, 여러 이진 분류기를 사용하여 〈사용자, 게시물〉 쌍에 대한 다양한 암시적 및 명시적 반응의 확률을 예측한다.

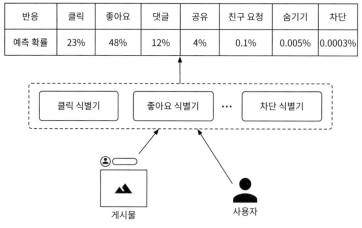

반응	클릭	좋아요	댓글	공유	친구 요청	숨기기	차단
예측 확률	23%	48%	12%	4%	0.1%	0.005%	0.0003%

그림 10.3 다양한 반응의 예측 확률

확률을 예측한 뒤에 참여 점수를 계산한다. 그림 10.4는 참여 점수를 계산하는 방법의 예시이다.

반응	클릭	좋아요	댓글	공유	친구 요청	숨기기	차단
예측 확률	23%	48%	12%	4%	0.1%	0.005%	0.0003%
값	1	5	10	20	30	-20	-50
점수	0.23	2.4	1.2	0.8	0.03	-0.001	-0.00015
참여 점수 = 4.65885							

그림 10.4 참여 점수 계산하기

데이터 준비

데이터 엔지니어링

일반적으로 예측 피처를 엔지니어링하기 전에 사용할 수 있는 원시 데이터가 무엇인지를 이해하는 게 좋다. 여기서는 다음과 같은 유형의 원시 데이터를 사용할 수 있다고 가정한다.

- ▶ 사용자
- ▶ 게시물
- ▶ 사용자와 게시물 간 상호작용
- ▶ 친구 관계

사용자

사용자 데이터 스키마는 아래와 같다.

ID	Username	Age	Gender	City	Country	Language	Time zone

표 10.2 사용자 데이터 스키마

게시물

표 10.3은 게시물 데이터를 보여 준다.

작성자 ID	텍스트 콘텐츠	해시태그	사용자 태그	이미지 또는 동영상 (URL 예시)	타임스탬프
5	오늘 우리가 가장 좋아하는 장소에서 절친과 함께	인생은_아름답다, 행복	hs2008	-	1658450539
1	최고의 여행이었습니다.	여행, 몰디브	Alexish, shan.tony	http://cdn.mysite.com/maldives.jpg	1658451341
29	오늘 겪은 나쁜 경험을 알리고 싶습니다.	-	-	-	1658451365

표 10.3 게시물 데이터

사용자와 게시물 간 상호작용

표 10.4는 사용자-게시물 상호작용 데이터를 보여 준다.

사용자 ID	게시물 ID	상호작용 유형	상호작용 값	위치(위도, 경도)	타임스탬프
4	18	좋아요	-	38.8951, -77.0364	1658450539
4	18	공유	사용자 9	41.9241, -89.0389	1658451365
9	18	댓글	멋지네요	22.7531, 47.9642	1658435948
9	18	차단	-	22.7531, 47.9642	1658451849
6	9	노출		37.5189, 122.6405	1658821820

표 10.4 사용자-게시물 상호작용 데이터

친구 관계

친구 관계 테이블은 사용자 간의 연결 데이터를 저장한다. 사용자가 친한 친구와 가족을 지정할 수 있다고 가정한다. 표 10.5는 친구 관계 데이터의 예를 보여 준다.

사용자 ID 1	사용자 ID 2	친구 맺은 시점	친한 친구	가족 구성원
28	3	1558451341	True	False
7	39	1559281720	False	True
11	25	1559312942	False	False

표 10.5 친구 관계 데이터

피처 엔지니어링

이 절에서는 예측 피처를 엔지니어링하고 모델에 맞게 준비한다. 특히 다음 각 영역에서 피처를 엔지니어링한다.

- ▶ 게시물 피처
- ▶ 사용자 피처
- ▶ 사용자-작성자 친밀도

게시물 피처

실제로 각 게시물에는 많은 속성이 있다. 모든 속성을 다룰 수는 없으므로 가장 중요한 속성만 설명한다.

- ▶ 텍스트 콘텐츠
- ▶ 이미지 또는 동영상
- ▶ 반응
- ▶ 해시태그
- ▶ 게시물 게시 기간

텍스트 콘텐츠

- **어떤 피처인가?** 게시글의 텍스트 콘텐츠(본문)이다.

- **왜 중요한가?** 텍스트 콘텐츠는 게시글의 주제를 파악하는 데 도움이 된다.

- **어떻게 준비하나?** 텍스트 콘텐츠를 전처리하고 사전 학습된 언어 모델을 사용하여 텍스트를 숫자 벡터로 변환한다. 텍스트 콘텐츠는 일반적으로 단일 단어가 아닌 문장 형태로 되어 있기 때문에 BERT[4]와 같은 컨텍스트 인식(context-aware) 언어 모델을 사용한다.

이미지 또는 동영상

- **어떤 피처인가?** 게시글에 이미지 또는 동영상이 포함될 수 있다.

- **왜 중요한가?** 이미지에서 중요한 신호를 감지할 수 있다. 예를 들어, 총 이미지가 있으면 해당 게시물이 어린이에게 안전하지 않다는 의미일 수 있다.

- **어떻게 준비하나?** 먼저 이미지 또는 동영상을 전처리한다. 다음으로, 미리 학습된 모델을 사용하여 비정형 이미지/동영상 데이터를 임베딩 벡터로 변환한다. 예를 들어, 사전 학습된 모델로는 ResNet[5] 또는 최근에 도입된 CLIP 모델[6]을 사용할 수 있다.

반응

- **어떤 피처인가?** 게시물의 좋아요, 공유, 답글 등의 수를 나타낸다.

- **왜 중요한가?** 좋아요, 공유, 숨기기 등의 수는 사용자가 게시물을 얼마나 매력적으로 생각하는지를 나타낸다. 사용자는 '좋아요'가 10개인 게시물보다 '좋아요'가 수천 개 있는 게시물에 더 많이 참여할 가능성이 높다.

- **어떻게 준비하나?** 이 값은 수치로 표시한다. 이 숫자 값의 크기를 조정하여 비슷한 범위로 만든다.

해시태그

- **왜 중요한가?** 사용자는 해시태그를 사용하여 특정 주제를 중심으로 콘텐츠를 그룹화한다. 이러한 해시태그는 게시물이 관련된 주제를 나타낸다. 예를 들어 해시태그가 '#기술_분야_여성'인 게시물은 해당 콘텐츠가 기술 및 여성과 관련이 있음을 나타내므로 모델은 기술에 관심이 있는 사람들에게 더 높은 순위를 부여할 수 있다.

- **어떻게 준비하나?** 텍스트를 사전 처리하는 자세한 단계는 4장 '유튜브 동영상 검색'에 이미 설명되어 있으므로 여기서는 해시태그를 준비하는 고유한 단계에만 집중하겠다.
  - 토큰화: 'lifeisgood' 또는 'programmer_lifestyle'과 같은 해시태그에는 여러 단어가 포함되어 있다. X에서는 비터비(Viterbi)[7]와 같은 알고리즘을 사용하여 해시태그를 토큰화한다. 예를 들어, 'lifeisgood'은 3개의 단어가 된다. 'life' 'is' 'good'.
  - 토큰에서 ID로: 해시태그는 소셜 미디어 플랫폼에서 빠르게 진화하고 트렌드에 따라 변화한다. 피처 해싱 기술은 보이지 않는 해시태그에 인덱스를 할당할 수 있기 때문에 적합한 기술이다.
  - 벡터화: 해시태그를 벡터화하기 위해 트랜스포머 기반 모델 대신 TF-IDF[8] 또는 워드투벡터(word2vec)[9]와 같은 간단한 텍스트 표현 방법을 사용한다. 그 이유를 살펴보겠다. 트랜스포머 기반 모델은 데이터의 컨텍스트가 중요한 경우에 유용하다. 해시태그의 경우, 각 해시태그는 일반적으로 하나의 단어나 구문으로 이루어져 있으며, 해시태그의 의미를 이해하기 위해 컨텍스트가 필요하지 않은 경우가 많다. 따라서 더 빠르고 가벼운 텍스트 표현 방법을 선호한다.

게시물 게시 기간

- **어떤 피처인가?** 작성자가 콘텐츠를 게시한 후 시간이 얼마나 지났는지 보여주는 피처이다.

- **왜 중요한가?** 사용자는 새로운 콘텐츠에 더 많이 참여하는 경향이 있다.

- 어떻게 준비하나? 게시물의 게시 기간을 몇 가지 범주로 버킷화하여 원-핫 인
  코딩을 사용하여 표시한다. 예를 들어 다음과 같은 버킷을 사용한다.
    - 0: 1시간 미만
    - 1: 1시간 이상 ~ 5시간 미만
    - 2: 5시간 이상 ~ 24시간 미만
    - 3: 1일 이상 ~ 7일 미만
    - 4: 7일 이상 ~ 30일 미만
    - 5: 한 달 이상

그림 10.5는 모든 게시물 관련 피처를 보여 준다.

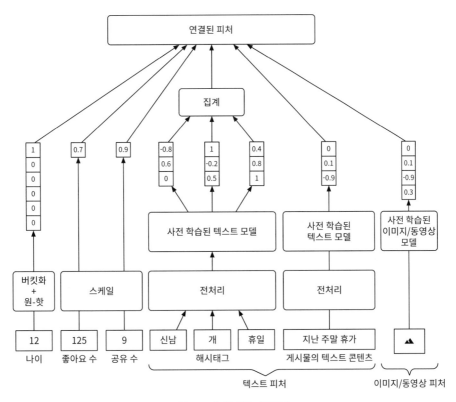

그림 10.5 게시물 관련 피처 준비

사용자 피처

가장 중요한 사용자 관련 피처 중 일부는 다음과 같다.

- 개인정보: 연령, 성별, 국적 등
- 상황별 정보: 단말, 시간대 등
- 사용자-게시물 상호작용 이력
- 게시물에 언급됨

이전 장에서 이미 사용자 개인정보 및 컨텍스트 정보에 관해 설명했으므로 여기서는 나머지 피처 두 개만 살펴본다.

사용자-게시물 상호작용 이력

사용자가 '좋아요'를 누른 모든 게시물은 게시물 ID 목록으로 표시한다. 공유 및 댓글에도 동일한 기준을 적용한다.

- 왜 중요한가? 사용자의 이전 참여는 일반적으로 향후 참여를 결정하는 데 도움이 된다.

- 어떻게 준비하나? 사용자가 상호작용한 각 게시물에서 피처를 추출한다.

게시물에 언급됨

- 무슨 뜻인가? 게시글에 사용자가 언급되었는지 여부를 의미한다.

- 왜 중요한가? 사용자는 일반적으로 자신을 언급하는 게시물에 관심을 더 많이 갖는다.

- 어떻게 준비하나? 이 피처는 이진 값으로 표시한다. 사용자가 게시물에 언급된 경우 이 피처는 1이고, 그렇지 않으면 0이다.

그림 10.6은 사용자를 위한 피처 준비 과정을 요약한 것이다.

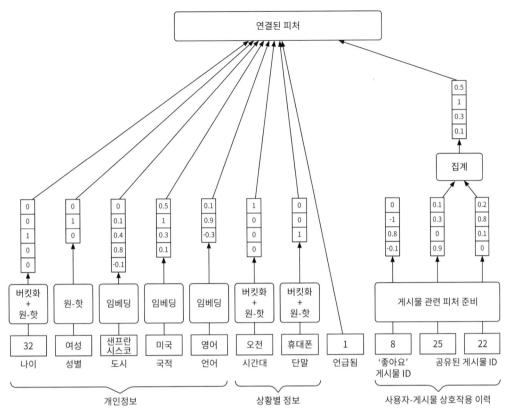

그림 10.6 사용자 관련 데이터에 대한 피처 준비

사용자-작성자 친밀도

연구에 따르면, 사용자와 작성자 간의 관계와 같은 친밀도 피처는 메타에서 사용자의 참여를 예측하는 데 중요한 요소 중 하나이다[10]. 사용자와 작성자의 친밀도를 파악하기 위한 몇 가지 피처를 설계해 보겠다.

좋아요/클릭/댓글/공유 비율

사용자가 작성자의 이전 글에 반응한 비율이다. 예를 들어, '좋아요' 비율이 0.95이면, 사용자가 해당 작성자의 글 95%에 '좋아요'를 표시했음을 의미한다.

친구 관계 기간

사용자와 작성자가 플랫폼에서 친구로 지낸 일 수이다. 이 피처는 친구 데이터에서 얻을 수 있다.

- **왜 중요한가?** 사용자는 친구들과 더 많이 소통하는 경향이 있다.

친한 친구 및 가족

사용자와 작성자가 서로를 친한 친구 및 가족 목록에 포함했는지 여부를 나타내는 이진 값이다.

- **왜 중요한가?** 사용자는 친한 친구나 가족이 작성한 게시물에 더 많은 관심을 기울인다. 그림 10.7은 사용자-작성자 친밀도와 관련된 피처를 설명한다.

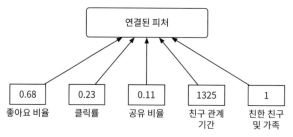

그림 **10.7** 사용자-작성자 친밀도 피처

모델 개발

모델 선택

다음과 같은 이유로 신경망을 선택한다.

- 신경망은 텍스트와 이미지와 같은 비정형 데이터에 잘 작동한다.
- 신경망을 사용하면 임베딩 계층을 사용하여 범주형 특징을 나타낼 수 있다.
- 신경망 아키텍처를 사용하면 피처 엔지니어링에 사용되는 사전 학습된 모델을 미세 조정할 수 있다. 다른 모델에서는 불가능하다.

신경망을 훈련하기 전에 신경망의 아키텍처를 선택해야 한다. 신경망을 구축하고 훈련하는 데는 두 가지 아키텍처 옵션이 있다.

▸ N개의 DNN

▸ 멀티태스크 DNN

각각을 살펴보겠다.

옵션 1: N개의 독립 DNN

이 옵션에서는 N개의 독립적인 심층 신경망(DNN)을 각 반응에 대해 하나씩 사용한다. 이는 그림 10.8에 나와 있다.

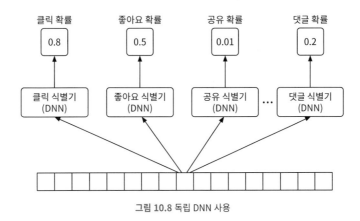

그림 10.8 독립 DNN 사용

이 옵션에는 두 가지 단점이 있다.

• **훈련 비용이 많이 든다.** 여러 개의 독립적인 DNN을 훈련하기 위해서는 많은 컴퓨팅 자원과 시간이 필요하다.

• **빈도가 낮은 반응의 경우 학습 데이터가 충분하지 않을 수 있다.** 즉, 빈도가 낮은 반응의 확률은 정확하게 예측하기 어렵다.

옵션 2: 멀티태스크 DNN

이러한 문제를 극복하기 위해 다중 작업(multi-task) 학습 접근 방식을 사용한다(그림 10.9).

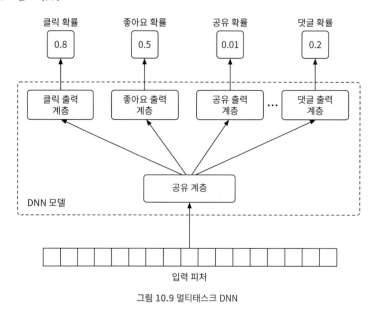

그림 10.9 멀티태스크 DNN

다중 작업 학습에 대해서는 5장 '유해 콘텐츠 감지'에서 설명했으므로 여기서는 간략하게만 설명한다. 요약하자면, 다중 작업 학습은 여러 작업을 동시에 학습하는 프로세스를 말한다. 이를 통해 모델은 작업 간의 유사성을 학습하고 불필요한 계산을 피할 수 있다. 멀티태스크 신경망 모델의 경우 적절한 아키텍처를 선택하는 것이 필수적이다. 아키텍처와 관련 하이퍼파라미터의 선택은 일반적으로 실험을 실행하여 결정한다. 즉, 다양한 아키텍처에서 모델을 훈련 및 평가하고 최상의 결과를 도출하는 아키텍처를 선택해야 한다.

수동적인 사용자를 위한 DNN 아키텍처 개선

지금까지는 공유, 좋아요, 클릭, 댓글과 같은 반응을 예측하기 위해 DNN을 사용했다. 그러나 많은 사용자가 수동적으로 플랫폼을 사용하므로 타임라인의 콘텐츠와 상호작용을 별로 하지 않는다. 이러한 사용자의 경우 게시물에 거의 반응하지 않기 때문에 현재 DNN 모델은 모든 반응에 대해 매우 낮은 확률로 예측한다. 따라서 수동적인 사용자를 고려하도록 DNN 아키텍처를 변경해야 한다. 이를 위해 작업 목록에 두 가지 암시적 반응을 추가한다.

- 체류 시간: 사용자가 게시물에 머무는 시간이다.
- 건너뛰기: 사용자가 게시물에 t초 미만(예: 0.5초)을 머문 경우 해당 게시물은 사용자가 건너뛴 것으로 간주할 수 있다.

그림 10.10은 새로운 작업이 포함된 멀티태스크 DNN 모델을 보여 준다.

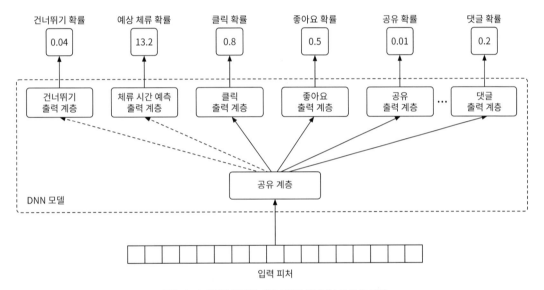

그림 10.10 새로운 작업 두 개가 포함된 멀티태스크 DNN 모델

모델 훈련

데이터세트 구성

이 단계에서는 원시 데이터로 데이터세트를 구성한다. DNN 모델은 여러 작업을 학습해야 하므로 각각에 대해 포지티브 및 네거티브 데이터 포인트(예: 클릭, 좋아요 등)를 생성한다. 여기서는 '좋아요'라는 반응 유형을 예로 들어 포지티브/네거티브 데이터 포인트를 생성하는 방법을 설명하겠다. 사용자가 게시물에 '좋아요'를 누를 때마다 데이터세트에 데이터 포인트를 추가하고 〈사용자, 게시물〉 피처를 계산한 다음 포지티브 라벨을 지정한다.

네거티브 데이터 포인트를 생성하기 위해 '좋아요' 반응으로 이어지지 않은 노출을 선택했다. 일반적으로 네거티브 데이터 포인트의 수가 포지티브 데이터 포인트보다 훨씬 많다는 점에 유의하라. 데이터세트의 불균형을 피하고자 네거티브 데이터 포인트를 포지티브 데이터 포인트의 수와 동일하게 생성한다. 그림 10.11은 '좋아요' 반응에 대한 포지티브 및 네거티브 데이터 포인트를 보여 준다.

#	사용자 피처						게시물 피처					친밀도 피처					라벨
1	1	0	1	0.8	0.1	1	0	1	1	0.4	0	0.9	0.6	0.3	8	0	포지티브
2	0	0	0	0.4	0.9	0	1	1	0	0.3	1	1	0.9	0.8	120	1	포지티브
3	1	1	0	0.1	0.5	0	0	1	0	0.9	1	0.1	0	0	2	0	네거티브

그림 10.11 '좋아요' 반응 분류 작업을 위한 학습 데이터

동일한 프로세스를 사용하여 다른 반응에 대해 포지티브 및 네거티브 라벨을 만들 수 있다. 그러나 체류 시간은 회귀 작업이기 때문에 다르게 구성한다. 그림 10.12에서 볼 수 있듯이, ground truth 라벨은 노출에 대한 체류 시간이다.

#	사용자 피처						게시물 피처					친밀도 피처					체류 시간
1	0	0	0	0.1	0.9	1	1	1	0	0.1	1	0.6	0.6	0.3	0.2	5	0	8.1
2	1	1	1	0.9	0.1	0	1	1	0	0.8	0	0.1	0.9	0.3	0.1	3	1	11.5

그림 10.12 체류 시간의 학습 데이터

손실 함수 선택

멀티태스크 모델은 여러 작업을 동시에 학습하도록 훈련한다. 즉, 각 작업의 손실을 개별적으로 계산한 다음 이를 합산하여 전체 손실을 구해야 한다. 일반적으로 작업의 머신러닝 범주에 따라 각 작업에 대한 손실 함수를 정의한다. 우리의 경우 각 이진 분류 작업에는 이진 크로스 엔트로피(binary cross entropy) 손실을, 회귀 작업(체류 시간 예측)에는 MAE[11], MSE[12] 또는 Huber loss[13] 과 같은 회귀 손실을 사용한다. 전체 손실은 그림 10.13과 같이 작업별 손실을 합산하여 계산한다.

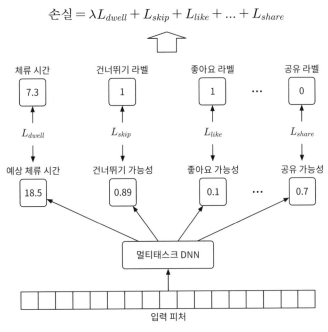

$$손실 = \lambda L_{dwell} + L_{skip} + L_{like} + ... + L_{share}$$

그림 10.13 학습 워크플로우

평가

오프라인 지표

오프라인 평가에서는 다양한 반응을 예측하는 모델의 성능을 측정한다. 개별 반응 유형의 성능을 평가하기 위해 precision 및 recall과 같은 이진 분류 지표를 사용할 수 있다. 그러나 이러한 지표만으로는 이진 분류 모델의 전반적인 성능을 확인하지 못할 수 있다. 따라서 ROC 곡선을 사용하여 정탐률과 오탐률 간의 균형을 이해한다. 또한 ROC 곡선 아래 면적(ROC-AUC)을 계산하여 이진 분류의 성능을 수치로 요약한다.

온라인 지표

우리는 다양한 각도에서 사용자 참여를 측정하기 위해 다음과 같은 지표를 사용한다.

- 클릭률(CTR)
- 반응률
- 총사용 시간
- 사용자 설문 조사에서 확인된 사용자 만족도

클릭률(CTR)

노출된 게시물의 클릭 수 비율이다.

$$CTR = \frac{\text{클릭한 게시물 수}}{\text{노출수}}$$

CTR이 높다고 해서 항상 사용자 참여도가 높은 것은 아니다. 예를 들어, 사용자는 가치가 낮은 낚시성 게시물을 클릭했다가 금방 읽을 가치가 없다고 생각했을 수 있다. 이러한 한계에도 불구하고 추적해야 할 중요한 지표이다.

반응률

반응률은 샤용자 반응을 나타내는 일련의 지표이다. 예를 들어 '좋아요' 비율은 '좋아요'를 누른 게시물 수와 사용자 피드에 표시된 전체 게시물 수의 비율을 의미한다.

$$\text{좋아요 비율} = \frac{\text{'좋아요' 게시물 수}}{\text{노출수}}$$

비슷하게 '공유 비율', '댓글 비율', '숨기기 비율', '차단 비율', '건너뛰기 비율' 등의 다른 반응도 추적한다. 이러한 반응은 사용자가 명시적으로 선호도를 표현한 것이므로 CTR보다 더 강력한 신호이다.

지금까지 설명한 지표는 사용자 반응을 기반으로 한다. 하지만 수동적인 사용자는 어떤가? 수동 사용자는 대부분의 게시물에 전혀 반응하지 않는 경향이 있는 사용자이다. 수동적 사용자를 위한 맞춤형 뉴스 피드 시스템의 효과를 파악하기 위해 다음 지표 두 개를 추가한다.

총사용 시간

한 주와 같이 정해진 기간에 사용자가 타임라인에서 보낸 총시간이다. 이 지표
는 수동 및 능동 사용자 모두의 전반적인 참여도를 측정한다.

사용자 설문 조사에서 확인된 사용자 만족도

개인 맞춤형 뉴스 피드 시스템의 효과를 측정하는 또 다른 방법은 사용자에게
피드에 대한 의견이나 게시물의 매력도를 명시적으로 물어보는 것이다. 명시
적인 피드백을 구하기 때문에 시스템의 효과를 정확하게 측정할 수 있다.

서빙

서빙 시에는 시스템은 게시물의 순위가 매겨진 목록을 출력하여 요청을 처리
한다. 그림 10.14는 개인화된 뉴스 피드 시스템의 아키텍처 다이어그램을 보여
준다. 이 시스템은 다음과 같은 파이프라인으로 구성된다.

▶ 데이터 준비 파이프라인

▶ 예측 파이프라인

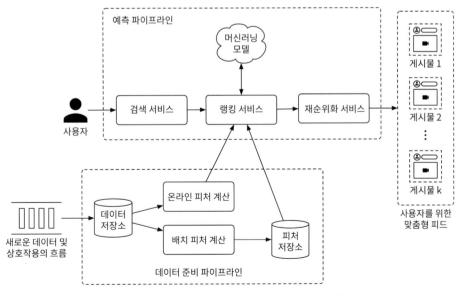

그림 10.14 개인화된 뉴스 피드 시스템의 머신러닝 시스템 설계

데이터 준비 파이프라인은 8장 '소셜 플랫폼 광고 클릭 예측'에서 설명한 내용과 매우 유사하기 때문에 자세히 설명하지 않는다. 예측 파이프라인을 살펴보겠다.

예측 파이프라인

예측 파이프라인은 검색 서비스, 순위 서비스, 재순위화 서비스 등의 구성요소로 이루어져 있다.

검색 서비스

이 구성요소는 사용자가 보지 않았거나 사용자가 보지 않은 댓글이 있는 게시글을 검색한다. 보이지 않는 글을 효율적으로 가져오는 방법에 대해 자세히 알아보려면 [14]를 참고하라.

순위 서비스

이 구성요소는 각 게시물에 참여 점수를 할당하여 검색된 게시물의 순위를 매긴다.

재순위화 서비스

이 서비스는 추가 로직과 사용자 필터를 통합하여 게시물 목록을 수정한다. 예를 들어, 사용자가 축구와 같은 특정 주제에 명시적으로 관심을 표명한 경우 이 서비스는 해당 게시물에 더 높은 순위를 할당한다.

추가 논의 주제

면접이 끝나기 전에 시간이 남아 있는 경우 아래와 같은 추가 주제로 대화할 수 있다.

- 입소문을 타고 있는 게시물을 처리하는 방법[15].
- 신규 사용자를 위해 뉴스 피드를 맞춤 설정하는 방법[16].

- 시스템에 존재하는 위치 편향성을 완화하는 방법[17].
- 적절한 재훈련 빈도를 결정하는 방법[18].

요약

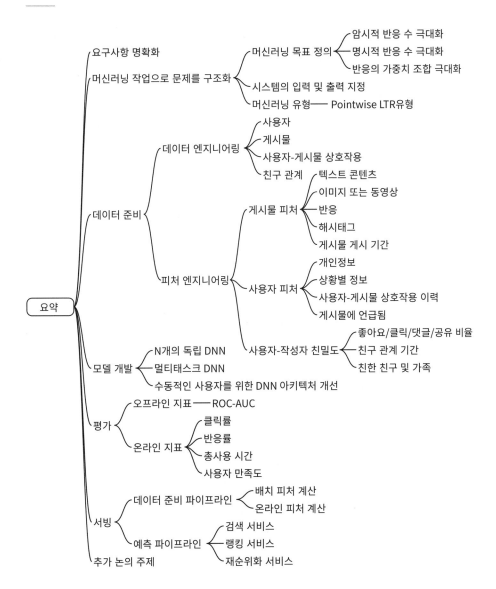

참고 문헌

[1]   News Feed ranking in Facebook. *https://engineering.fb.com/2021/01/26/ ml-applications/news-feed-ranking/*

[2]   Twitter's news feed system. *https://blog.twitter.com/engineering/en_us/ topics/insights/2017/using-deep-learning-at-scale-in-twitters-timelines*

[3]   LinkedIn's News Feed system LinkedIn. *https://engineering.linkedin.com/ blog/2020/understanding-feed-dwell-time*

[4]   BERT paper. *https://arxiv.org/pdf/1810.04805.pdf*

[5]   ResNet model. *https://arxiv.org/pdf/1512.03385.pdf*

[6]   CLIP model. *https://openai.com/blog/clip/*

[7]   Viterbi algorithm. *https://en.wikipedia.org/wiki/Viterbi_algorithm*

[8]   TF-IDF. *https://en.wikipedia.org/wiki/Tf%E2%80%93idf*

[9]   Word2vec. *https://en.wikipedia.org/wiki/Word2vec*

[10]   Serving a billion personalized news feed. *https://www.youtube.com/ watch?v=Xpx5RYNTQvg*

[11]   Mean absolute error loss. *https://en.wikipedia.org/wiki/Mean_absolute_error*

[12]   Means squared error loss. *https://en.wikipedia.org/wiki/Mean_squared_error*

[13]   Huber loss. *https://en.wikipedia.org/wiki/Huber_loss*

[14]   A news feed system design. *https://liuzhenglaichn.gitbook.io/system-design/ news-feed/design-a-news-feed-system*

[15]   Predict viral tweets. *https://towardsdatascience.com/using-data-science- to-predict-viral-tweets-615b0acc2e1e*

[16]   Cold start problem in recommendation systems. *https://en.wikipedia.org/ wiki/Cold_start_(recommender_systems)*

[17]   Positional bias. *https://eugeneyan.com/writing/position-bias/*

[18]   Determine retraining frequency. *https://huyenchip.com/2022/01/02/real- time-machine-learning-challenges-and-solutions.html#towards-continual- learning*

11장

친구 추천

소개

친구 추천은 친구, 학교, 직장 등 공통점을 기반으로 연결할 수 있는 사용자 목록이다. 메타, 링크드인, X와 같은 많은 소셜 네트워크에서 머신러닝을 활용하여 친구 추천 기능을 지원한다.

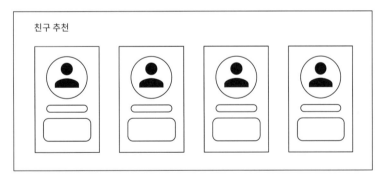

그림 11.1 친구 추천 피처

이 장에서는 링크드인과 유사한 친구 추천 피처를 설계해 보겠다. 이 시스템은 사용자를 입력으로 받아 잠재적 인맥 추천 목록을 출력한다.

요구사항 명확화

다음은 지원자와 면접관 간의 일반적인 대화이다.

지원자: 친구 추천 피처를 개발하게 된 목적이 사용자가 잠재적인 인맥을 발견하고 네트워크를 확장할 수 있도록 돕기 위해서라고 봐도 되나요?

면접관: 예, 맞습니다.

지원자: 잠재적 인맥을 추천하려면 위치, 학력, 업무 경험, 기존 인맥, 이전 활동 등과 같은 방대한 요소들을 고려해야 합니다. 학력, 업무 경험, 사용자의 사회적 맥락 등 가장 중요한 요소에 집중해야 하나요?

면접관: 그렇습니다.

지원자: 링크드인에서는 두 사람이 서로를 친구로 추가해야 친구 관계가 맺어집니다. 맞나요?

면접관: 예, 친구 관계는 대칭적입니다. 누군가 다른 사용자에게 연결 요청을 보내고 받는 사람이 요청을 수락해야 연결이 됩니다.

지원자: 플랫폼의 사용자 총수는 얼마인가요? 그중 일간 능동 사용자(DAU)는 몇 명인가요?

면접관: 우리는 거의 10억 명의 사용자와 3억 명의 일간 능동 사용자를 보유하고 있습니다.

지원자: 사용자의 평균 연결 수는 몇 개인가요?

면접관: 1,000개 정도입니다.

지원자: 대부분 사용자의 소셜 그래프(social graph)는 그다지 역동적이지 않아서 짧은 시간에 인맥이 크게 변하지 않습니다. 친구 추천 시스템을 설계할 때 이런 가정을 해도 될까요?

면접관: 좋은 지적입니다. 네, 합리적인 가정입니다.

문제를 요약해 보겠다. 링크드인과 유사한 친구 추천 시스템을 설계하라는 요청을 받았다. 이 시스템은 사용자를 입력으로 받고 잠재적 인맥의 순위가 매겨진 추천 목록을 출력한다. 이 시스템을 구축하는 목적은 사용자가 새로운 인맥을 더 쉽게 발견하고 네트워크를 확장할 수 있도록 하기 위해서이다. 플랫폼에는 총 10억 명의 사용자가 있으며, 사용자 한 명당 평균 1,000개의 인맥을 보유하고 있다.

머신러닝 작업으로 문제를 구조화

머신러닝 목표 정의
친구 추천 시스템의 일반적인 머신러닝 목표는 사용자 간에 형성된 연결의 수를 극대화하는 것이다. 이를 통해 사용자는 네트워크를 빠르게 확장할 수 있다.

시스템의 입력 및 출력 지정
친구 추천 시스템의 입력은 사용자이며, 출력은 사용자와의 관련성에 따라 순위가 매겨진 연결 목록이다. 그림 11.2에 나와 있다.

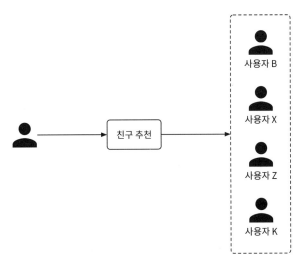

그림 11.2 친구 추천 시스템의 입-출력

적합한 머신러닝 유형 선택
친구 추천 시스템을 구축하는 데 일반적으로 사용되는 두 가지 접근 방식, 즉 Point-wise LTR(Learning to Rank)과 엣지(Edge) 예측을 살펴 보겠다.

Pointwise LTR

이 접근 방식에서는 '친구 추천'을 순위 문제로 설정하고 Pointwise LTR을 사용하여 사용자의 순위를 매긴다. 그림 11.3에서 볼 수 있듯이 Pointwise LTR에서는 사용자 두 명을 입력으로 받아 주어진 쌍이 연결될 확률을 출력하는 이진 분류 모델을 사용한다.

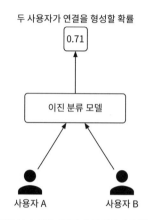

그림 11.3 입력 사용자가 두 명인 이진 분류

하지만 이 접근 방식에는 큰 단점이 있다. 모델의 입력이 서로 다른 사용자 둘이기 때문에 사용할 수 있는 사회적 맥락을 고려하지 못한다는 점이다. 이 방법은 작업을 단순화할 수 있지만 사용자의 연결에 대한 정보가 누락되면 예측의 정확도가 떨어질 수 있다.

소셜 컨텍스트가 중요한 인사이트를 어떻게 제공할 수 있는지 이해하기 위해 한 가지 예를 분석해 보자. 사용자 A와 사용자 B가 잠재적으로 연결이 될 수 있는지를 예측하고 싶다고 가정하자.

그림 11.4 사용자 A와 사용자 B가 잠재적 연결을 형성할 수 있을까?

1-hop 이웃(사용자 A 또는 사용자 B의 연결)[1]을 살펴봄으로써 사용자 A, 사용자 B의 잠재적 연결을 판단할 수 있는 더 많은 정보를 얻을 수 있다. 그림 11.5와 같이 두 가지 다른 시나리오를 고려해 보겠다.

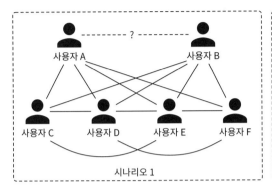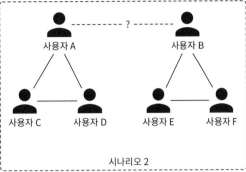

그림 11.5 1-hop 이웃의 두 가지 시나리오

시나리오 1에서 사용자 A와 사용자 B는 각각 4개의 상호 연결이 있고 사용자 C, D, E, F 사이에도 상호 연결이 있다.

시나리오 2에서는 사용자 A와 사용자 B에게 각각 친구가 두 명씩 있으며, 사용자 A와 사용자 B의 사이에는 연결이 없다.

1-hop 이웃을 살펴보면 사용자 A, 사용자 B가 시나리오 2보다는 시나리오 1에서 연결을 형성할 가능성이 더 높다고 예상할 수 있다. 실제로는 2-hop 이웃 또는 3-hop 이웃을 활용하여 소셜 컨텍스트에서 더 유용한 정보를 포착할 수도 있다.

두 번째 접근 방식을 논의하기 전에 그래프가 소셜 컨텍스트와 같은 구조적 데이터를 저장하는 방법과 그래프에서 수행할 수 있는 머신러닝 작업을 이해해 보자.

일반적으로 그래프는 엔티티(노드) 모음 사이의 관계(엣지)를 나타낸다. 전체 소셜 컨텍스트는 그래프로 나타낼 수 있으며, 각 노드는 사용자를 나타내고

1 (옮긴이) hop은 네트워크의 이동 단위로 사용된다.

두 노드 사이의 엣지는 두 사용자 간에 형성된 연결을 나타낸다. 그림 11.6은 4개의 노드와 3개의 엣지가 있는 간단한 그래프를 보여 준다.

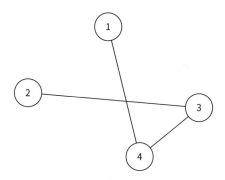

그림 11.6 간단한 그래프

그래프로 표현된 구조화된 데이터에 대해 수행할 수 있는 예측 작업은 아래와 같이 세 가지가 있다.

- 그래프 수준 예측(graph-level prediction). 예를 들어, 화합물이 그래프로 주어지면 해당 화합물이 효소인지 아닌지를 예측한다.
- 노드 수준 예측(node-level prediction). 예를 들어 소셜 네트워크 그래프로 특정 사용자(노드)가 스팸 발송자인지 예측한다.
- 엣지 수준 예측(edge-level prediction). 두 노드 사이에 엣지가 존재하는지 예측한다. 예를 들어 소셜 네트워크 그래프로 두 사용자가 연결될 가능성이 있는지 예측한다.

친구 추천 시스템을 구축하기 위한 엣지 예측 접근 방식을 살펴보겠다.

엣지 예측

이 접근 방식에서는 그래프 정보로 모델을 보완한다. 이를 통해 모델은 소셜 그래프에서 추출한 추가 지식을 사용하여 두 노드 사이에 엣지가 존재하는지를 예측할 수 있다.

더 구체적으로 말하자면, 전체 소셜 그래프를 입력으로 받아 두 특정 노드 사이에 엣지가 존재할 확률을 예측하는 모델을 사용한다. 사용자 A에 대한 잠재적 연결의 순위를 매기기 위해 사용자 A와 다른 사용자 간의 엣지 존재 확률을 계산하고, 이 확률을 순위 기준으로 사용한다.

이 모델은 모델이 활용하는 일반적인 피처 외에도 소셜 그래프에서 추출한 추가 지식을 사용하여 두 노드 사이에 엣지가 존재하는지 여부를 예측한다.

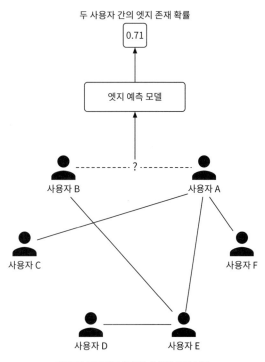

그림 11.7 그래프 입력을 사용한 이진 분류

데이터 준비

데이터 엔지니어링

이 절에서는 사용할 수 있는 원시 데이터에 관해 설명한다.

- ▸ 사용자
- ▸ 연결
- ▸ 상호작용

사용자

X에서는 사용자의 인구통계학적 데이터 외에도 사용자의 학력 및 경력, 기술 등에 대한 정보를 보유하고 있다. 표 11.1은 사용자의 학력 데이터의 예를 보여 준다. 업무 경험, 기술 등을 저장하는 데에도 유사한 표를 사용할 수 있다.

사용자 ID	학교	학위	전공	시작 날짜	종료 날짜
11	워털루	석사	컴퓨터 과학	2015년 8월	2017년 5월
11	하버드	석사	물리학	2004년 5월	2006년 8월
11	UCLA	학사	전기 공학	2022년 9월	-

표 11.1 사용자의 학력 데이터

이러한 유형의 원시 데이터의 한 가지 문제점은 특정 속성이 다른 형태로 표현될 수 있다는 점이다. 예를 들어, '컴퓨터 과학'과 'CS'는 의미는 같지만, 텍스트가 다르다. 따라서 데이터 엔지니어링 단계에서 원시 데이터를 표준화하여 단일 속성의 다양한 형태를 동일한 데이터로 취급해야 한다.

원시 데이터를 표준화하는 데는 다양한 접근 방식이 있다. 예를 들면 아래와 같다.

- 사용자가 미리 정의된 목록에서 속성을 선택하도록 강제한다.
- 휴리스틱을 사용하여 속성의 다양한 표현을 그룹화한다.
- 클러스터링[1] 또는 언어 모델과 같은 머신러닝 기반 방법을 사용하여 유사한 속성을 그룹화한다.

연결

표 11.2는 연결 데이터가 단순화된 예이다. 각 행은 두 사용자 간의 연결이 형성된 시점을 나타낸다.

사용자 ID 1	사용자 ID 2	연결이 형성된 타임스탬프
28	3	1658451341
7	39	1659281720
11	25	1659312942

표 11.2 연결 데이터

상호작용

사용자가 연결 요청을 보내거나, 요청을 수락하거나, 다른 사용자를 팔로우하거나, 엔티티를 검색하거나, 프로필을 보거나, 게시물에 '좋아요'를 누르거나 반응하는 등 다양한 유형의 상호작용이 있다. 실제로는 상호작용 데이터를 서로 다른 데이터베이스에 저장할 수 있지만, 여기서는 단순화하기 위해 모든 데이터를 단일 테이블에 포함했다.

사용자 ID	상호작용 유형	상호작용 값	타임스탬프
11	친구 요청	user_id_8	1658450539
8	친구 수락	user_id_11	1658451341
11	댓글	[usser_id_4, 정말 통찰력 있어요]	1658451365
4	검색	'스콧 벨스키'	1658435948
11	프로필 보기	user_id_21	1658451849

표 11.3 상호작용 데이터

피처 엔지니어링

사용자(예: 사용자 A)에 대한 잠재적 인맥을 결정하려면 모델에서 나이, 성별 등과 같은 사용자 A의 정보를 활용해야 한다. 또한 사용자 A와 다른 사용자 간의 친밀도도 유용하다. 이 절에서는 가장 중요한 몇 가지 피처에 대해 설명한다.

사용자 피처

인구통계적 데이터: 연령, 성별, 도시, 국가 등

인구통계학적 데이터는 두 사용자가 연결을 형성할 가능성이 있는지 판단하는데 도움이 된다. 사용자는 인구통계학적 특성이 비슷한 다른 사용자와 연결되는 경향이 있다.

인구통계적 데이터에는 일반적으로 결측값이 있다. 결측값을 처리하는 방법에 대해 자세히 알아보려면 1장 '소개 및 개요'를 참고하라.

연결, 팔로워, 팔로잉 및 보류 중인 요청 수

이 정보는 사용자가 팔로워 또는 연결 수가 많은 사람과 연결할 가능성이 연결 수가 적은 사용자에 비해 높기 때문에 중요하다.

계정 생성 기간

아주 최근에 생성된 계정은 오래전에 생성된 계정보다 신뢰도가 떨어진다. 예를 들어, 어제 생성된 계정의 경우 스팸 계정일 가능성이 높다. 따라서 사용자에게 추천하지 않는 것이 좋다.

수신한 반응 수

일주일과 같이 특정 기간 받은 '좋아요', 공유, 댓글 등의 총반응 수를 나타내는 수치이다. 사용자는 플랫폼에서 다른 사용자로부터 더 많은 상호작용을 받는 활동적인 사용자와 연결하는 경향이 있다.

사용자 간 친밀도

두 사용자 간의 친밀도는 연결 여부를 예측할 수 있는 좋은 신호이다. 사용자 간 선호도를 파악하는 몇 가지 중요한 피처를 살펴보겠다.

학력 및 업무 친밀도

- **공통 학교**: 사용자는 같은 학교에 다녔던 사람들과 연결되는 경향이 있다.
- **학교 동창**: 재학 기간이 겹치면 두 사용자가 연결될 가능성이 높다. 예를 들어, 사용자는 자신과 같은 시기에 A 학교에 다녔던 사람과 연결하고 싶어할 수 있다.
- **같은 전공**: 두 사용자가 학교에서 같은 전공을 했는지를 나타내는 이진 피처이다.
- **공통 회사 수**: 사용자는 같은 회사에서 근무했던 사람들과 연결할 수 있다.
- **동종 업계**: 두 사용자가 같은 업종에 종사하는지를 나타내는 이진 피처이다.

소셜 친밀도

- **프로필 방문 횟수**: 사용자가 다른 사용자의 프로필을 조회한 횟수이다.

- **공통된 연결 수, 즉 상호 연결 수**: 두 사용자의 공통 연결이 많으면 연결될 가능성이 높다. 이 피처는 가장 중요한 예측 피처 중 하나이다[2].

- **시간 불이익 상호 연결**: 이 피처는 상호 연결이 얼마나 오래 지속됐는지에 따라 상호 연결에 가중치를 부여한다. 이 피처의 작동 원리를 이해하기 위해 예제를 살펴보겠다.

시나리오 1에서는 사용자 A의 연결이 아주 최근에 형성되었지만, 시나리오 2에서는 연결이 오래전에 형성되었다고 가정해 보겠다. 그림 11.8에 나와 있다.

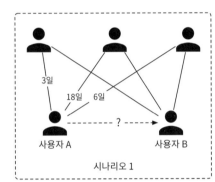
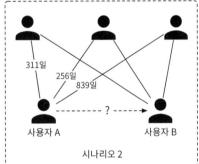

그림 11.8 최근 연결과 이전 연결 비교

시나리오 1에서는 사용자 A의 네트워크가 최근에 성장했기 때문에 사용자 A가 사용자 B와 연결할 가능성이 높다. 반면 시나리오 2에서는 사용자 A가 사용자 B를 알고 있지만 연결하지 않기로 했을 가능성이 높다.

모델 개발

모델 선택

앞서 '친구 추천' 문제를 엣지(연결) 예측 작업으로 정의했는데, 이 작업은 소셜 그래프를 입력으로 받아 두 사용자 사이에 엣지가 존재할 확률을 예측하는 모델이다. 엣지 예측 작업을 처리하기 위해 그래프 입력을 처리할 수 있는 모델을 선택한다. GNN(graph neural networks)은 그래프 데이터에서 작동하도록 설계되었다. 자세히 살펴보겠다.

GNN

GNN은 그래프에 직접 적용할 수 있는 신경망이다. 그래프 수준, 노드 수준, 엣지 수준 예측 작업을 쉽게 수행할 방법을 제공한다.

그림 11.9에서 볼 수 있듯이 GNN은 그래프를 입력으로 받는다. 이 입력 그래프에는 노드 및 엣지와 관련된 속성이 포함되어 있다. 예를 들어 노드는 나이, 성별 등의 정보를 저장할 수 있고 엣지는 공통 학교 및 직장의 수, 연결 기간 등과 같은 사용자 간 특성을 저장할 수 있다. 입력 그래프와 관련 속성을 주면 GNN은 각 노드에 대한 노드 임베딩을 생성한다.

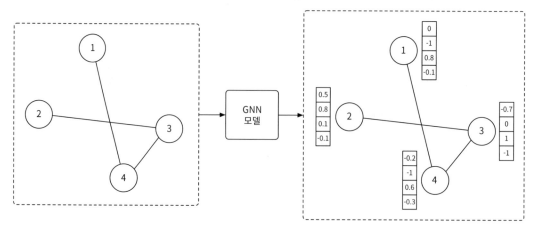

그림 11.9 각 그래프 노드에 대한 노드 임베딩을 생성하는 GNN 모델

노드 임베딩이 생성되면, 스칼라곱(dot product)과 같은 유사성 측정값을 사용하여 두 노드가 연결을 형성할 가능성을 예측하는 데 사용한다. 예를 들어, 그림 11.10과 같이 노드 2와 노드 4의 임베딩 사이의 스칼라곱을 계산하여 두 노드 사이에 엣지가 있는지 예측한다.

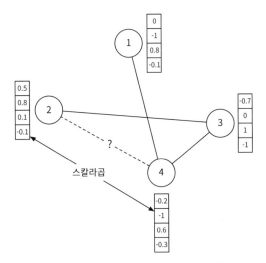

그림 11.10 노드 2와 4 사이에 엣지가 있을 가능성 예측하기

최근 몇 년 동안 GCN[3], GraphSAGE[4], GAT[5], GIT[6]와 같은 많은 GNN 기반 아키텍처가 개발되었다. 이러한 변형은 서로 다른 아키텍처와 복잡성 수준을 가지고 있다. 어떤 아키텍처가 가장 적합한지 결정하려면 광범위한 실험이 필요하다. GNN 기반 아키텍처에 대한 자세한 내용은 [7]을 참고하라.

모델 훈련

GNN 모델을 훈련하기 위해 모델에 t 시점의 소셜 그래프 스냅숏을 제공한다. 이 모델은 $t+1$ 시점에 형성될 연결을 예측한다. 훈련 데이터를 구성하는 방법을 살펴보겠다.

데이터세트 구성

데이터세트를 구성하기 위해 다음을 수행한다.

1. t 시점에 그래프의 스냅숏을 만든다.
2. 그래프의 초기 노드 특징과 엣지 특징을 계산한다.
3. 라벨을 만든다.

1. t 시점에서 그래프의 스냅숏을 만든다.

훈련 데이터 구축 시 가장 먼저 모델에 대한 입력을 생성한다. GNN 모델은 소셜 그래프를 입력으로 사용하기 때문에 사용할 수 있는 원시 데이터를 사용하여 t 시점의 소셜 그래프 스냅숏을 만든다. 그림 11.11은 t 시점의 그래프 예시를 보여 준다.

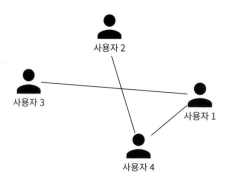

그림 11.11 t 시점의 소셜 그래프 스냅숏

2. 그래프의 초기 노드 피처와 엣지 피처를 계산한다.

그림 11.12와 같이 나이, 성별, 계정 나이, 연결 횟수 등과 같은 사용자의 피처를 추출한다. 이를 노드의 초기 피처 벡터로 사용한다.

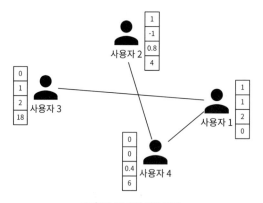

그림 11.12 초기 엣지 피처

마찬가지로 사용자 간 친밀도 피처를 추출하여 엣지의 초기 피처 벡터로 사용한다. 그림 11.13처럼 사용자 2와 사용자 4 사이에는 엣지가 있다. $E_{2,4}$는 상호 연결 횟수, 프로필 방문 횟수, 같은 학교를 동시에 다닌 기간 등과 같은 정보를 찾아내는 초기 피처 벡터를 의미한다.

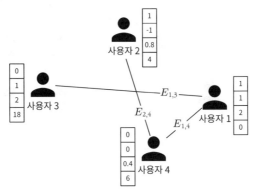

그림 11.13 초기 노드 피처

3. 라벨을 만든다.

이 단계에서는 모델이 예측할 것으로 예상되는 라벨을 생성한다. $t+1$ 시점의 그래프 스냅숏을 사용하여 포지티브 또는 네거티브 라벨을 결정한다. 구체적인 예를 살펴보겠다.

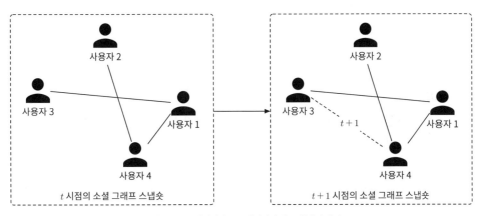

그림 11.14 t 시점에서 $t+1$ 시점까지 새로 형성된 엣지

그림 11.14와 같이 $t+1$에서 새로운 엣지가 형성되는지 여부에 따라 포지티브 및 네거티브 라벨이 생성된다. 특히 한 쌍의 노드가 $t+1$에서 연결되면 포지티브 라벨을 붙인다. 그렇지 않으면 네거티브로 라벨을 지정한다.

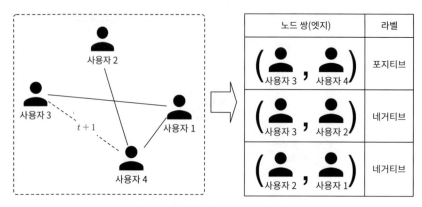

그림 11.15 포지티브 및 네거티브 라벨 만들기

손실 함수 선택

입력 그래프와 라벨을 만들면 이제 GNN 모델을 훈련할 준비가 끝났다. GNN 훈련의 작동 방식과 손실 함수의 선택에 관한 자세한 설명은 이 책의 범위를 벗어난다. 이에 대한 자세한 내용은 [7]을 참고하라.

평가

오프라인 지표

오프라인 평가에서는 GNN 모델과 친구 추천 시스템의 성능을 평가한다.

GNN 모델

GNN 모델은 엣지의 존재를 예측하기 때문에 이진 분류 모델이라고 생각할 수 있다. 모델의 성능 측정에는 ROC-AUC 지표를 사용한다.

친구 추천 시스템

이전 장에서 순위 및 추천 시스템에 적합한 오프라인 지표를 선택하는 방법을 자세히 설명했으므로 여기서는 상세히 언급하지 않겠다. 우리 시스템에서는 사용자가 추천받은 연결을 수락하거나 거절한다. 이러한 이진 특성(연결 여부)을 고려할 때 mAP가 좋은 선택이다.

온라인 지표

실제로 기업에서는 친구 추천 시스템의 영향을 측정하기 위해 많은 온라인 지표를 사용한다. 가장 중요한 지표 두 개를 살펴보겠다.

- ▶ 지난 X일 동안 보낸 연결 요청 총수이다.
- ▶ 지난 X일 동안 수락한 연결 요청 총수이다.

지난 X일 동안 보낸 연결 요청 총수

이 지표는 모델의 성능, 즉 모델이 연결 요청 수를 늘리는지 또는 줄이는지를 이해하는 데 도움이 된다. 예를 들어, 모델이 연결 요청 총수를 5% 증가시킨다면 모델이 비즈니스 목표에 긍정적인 영향을 미친다고 평가할 수 있다.

하지만 이 지표에는 큰 단점이 있다. 수신자가 연결 요청을 수락할 때만 두 사용자 간에 새로운 연결이 형성된다. 예를 들어, 한 사용자가 1,000건의 연결 요청을 보내도 수신자가 극히 일부만 수락할 수 있다. 이 지표는 사용자 네트워크의 실제 성장을 정확하게 반영하지 못할 수 있다. 이제 다음 지표를 통해 이 단점을 해결해 보겠다.

지난 X일 동안 수락한 연결 요청 총수

수신자가 발신자의 요청을 수락할 때만 새 연결이 형성되므로 이 지표는 사용자 네트워크의 실제 성장을 정확하게 반영한다.

서빙

친구 추천 시스템은 서빙 시점에 특정 사용자에게 효율적으로 잠재적인 연결 목록을 추천한다. 이 절에서는 속도의 최적화가 필요한 이유를 설명하고 친구 추천 시스템을 효율적으로 만들기 위한 몇 가지 기술을 소개한다. 그런 다음 다양한 구성요소가 함께 작동하여 요청을 처리하는 설계를 제안한다.

효율성

'요구사항 명확화' 절에서 설명했듯이 플랫폼의 총사용자 수는 10억 명이며, 한 명의 사용자를 위한 잠재적 연결을 찾기 위해 10억 개의 임베딩을 분류해야 한다. 각 사용자에 대해 알고리즘을 실행하면 문제는 더욱 어려워진다. 당연히 이 작업은 현실적으로 우리 규모에서는 수행하기 어렵다. 이 문제를 해결하기 위해 일반적으로 두 가지 기술을 사용한다. 1) 친구의 친구(Friends of friends, FoF)를 활용하고 2) 사전 계산을 통해 '친구 추천'을 찾는 방안이다.

친구의 친구(FoF)

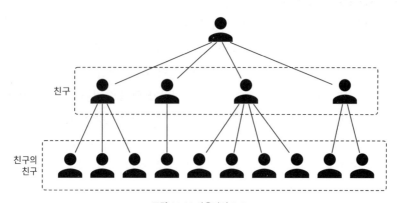

그림 11.16 사용자의 FoF

메타의 연구[2]에 따르면, 새로운 친구 관계의 92%가 FoF를 통해 형성된다고 한다. 이 기술은 사용자의 FoF를 사용하여 검색 범위를 좁힌다.

앞서 언급했듯이 사용자는 평균 1,000명의 친구를 보유하고 있다. 즉, 사용자는 평균적으로 100만(1000 × 1000)개의 FoF를 보유하고 있다. 이렇게 하면 검색 범위가 10억 개에서 100만 개로 줄어든다.

'친구 추천' 사전 계산

한 걸음 물러나서 온라인 또는 배치 예측의 사용을 고려해 보자.

온라인 예측

'친구 추천'에서 온라인 예측이란 사용자가 홈페이지에 접속할 때 실시간으로 잠재적 연결을 생성하는 방식을 말한다. 이 방식은 비활성 사용자를 추천하지

않는다. 추천은 '즉석에서' 계산되기 때문에 추천을 계산하는 데 시간이 오래
걸리면 사용자 경험이 좋지 않게 된다.

그림 11.17 '친구 추천' 온라인 예측

배치 예측

배치 예측이란 시스템이 모든 사용자에 대한 잠재적 연결을 미리 계산하여 데
이터베이스에 저장해두는 방식이다. 사용자가 홈페이지에 접속하면 미리 계산
된 추천 결과를 바로 가져오기 때문에 최종 사용자 입장에서는 즉각적인 추천
을 받을 수 있다. 배치 예측의 단점은 불필요한 계산이 발생할 수 있다는 점이
다. 매일 20%의 사용자가 로그인한다고 가정해 보겠다. 매일 모든 사용자에 대
한 추천을 생성한다면 로그인하지 않는 80%의 사용자를 위한 추천을 계산하느
라 컴퓨팅 성능이 낭비된다.

그림 11.18 '친구 추천' 배치 예측

온라인과 배치 처리 중 어떤 옵션을 선택해야 하나?

두 가지 이유로 배치 예측을 권장한다. 첫째, 수집된 요구사항에 따르면 일간
능동 사용자가 3억 명에 달한다. 3억 명의 사용자를 모두 즉시 계산하면 성능
이 너무 느려서 좋은 사용자 경험을 제공할 수 없다.

둘째, '친구 추천'의 소셜 그래프는 빠르게 변하지 않기 때문에 미리 계산된
추천은 오랜 기간 동안 관련성을 유지한다. 예를 들어, 추천한 친구를 7일 동안
유지한 다음 다시 계산할 수 있다. 신규 사용자와 같이 네트워크가 빠르게 성
장하는 경우는 사전 계산 기간을 하루 정도로 단축할 수 있다.

소셜 네트워크에서는 사용자가 동일한 추천을 반복해서 받고 싶어하지 않을

수 있다. 이 때문에 필요한 양보다 더 많은 연결을 사전에 계산해 두고, 사용자가 이전에 추천받지 않은 연결을 떠올 수 있다.

머신러닝 시스템 설계

그림 11.19는 친구 추천 머신러닝 시스템 설계를 보여 준다. 이 설계는 두 개의 파이프라인으로 구성된다.

- ▶ '친구 추천' 생성 파이프라인
- ▶ 예측 파이프라인

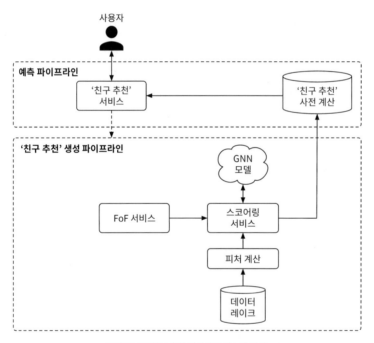

그림 11.19 친구 추천 머신러닝 시스템 설계

각각을 살펴보겠다.

'친구 추천' 생성 파이프라인

모든 사용자에 대해 '친구 추천'을 생성하고 그 결과를 데이터베이스에 저장하는 역할을 한다. 이 파이프라인을 자세히 살펴보겠다.

먼저, 특정 사용자에 대해 FoF 서비스는 연결을 후보 연결의 하위 집합(2-hop 이웃)으로 좁힌다. 그림 11.20에 나와 있다.

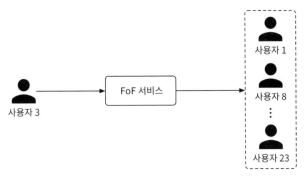

그림 11.20 FoF 서비스 입력-출력

다음으로, 점수 매기기 서비스는 FoF 서비스에서 생성된 후보 연결을 가져와 GNN 모델을 사용하여 각 연결에 점수를 매긴 다음, 사용자에게 '친구 추천'의 순위 목록을 만든다. '친구 추천'은 데이터베이스에 저장된다. 사용자 요청이 있을 때 데이터베이스에서 바로 개별 신원을 확인할 수 있는 목록을 가져올 수 있다. 이 흐름은 그림 11.21에 나와 있다.

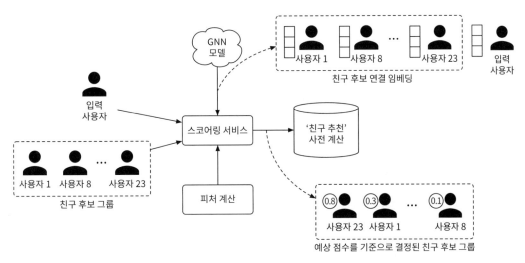

그림 11.21 스코어링 서비스 입력-출력

예측 파이프라인

요청을 받으면, '친구 추천' 서비스는 먼저 미리 계산된 '친구 추천'을 살펴보고 추천이 있는지 확인한다. 추천이 있는 경우 직접 가져오고 그렇지 않으면, '친구 추천' 생성 파이프라인에 일회성 요청을 보낸다.

현재 우리가 제안하는 내용은 단순화된 시스템이라는 점을 기억하자. 면접 중에 최적화 방안에 대해 요청받을 경우, 다음은 같은 점을 이야기하자.

• 능동 사용자들만 대상으로 '친구 추천'의 사전 계산

• 점수 매기기 서비스에서 점수를 할당하기 전에 경량화를 사용하여 생성된 후보 수를 더 작은 집합으로 줄인다.

• 재순위화 서비스를 사용하여 '친구 추천' 최종 목록에 다양성을 추가하자.

추가 논의 주제

면접이 끝나기 전에 시간이 남은 경우 아래와 같은 추가 주제로 대화할 수 있다.

• 개인화된 랜덤 워크(random walk)[8]는 추천 시 자주 사용되는 또 다른 방법이다. 효율적이기 때문에 기준선을 설정하는 데 유용한 방법이다.

• 편향성 문제. 자주 사용하는 사용자는 가끔 사용하는 사용자보다 학습 데이터에서 더 큰 대표성을 갖는 경향이 있다. 학습 데이터의 고르지 않은 대표성으로 인해 모델이 일부 그룹에 편향되거나 다른 그룹에 편향될 수 있다. 예를 들어, '친구 추천' 목록에 자주 사용하는 사용자는 다른 사용자에게 더 높은 비율로 추천될 수 있다. 결과적으로 이러한 사용자는 더 많은 연결을 만들어 학습 데이터에서 더 많이 반영될 수 있다[9].

• 사용자가 추천 연결을 반복적으로 무시하는 경우, 향후 재순위 결정 시 이를 어떻게 고려할지 의문이 생긴다. 이상적으로는 무시된 추천에는 더 낮은 순위를 매겨야 한다[9].

• 우리가 추천한 연결을 사용자가 즉시 수락하지 않을 수도 있다. 며칠 또는 몇 주가 걸릴 수도 있다. 그렇다면 추천한 연결을 언제 네거티브로 라벨링해야 할까? 일반적으로 추천 시스템에서 지연된 피드백을 어떻게 처리할까?[10]

요약

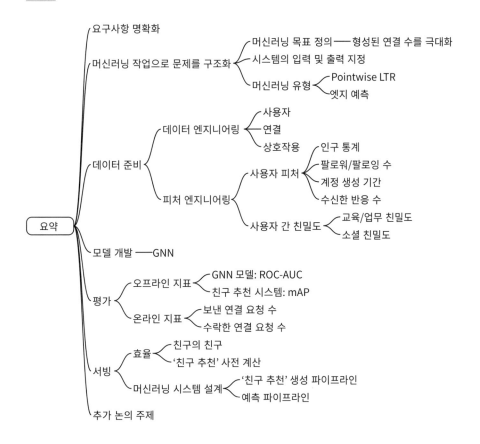

참고 문헌

[1]   Clustering in ML. *https://developers.google.com/machine-learning/clustering/
overview*

[2]   PYMK on Facebook. *https://youtu.be/Xpx5RYNTQvg?t=1823*

[3]   Graph convolutional neural networks. *http://tkipf.github.io/graph-convolu
tional-networks/*

[4]   GraphSage paper. *https://cs.stanford.edu/people/jure/pubs/graphsage-
nips17.pdf*

[5]   Graph attention networks. *https://arxiv.org/pdf/1710.10903.pdf*

[6]   Graph isomorphism network. *https://arxiv.org/pdf/1810.00826.pdf*

[7]   Graph neural networks. *https://distill.pub/2021/gnn-intro/*

[8]   Personalized random walk. *https://www.youtube.com/watch?v=HbzQz UaJ_9I*

[9]   LinkedIn's PYMK system. *https://engineering.linkedin.com/blog/2021/opti mizing-pymk-for-equity-in-network-creation*

[10] Addressing delayed feedback. *https://arxiv.org/pdf/1907.06558.pdf*

후기

축하한다! 면접 가이드가 끝났다. 이제 복잡한 시스템을 설계하는 데 필요한 중요한 기술과 지식을 축적했다. 여러분이 지금까지 해온 일과 배운 것은 아무나 쉽게 할 수 있는 일이 아니다. 잠시 시간을 내어 스스로를 칭찬해 주어라. 여러분의 노력은 보상받을 것이다.

꿈에 그리던 직장에 취업하는 것은 긴 여정이며 많은 시간과 노력이 필요하다. 연습은 배신하지 않으니 행운을 빈다!

이 책을 구입하고 읽어주어서 감사드린다. 여러분과 같은 독자가 없었다면 우리의 작업은 불가능했을 것이다. 책이 재미있었기를 바란다!

책에 대한 의견이나 질문이 있다면 언제든지 hi@bytebytego.com으로 연락을 부탁한다. 오류를 발견하면 다음 판에 반영할 수 있도록 알려 주기 바란다. 감사드린다.

시스템 설계 뉴스레터

주간 뉴스레터 구독: *blog.bytebytego.com*

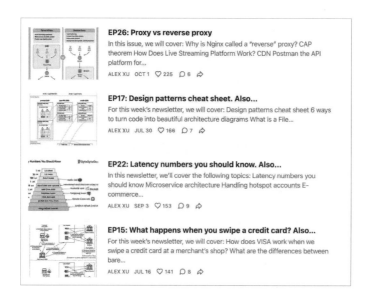

유튜브 채널

https://www.youtube.com/@ByteByteGo

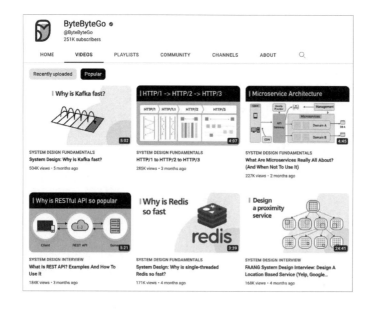

찾아보기